अनुपम खेर प्रस्तुत करते हैं

भारतवर्ष

अनुपम खेर प्रस्तुत करते हैं

भारतवर्ष

एबीपी न्यूज़

juggernaut

जगरनॉट बुक्स

केएस हाउस, 118 शाहपुर जाट, नई दिल्ली 110049

प्रथम प्रकाशन: जगरनॉट बुक्स 2017

10 9 8 7 6 5 4 3 2 1

ISBN 9789386228390

टाइपसेट: एपीग्राफ़िक्स एंटरप्राइज़

मुद्रक: मणिपाल टेक्नॉलजीस़ लिमिटेड़, भा़रत

अनुक्रम

प्रस्तावना

"...न्यूज़ टेलीविज़न इतिहास की अबतक की सबसे बड़ी सीरीज़ भारतवर्ष में आपका स्वागत है। भारतवर्ष, हमारे आपके भारत के बनने और बढ़ने की कहनी है। भारत के इतिहास में सैकड़ों ऐसे लोग हैं जिनका जीवन, जिनकी बातें, जिनकी दी हुई सीख ने इस भारत को बनाया है। अब सवाल है कि ये लोग इतने महान कैसे बने कि आज से ढाई हज़ार साल पहले की घटना हमारी रगों में है... और आज भी हमारी सोच के पीछे उनकी सोच होती है। ये महानता की कहानी नहीं है। ये आम से महान बनने की कहानी है। अगर भारत महान है बड़ा है...आदरणीय है तो उसके पीछे के महान लोगों की कहानी है"

इन्हीं शब्दों के साथ एबीपी न्यूज़ पर "भारतवर्ष" सीरीज़ की शुरुआत हुई। "भारतवर्ष" सीरीज़ क्यों तैयार की गई? मैं इससे क्यों जुड़ा? इन सवालों का जवाब ये शब्द देते हैं। सच पूछिए तो मुझे शुरुआत में ऐसा नहीं लगा था कि मैं किसी ऐसी कालजयी सीरीज़ का हिस्सा बनने जा रहा हूं जो आगे चल कर संदर्भ ग्रंथ की तरह काम करेगी।

पहला एपिसोड महात्मा बुद्ध पर आधारित था और जब मैंने इसके एंकर के तौर पर कहा कि, "हर किसी को अपनी मुक्ति का रास्ता खुद तलाशना होगा...कोई देव नहीं...कोई ईश्वर नहीं...कोई गुरु नहीं कोई बुद्ध नहीं...कोई तथागत नहीं...खुद आप अपनी मुक्ति का रास्ता तलाशेंगे...ये सीख थी बुद्ध की। स्वयं अपने बारे में, अपने ज्ञान के बारे में बुद्ध ने कहा था कि मेरी सीख मेरे ज्ञान का इस्तेमाल करो और आगे बढ़ो।" इन वाक्यों ने मुझे ये विश्वास दिलाया कि "भारतवर्ष" कोई

आम सीरीज़ नहीं है। ये महज इतिहास की व्याख्या भी नहीं है बल्कि उससे कहीं ज़्यादा उस इतिहास का आज कैसे इस्तेमाल होना चाहिए, इसके बारे में बताने वाली सीरीज़ है।

"भारतवर्ष" का हर एपिसोड, चाहे कोई दस साल का बच्चा हो या कोई बुज़ुर्ग, कोई इतिहास में रुचि रखने वाले हो या आम छात्र-छात्रा हर किसी के लिए नए और अलग अर्थ के साथ सामने आता है। इससे एक और बात मेरे मन में पक्की हो गई कि "भारतवर्ष" सीरीज़ सिर्फ टेलीविज़न तक सीमित नहीं रहनी चाहिए। इसीलिए इसे बतौर किताब प्रस्तुत किया जा रहा है। मुझे पूरी उम्मीद है कि जिस तरह का असर टेलीविज़न सीरीज़ ने लोगों पर डाला उससे कहीं ज़्यादा असर इस किताब का होगा।

टेलीविज़न आपको दृश्यों और संवादों के ज़रिए गहन से गहन विचारों को आसानी से समझा सकता है। इस किताब की खासियत भी यही है कि इसे आप सिर्फ पढ़ ही नहीं पाएंगे बल्कि इसकी भाषा ऐसी है कि आप पढ़ने के साथ-साथ बुद्ध और कौटिल्य के ज़माने को भी महसूस कर पाएंगे। महात्मा बुद्ध, कौटिल्य, अशोक, आदि शंकराचार्य, कबीर, पृथ्वीराज चौहान, अकबर, महाराणा प्रताप, दारा शुकोह और शिवाजी। क्या इनके बगैर, इन महापुरुषों के योगदान के बगैर भारत की कल्पना की जा सकती है। इन महापुरुषों के जीवन और योगदान से जुड़ी वो कौन सी बातें हैं जिसका इस्तेमाल आप आज भी कर सकते हैं इसका ज़िक्र इस किताब में आपको मिलेगा। इसी उम्मीद के साथ ये किताब आप से साझा कर रहा हूं।

अनुपम खेर

गौतम बुद्ध

सूरज की लालिमा महल के झरोखों से झांक रही थी। सूरज की रोशनी ब्राह्मणों का चेहरा और भी लाल कर रही थी। ब्राह्मण शाक्य जाति के चुने हुए मुखिया राजा शुद्धोदन के राजदरबार में उनके नवजात बेटे राजकुमार सिद्धार्थ की जन्म कुंडली बांच रहे थे। राजा ने उनसे राजकुमार सिद्धार्थ के भविष्य की गणना करने का आग्रह किया था।

ज्योतिष गणना पूरी होते ही, एक ब्राह्मण उठ खड़ा हुआ और राजा शुद्धोदन को नमन करते हुए बोला, 'महाराज, इस देवपुत्र शिशु की दो ही गतियां हैं, तीसरी नहीं। यदि ये राजमहल में टिका रहा तो अपनी तलवार की नोक से सारी धरती नाप आएगा। ये चक्रवर्ती सम्राट बनेगा लेकिन...'

ब्राह्मण की इस भविष्यवाणी ने राजा शुद्धोदन को प्रसन्न तो किया...लेकिन ज़रा चिंतित भी। उन्होंने ब्राह्मण से पूछा, 'लेकिन क्या ब्राह्मण देव? आप कहना क्या'

राजा शुद्धोदन की बात पूरी भी नहीं होती कि राज दरबार में मौजूद ब्राह्मणों में सबसे छोटा ब्राह्मण कौंडिन्य उठता है और महाराज शुद्धोदन से कहता है, 'महाराज शुद्धोदन, इस शिशु की एक ही गति है दूसरी नहीं। यह तुम्हारे महलों में, तुम्हारी रंगशालाओं में और सुंदर बालाओं के बाहुपाश में बंध न सकेगा। यह अवश्य घर छोड़कर बेघर होगा। मैं कहता हूं महाराज, शाक्य कुमार की एक ही गति है दूसरी नहीं।'

यानी एक ब्राह्मण ने कहा कि राजा शुद्धोदन का नवजात बालक चक्रवर्ती सम्राट बनेगा और दूसरे ब्राह्मण ने कहा कि इस बालक को सुंदर लड़कियां, महल और उससे जुड़े ऐशो-आराम कभी बांध न सकेंगे। वो बड़ा होकर संन्यासी ही बनेगा।

भारतवर्ष में शायद इससे बड़ी भविष्यवाणी कभी नहीं हुई क्योंकि इस भविष्यवाणी ने ऐसी परिस्थितियां बना दीं जिन्होंने दुनिया को हमेशा के लिए एक नई दिशा में मोड़ दिया। ये भविष्यवाणी किसी और के लिए नहीं बल्कि सिद्धार्थ गौतम के लिए थी। ये भविष्यवाणी बता रही थी कि चाहे कुछ भी हो जाए सिद्धार्थ गौतम, बुद्ध ज़रूर बनेंगे।

563 ईसा पूर्व का समय था। तब उत्तरी भारत कई राजवंश और गणतंत्रों में बंटा हुआ था, इन्हीं में से एक था राजा शुद्धोदन का राजवंश। शुद्धोदन, शाक्य जाति के चुने हुए मुखिया माने जाते थे। और कपिलवस्तु नामक नगर से अपना राज चलाते थे। यह जगह आज के नेपाल की दक्षिणी सीमा के करीब स्थित है। राजा शुद्धोदन के राज्य के कुछ अवशेष आज भी मौजूद बताए जाते हैं।

सिद्धार्थ गौतम के जन्म से 10 महीने पहले उनकी मां, महामाया ने एक विचित्र स्वप्न देखा था। इस सपने का ज़िक्र सिद्धार्थ के जन्म से जुड़ी बौद्ध धर्म की कई लोक कथाओं में होता है। सपने के मुताबिक रानी महामाया को देवदूत स्वर्ग में ले जाते हैं। विश्व बौद्ध काउंसिल के उपाध्यक्ष लामा लोबसांग के मुताबिक, रानी ने सपने में देखा था कि छह दांतों वाला एकदम सफ़ेद हाथी तीन बार रानी की परिक्रमा करके उनकी पसली से काया में प्रवेश कर जाता है। न तो रानी महामाया का ये सपना साधारण था और न ही उसका असर।

आखिर कौन था वो जो एक सफ़ेद हाथी की शक्ल में रानी महामाया की काया में प्रवेश कर गया था? इसे जानने के लिए दुनिया को अगले दस महीने तक इंतज़ार करना था। आखिरकार एक दिन जब वो अपने मायके जाते हुए रास्ते में लुंबिनी के वन क्षेत्र से गुज़र रही थीं तभी साल

वृक्षों के बीचोबीच रानी महामाया ने एक पुत्र को जन्म दिया। नवजात शिशु गर्भ के रास्ते नहीं बल्कि रानी महामाया की पसलियों के पास से बाहर आया था।

दिल्ली विश्वविद्यालय में बौद्ध अध्ययन केंद्र में प्रोफेसर के। टी। एस। सराव गौतम बुद्ध के जन्म से जुड़ी इस कहानी को किंवदंती मानते हैं। प्रोफेसर सराव के मुताबिक यह कहानी, 'उनके जन्म और जीवन की घटनाओं को पवित्र बताने का तरीका है। संभवत: ये माना जाता है कि जन्म या गर्भ धारण का सामान्य तरीका अशुद्ध होता है। इसीलिए देव और हिंदुओं के सप्तऋषियों को सामान्य तरीके से नहीं दिखाया गया है। दूसरी धारणा ये भी है कि योनि से जन्म होने पर देवों की प्रज्ञा या पिछले जन्म के कृत भूल जाते हैं।'

शिशु के जन्म के सात दिन बाद ही मां महामाया की मृत्यु हो गई। महामाया की मृत्यु के बाद उनके इस पुत्र को गोद मिली रानी की बहन गौतमी की, और उसे नाम दिया गया सिद्धार्थ। सिद्धार्थ यानी जिसकी इच्छाएं पूरी होती हों। सिद्धार्थ के जन्म के बाद कई ऋषियों के कपिलवस्तु पहुंचने की कहानी मिलती है। बौद्ध ग्रंथ सुत्तपिटक के नलक्क सुत्त में असित मुनि के कपिलवस्तु पहुंचने का ज़िक्र मिलता है।

राजदरबार में राजा शुद्धोदन असित मुनि के चरणों के पास बैठ जाते हैं और असित मुनि नन्हे राजकुमार को अपनी गोद में ले लेते हैं। गोद में खेलते-खेलते सिद्धार्थ अपने नन्हे-नन्हे पांव असित मुनि की लंबी दाढ़ी में फंसा देते हैं, फिर राजकुमार की इस बाल क्रीड़ा से प्रसन्न असित मुनि अचानक रोने लगते हैं। राजदरबार में उपस्थित हर व्यक्ति अचंभित हो जाता है। राजा मंत्री की ओर देखते हैं और मंत्री राजा की ओर।

राजा शुद्धोदन असित मुनि को रोते देखकर उनसे पूछते हैं, 'देवर्षि कुछ कहिए तो...बालक सिद्धार्थ को कुछ अशुभ होगा?'

असित, 'नहीं राजा शुद्धोदन, स्वयं काल भी इसका बाल बांका नहीं कर सकता। निस्संदेह यह बुद्ध बनेगा।'

'बुद्ध बनेगा?' मंत्री बड़ी हैरानी के साथ असित मुनि के ये शब्द दोहराते हैं।

'मुनिवर ये तो प्रसन्नता की बात है कि बुद्धि का धनी होगा। फिर आपकी आंखों में अश्रु क्यों आए?'

'मंत्रीगण आप बहुत भोले हैं, जब तक ये बुद्ध बनेगा...तब तक मैं इस धरती पर नहीं रहूंगा इसीलिए मैं रो रहा हूं।'

सिद्धार्थ के पिता शुद्धोदन और उनके मंत्रियों को असित मुनि की बात पूरी तरह से समझ में नहीं आई। असित मुनि ने कहा, बालक बुद्ध बनेगा। वहां मौजूद मंत्रियों ने अर्थ निकाला कि राजकुमार ज्ञानी बनेगा। जबकि असित मुनि का अर्थ कुछ और ही था, शायद ये वही अर्थ था जिसका इशारा राजदरबार में उपस्थित वे ब्राह्मण कर रहे थे।

पहला इशारा सभा में मौजूद वरिष्ठ ब्राह्मण ने किया जब उसने राजा शुद्धोदन से कहा, 'महाराज, इस देवपुत्र शिशु की दो ही गतियां हैं...तीसरी नहीं। यदि ये राजमहल में टिका रहा, तो अपनी तलवार की नोक से सारी धरती नाप आएगा...अपने वेगवंत रथ के चक्र से पृथ्वी का चप्पा-चप्पा छान लेगा...जहां-जहां सूर्य का प्रकाश है, और जहां-जहां अंधकार है, वहां-वहां इसकी राज्य-सीमा और विजय पताका पहुंचेगी...ये चक्रवर्ती सम्राट बनेगा...लेकिन...'

'लेकिन क्या ब्राह्मण देव? आप मौन क्यों हो गए?' ब्राह्मण की बात

सुनकर चिंतित हो गए राजा शुद्धोदन ने ब्राह्मण से कहा। 'आप कहना क्या चाहते हैं?'

राजा के प्रश्न पर ब्राह्मण बोले, '...लेकिन राजन यदि यह देवकुमार घर छोड़कर बेघर हो गया, प्रव्रजित हो गया, संन्यासी हो गया तो ये धर्म विजय करेगा। ये सम्यक, संबुद्ध, अर्हंत होगा। यानी अपने आप में संपूर्ण, ज्ञानी और मुक्त आत्मा होगा।'

राजा शुद्धोदन के महल में मौजूद 8 में से 7 ब्राह्मणों ने इसी बात को दोहराया। या तो सिद्धार्थ महान सम्राट बनेगा या धर्म प्रवर्तक संन्यासी। लेकिन तभी वहां मौजूद ब्राह्मणों में से सबसे छोटे कौंडिन्य ने राजा शुद्धोदन से कहा, 'महाराज शुद्धोदन, इस शिशु की एक ही गति है दूसरी नहीं। आपका बेटा बड़ा होकर धरती को नया धर्म देगा और मैं सभी ब्राह्मणों और कालगणनाकारों को चुनौती देकर कहता हूं, इस राजपुत्र की एक ही गति है दूसरी नहीं। यह आपके महलों में, आपकी रंगशालाओं में और सुंदर बालाओं के बाहुपाश में बंध न सकेगा। यह अवश्य घर छोड़कर संन्यासी होगा। महाराज, शाक्य कुमार की एक ही गति है दूसरी नहीं।'

कौंडिन्य ब्राह्मण की भविष्यवाणी सुनकर राजा शुद्धोदन अवाक रह गए।

राजकुमार सिद्धार्थ की मां रानी महामाया को सिद्धार्थ के जन्म से पहले आने वाला विचित्र सपना, सिद्धार्थ के जन्म के बाद रानी महामाया की असमय मृत्यु, राजकुमार सिद्धार्थ को देखने के बाद असित मुनि का रोना और बालक के बुद्ध बनने की बात कहना, और अब बालक सिद्धार्थ के संन्यासी बनने की ब्राह्मणों की बात। इन सबसे परेशान

होकर राजकुमार सिद्धार्थ के पिता शुद्धोदन ने दुख से जुड़ी हर बात को महल से निकाल फेंका। अब सिद्धार्थ के पास महल से बाहर निकलने का मौका ही नहीं था।

अपने इस जीवन की चर्चा सिद्धार्थ ने आगे चल कर स्वयं किया। इसका ज़िक्र बौद्ध ग्रंथ अंगुत्तर निकाय के सुखमाला सुत्त खंड में मिलता है। यहां सिद्धार्थ भिक्षुओं को कहते हैं, 'भिख्खू मैंने सुख से भरा हुआ जीवन व्यतीत किया। बहुत ज़्यादा सुख। मेरे तीन महल थे, एक जहां मैं सर्दियों में रहता था, एक जहां मैं गर्मियों में रहता था और एक जहां मैं बरसात में रहता था। बरसात के चार महीनों में तो मेरे मनोरंजन के लिए नाचने-गाने वाली दर्जनों सुंदर युवतियां रहती थीं। उनमें पुरुष एक भी नहीं होता था।'

असल में सिद्धार्थ के पिता राजा शुद्धोदन ने ये सब व्यवस्था इसलिए की थी ताकि सिद्धार्थ गौतम संन्यासी न हो जाएं। जिस तरह से सिद्धार्थ मौज-मस्ती, नाच-गाने में डूबे, राजा शुद्धोदन को लगा कि असित मुनि और कौंडिन्य ब्राह्मण की बात गलत हो कर रहेगी। उनका बेटा महान भारतवर्ष का चक्रवर्ती सम्राट बनेगा न कि घर-घर घूम कर भिक्षा मांगने वाला संन्यासी। सिद्धार्थ जब 16 साल के हुए तब उनके पिता ने एक और बड़ा फैसला किया। ये फैसला था सिद्धार्थ की शादी का।

राजकुमार सिद्धार्थ का विवाह यशोधरा से हुआ। यशोधरा ने सिद्धार्थ को स्वयंवर में चुना था। विवाह के बाद जिस तरह से सिद्धार्थ, यशोधरा के प्रेम में डूबे उससे राजपरिवार की चिंताएं और दूर होने लगीं। लेकिन फिर भी सावधानी के तौर पर राजा शुद्धोदन ने महल और उसके आसपास से हर उस चीज़ या व्यक्ति को हटा दिया गया जिससे

राजकुमार का मन प्रभावित हो सकता था।

ये सबकुछ वैसे ही हुआ जैसे बॉलीवुड में सेट तैयार होता है। उसी तरह से राजा के निर्देश पर गरीब, लाचार, बीमार लोगों को महल से दूर कर दिया गया। महल के आस-पास एक फैंटेसी से भरी दुनिया तैयार कर दी गई, लेकिन नियति थी जो स्वयं को निर्धारित कर चुकी थी।

एक दिन सिद्धार्थ ने अपने दोस्त और सारथी छंदक से कहा कि वो महल के बाहर घूमना चाहते हैं। ये खबर राजा शुद्धोदन तक पहुंची। घबराए राजा शुद्धोदन ने तुरंत अपने मंत्री बंधुमान को बुलवाया और आदेश दिया, 'नगरनायक को स्पष्ट कर दो कि आज से सिद्धार्थ के किसी भी मार्ग में वृद्ध, भिखारी, नंगा, भूखा, कोई रोगी, दरिद्र, कोई मृतक, कोई संन्यासी न आ सके। और इतना ही नहीं, आज से उनके तीनों महलों में सुरा और सुंदरियों का प्रबंध चौगुना नहीं बल्कि सौ गुना कर दो।'

राजा का आदेश होते ही कपिलवस्तु नगर के हर चौराहे पर मुनादी होने लगी कि किसी भी रूप में राजा की आज्ञा का उल्लघंन नहीं होना चाहिए।'

अभी मुनादियों का दौर चल ही रहा था कि अपने घोड़े पर सवार होकर युवराज सिद्धार्थ, अपने मित्र छंदक के साथ कपिलवस्तु के भ्रमण के लिए निकल पड़े। राजमहल की सीमाओं के बाहर ये उनके पहले कदम थे। अब तक सब कुछ वैसा ही था, जैसा राजा शुद्धोदन के चाकरों ने रचा था। वैसे तो राजा शुद्धोदन ने अपने प्रयास में कोई कमी नहीं की थी लेकिन अंततः हुआ वही जिसका भय राजा शुद्धोदन और राज परिवार को सता रहा था...

राजकुमार सिद्धार्थ की नज़रों के सामने एक ऐसा मनुष्य आ गया, जैसा उन्होंने जीवन में कभी नहीं देखा था।

ये एक वृद्ध व्यक्ति था, उसकी कमर झुकी हुई थी, चलने-फिरने में असमर्थ वो किसी तरह लाठी धरती पर टिकाए आगे बढ़ रहा था, उसके बदन की खाल लटकी हुई थी, जो उसे कुरूप बना रही थी।

ऐसे व्यक्ति को देखकर आश्चर्यचकित राजकुमार सिद्धार्थ ने छंदक से पूछा, 'छंदक, ये कैसा मनुष्य है? इसका शरीर इस तरह से झुका क्यों है? ये डंडे के सहारे क्यों चल रहा है?'

युवराज के प्रश्न का छंदक ने कोई जवाब नहीं दिया।

सिद्धार्थ दोबारा पूछते हैं, 'छंदक, तुम बोलते क्यों नहीं?'

अबकी बार छंदक के लिए मौन रहना कठिन हो जाता है और उसे कहना पड़ता है, 'राजकुमार ये व्यक्ति जरा से पीड़ित है। ये वृद्ध है। बूढ़ा है।'

'वृद्ध?' राजकुमार सिद्धार्थ अपने आप से कहते हैं।

स्वयं से प्रश्न का उत्तर न मिलने पर वो तुरंत छंदक से पूछते हैं, 'ये वृद्ध किसे कहते हैं?'

अब छंदक फिर हिम्मत जुटाते हुए कहता है, 'आर्य वृद्धावस्था में हमारा शरीर दुर्बल हो जाता है, हमारी स्मरण शक्ति कम हो जाती है, सामने जो व्यक्ति आप देख रहे हैं उसका शरीर पहले हमारे जैसा ही होगा लेकिन वृद्धावस्था आते-आते ये बहुत दुर्बल और लाचार हो गया है।'

छंदक की ये बात सुनकर युवराज सिद्धार्थ एक अबोध बालक की तरह उससे पूछते हैं, 'क्या हमारे राज्य में यही एक वृद्ध है? क्या इस जैसा कोई और नहीं है?'

सिद्धार्थ की जिज्ञासा पर छंदक पहले मुस्कुराता है और फिर उन्हें शांत करने का प्रयास करते हुए कहता है, 'युवराज, जो जन्म लेता है वो वृद्ध भी होगा, ये प्रकृति का नियम है।'

अब सिद्धार्थ के चेहरे पर चिंता की लकीरें दिखने लगती हैं। वो परेशान होते हुए छंदक से कहते हैं, 'छंदक तो क्या मैं भी वृद्ध हो जाऊंगा? क्या मैं भी इसी व्यक्ति की तरह दिखूंगा?'

युवराज के इस प्रश्न पर छंदक एकदम दार्शनिक होकर कहते हैं, 'राजकुमार, राजा हो या रंक जो जीवित रहेगा वो एक आयु के बाद वृद्ध हो कर रहेगा।'

ये सुनकर युवराज सिद्धार्थ कुछ पलों के लिए एकदम शांत हो जाते हैं, और फिर छंदक से कहते हैं, 'छंदक, महल के लिए वापस चलो।'

छंदक घोड़े की लगाम थामकर उसे वापस राजमहल की ओर मोड़ देता है।

महल की ओर जाते हुए सिद्धार्थ सोचने लगते हैं। ये मैं कैसी जिंदगी जी रहा था? मुझे आज तक पता ही नहीं था कि बुढ़ापा भी जीवन का हिस्सा है। मुझे आज पहली बार ये एहसास हुआ कि बुढ़ापा उम्र का ऐसा पड़ाव है जिससे कोई नहीं बच सकता।

सोचते-सोचते सिद्धार्थ नगर की सीमा में प्रवेश कर जाते हैं।

सिद्धार्थ ने जिस तरह एक वृद्ध को देखा, और उनके सामने बुढ़ापे के रूप में जीवन की एक बड़ी सच्चाई उजागर हुई थी, ठीक उसी प्रकार पिता की लाख कोशिशों के बावजूद युवराज जीवन-मरण के चक्र के बीच की कई सच्चाइयों को जान गए थे। कभी उनके सामने कोई रोगी आ जाता तो कभी कोई लाश। एक के बाद एक ऐसी घटनाएं

महलों में भोग विलास के बीच पले युवराज सिद्धार्थ को ये समझाने में सफल हुईं कि जीवन-मरण के इस चक्र से किसी की मुक्ति नहीं है।

बहरहाल जीवन के जो अनुभव एक के बाद एक सिद्धार्थ को मिल रहे थे उसमें जल्दी ही एक निर्णायक मोड़ आया। अब सिद्धार्थ का सामना एक संन्यासी से हुआ।

एक चौराहे पर गेरुआ वस्त्र धारण किए, लंबी जटाओं और दाढ़ी वाले साधु को सिद्धार्थ ने देखा तो जिज्ञासा वश अपने मित्र छंदक से पूछा, 'छंदक, ये व्यक्ति कौन है? इसने सबसे अलग वस्त्र क्यों धारण कर रखे हैं? इसकी वेशभूषा ऐसी क्यों है?'

युवराज सिद्धार्थ की जिज्ञासाओं का समाधान करते हुए अब छंदक भी राजा शुद्धोदन के भय से मुक्त हो चुका था। उसने खुलकर युवराज से कहा, 'देव! ये प्रवर्जित है...संन्यासी है। हे कुमार, ये संसार छोड़ चुका है, सो सांसारिक वेशभूषा से इसे क्या लेना देना!'

संन्यास?

'अब ये संन्यास क्या है छंदक, ये व्यक्ति संन्यासी क्यों बना है?' युवराज ने पूछा।

'संन्यास शांति पाने का मार्ग है। और अपने आप को मिली शांति का लाभ दुनिया के दूसरे प्राणियों को देने और उससे पुण्य कमाने के लिए ही ये संन्यासी बना है।'

छंदक के उत्तर को सुनते-सुनते सिद्धार्थ की निगाहें संन्यासी पर टिक गईं।

आखिर वृद्धावस्था, रोग और मृत्यु के सवालों से सिद्धार्थ का जो मन जूझ रहा था, उसको अब संन्यासी दिख गया। इस संन्यासी के संन्यास

में उन्हें मुक्ति का रास्ता दिखा। और ठीक उसी वक्त अपने सारथी और दोस्त छंदक के सामने सिद्धार्थ ने एक बड़ी घोषणा कर दी।

'मैं भी संन्यासी बनूंगा...मैं भी साधुओं में दीक्षित होऊंगा।'

ये सुनकर छंदक को मानो झटका लगा, 'यह क्या कह रहे हैं आप?'

'हां, छंदक मैं गृहत्याग करूंगा...मैं संन्यास लूंगा।'

सिद्धार्थ की इस घोषणा पर छंदक अवाक रह गया और घोड़े की लगाम थामे महल की ओर चल पड़ा।

सिद्धार्थ की यह घोषणा राजा शुद्धोदन के हर उस प्रयास की पराजय थी जो उन्होंने सिद्धार्थ को यही फैसला लेने से रोकने के लिए किया था। सचमुच राजा शुद्धोदन ने क्या कुछ नहीं किया था। महल के अंदर भोग-विलास की पूरी व्यवस्था थी। दुख और पीड़ा से जुड़ी बातों से भी राजकुमार सिद्धार्थ को दूर रखा गया था। सिद्धार्थ का विवाह भी हुआ और संन्यास के इस निर्णय के कुछ दिन बाद ही सिद्धार्थ और उनकी पत्नी यशोधरा के यहां एक शिशु पैदा हुआ।

युवरानी यशोधरा के पुत्र होने की सूचना लेकर एक दासी युवराज सिद्धार्थ के पास पहुंची।

सिद्धार्थ संन्यास के विचारों की उधेड़बुन में मगन थे। दासी ने बड़ी हिम्मत करतें हुए सिद्धार्थ को पीछे से आवाज़ दी, 'धन्य भाग हैं हमारे, देवी यशोधरा ने अभी ब्रह्म मुहूर्त में एक राजकुमार को जन्म दिया है।'

दासी की आवाज़ सुनकर सिद्धार्थ पलटे। उनके चेहरे पर मुस्कान बिखर गई। ये देखकर दासी ने आगे कहा, 'देवी और शिशु दोनों स्वस्थ हैं, सकुशल हैं।'

पर दासी से ये ख़बर सुनकर राजकुमार सिद्धार्थ इससे ज़्यादा कोई

प्रसन्नता व्यक्त नहीं करते। वो सिर्फ इतना कहते है, 'छंदक से कहो किसी दासी को भेजकर, हमारी ओर से देवी का कुशल पूछने का प्रबंध करे।'

दासी ये बात सुनने के साथ वहां से चलने को होती है, तब फिर सिद्धार्थ मानो अपने आप से कहते हैं, 'सिद्धार्थ! तुम तो प्रसन्न हो, परंतु यह राहु का जन्म है। यह नया बंधन जन्मा है।'

संन्यास की राह में कदम आगे बढ़ाने की सोच चुके सिद्धार्थ की नज़र में उनकी संतान मानो एक राहु थी। उनके जीवन का एक नया बंधन। उसका नाम भी राहुल ही रखा गया।

यहां ये प्रश्न आपके दिमाग में आ सकता है कि कैसे कोई व्यक्ति जीवन की मूलभूत सच्चाई, उम्र, रोग, मृत्यु और वैराग्य जैसी बातों से अछूता रह सकता है। डॉ. के टी एस सराव की नजर में इस सवाल का जवाब विज्ञान या ऐतिहासिक तथ्यों में नहीं ढूढ़ना चाहिए। कहानी का मर्म समझना जरूरी है कि जीवन की मूलभूत सच्चाइयों से अनभिज्ञ रह कर भी एक आम जीवन व्यतीत करते हुए भी बड़ी से बड़ी उपलब्धि प्राप्त की जा सकती है।

वैसे बौद्ध धर्म की एक दूसरी परम्परा में जन्म से पहले ही सिद्धार्थ गौतम को बोधि प्राप्त दिखाया गया है। उस परम्परा में बुद्ध तुषित स्वर्ग में रहते थे और उन्होंने स्वंय ये निर्णय लिया कि उन्हें कहां, कब और कैसे जन्म लेना है। बाद में गौतम बुद्ध की जीवन संबंधी इन दोनों धाराओं को मिला कर ये कहा गया कि जन्म से पूर्व सिद्धार्थ गौतम को बोधि प्राप्त था लेकिन उन्होंने आम लोगों को मुक्ति का रास्ता दिखाने के लिए एक तरह से घटनाओं का स्वांग रचा।

बहरहाल, वापस लौटते हैं कपिलवस्तु जहां राजकुमार गौतम का पुत्र राहुल एक साल का हो चुका था। अब सिद्धार्थ की उम्र 29 साल थी। राजमहल की दुनिया पहले जैसी ही चल रही थी। लेकिन सिद्धार्थ के मन-मतिष्क में अब विचारों का उफान था। इस उहापोह का ज़िक्र बौद्ध ग्रंथ मज्झिम निकाय के महा सक्क सुत्त में है। जहां बुद्ध बनने के बाद एक जैन संन्यासी से बातचीत में खुद सिद्धार्थ ने इस बारे में कहा:

"जब मुझे ज्ञान की प्राप्ति नहीं हुई थी तब ये विचार मेरे मन में आया कि गृहस्थ जीवन में बहुत जकड़न है। वो जीवन धूल भरी राह है। संन्यास लेना खुली हवा में जीना है। गृहस्थ बन कर पवित्रता के साथ बिना किसी लोभ-लालच के जीना अत्यंत कठिन है। मैंने सोचा क्यों न अपने बाल और दाढ़ी काट कर गेरुआ वस्त्र धारण कर गृहस्थ से संन्यास धारण कर लिया जाए।"

इन्ही विचारों के साथ सिद्धार्थ पूरी रात जागे। सिद्धार्थ ने अपने मित्र और सारथी छंदक को बुलाया। छंदक से कहा कि जाओ और मेरे प्रिय घोड़े कंथक को ले आओ। छंदक घोड़ा लेने चला गया। सिद्धार्थ के हाव-भाव से वो समझ गया था कि आज की रात महल में उसके युवराज की आखिरी रात है। लेकिन सिद्धार्थ के जीवन की एक बड़ी लड़ाई बाकी थी। सिद्धार्थ अपनी पत्नी यशोधरा के कमरे तक पहुंचे।

यशोधरा सो रहीं थीं। बगल में उनका बेटा राहुल लेटा था। कुछ इस तरह कि राहुल का चेहरा दिख नहीं रहा था। द्वार देहली पर सिद्धार्थ रुक गए वहीं से दोनों को देखते रहे। यशोधरा की तरफ़ सिद्धार्थ ने हाथ बढ़ाया लेकिन हाथ रुक गए। सिद्धार्थ ने सोचा अगर यशोधरा जाग गईं तो...। राहुल का चेहरा उन्हें अब भी दिख नहीं रहा था। तभी बाहर से

आवाज़ आई, "स्वामी, आइए।" ये छंदक की आवाज़ थी।

सिद्धार्थ के मन में अब भी द्वंद्व था। वो यशोधरा के कमरे के बाहर खड़े हो गए। इस वक्त सिद्धार्थ सोच रहे थे कि यशोधरा से अंतिम विदाई लेनी चाहिए या नहीं। बेटे का मुंह भी एक बार देख लेना चाहिए या नहीं। उधर महल के बाहर छंदक उनकी प्रतीक्षा कर रहा था। छंदक ने फिर आवाज़ लगाई।

"नाथ, जल्दी आइए समय बीतता जा रहा है।"

छंदक की पुकार पर सिद्धार्थ मन ही मन बोलते हैं, "आया छंदक।"

सिद्धार्थ दोबारा कमरे में गए और उन्होंने यशोधरा को छूने के लिए फिर से हाथ बढ़ाया। लेकिन उन्होंने खुद को रोक लिया। अब वो कमरे से बाहर आने लगते हैं।

राजा शुद्धोदन के इकलौते बेटे युवराज सिद्धार्थ के महल में दुनिया की हर सुख-सुविधा थी। उनका जीवन भी भरा-पूरा था। उनकी पत्नी थी, बच्चा था। लेकिन क्या महल की दुनिया का ऐशो-आराम ही सिद्धार्थ गौतम को मुक्ति के लिए प्रेरित कर रहा था? कुछ लोग ये भी कहते हैं कि बुद्ध ने अपनी नई राह अपनाने के लिए अपनी पत्नी और पुत्र के साथ अन्याय किया। जाने-माने साहित्यकार अशोक वाजपेयी इस सवाल के संदर्भ में बुद्ध के द्वंद्व को समझने का आग्रह करते हैं, "बुद्ध ने यशोधरा और राहुल के साथ हम लोगों की दृष्टि में भले ही अन्याय किया हो, इससे बुद्ध की अपनी मनुष्य होने की जो स्थिति है उसमें कोई बड़ी कटौती नहीं होती। तो उसके मन में जो द्वंद्व रहा होगा वो सर्वथा मानवीय द्वंद्व है।"

सिद्धार्थ गौतम भोग से योग की ओर बढ़ रहे थे। क्या बहुत ज्यादा

भोग ने ही उन्हें सन्यास के लिए तैयार किया था। बौद्ध दर्शन के जाने माने विद्वान और दार्शनिक डॉ एल पी सिंह की नजर में सिद्धार्थ गौतम के जीवन का ये खंड इस बात का प्रतीक माना जा सकता है कि जिस चीज से आप गिरते हैं उसी से आप उपर उठ सकते हैं। बौद्ध दर्शन में बौद्ध तंत्र की एक धारा है जो भोग और योग का समावेश जरुरी मानती है। इसे उदात्तीकरण यानी उपर उठने की प्रक्रिया का हिस्सा मान सकते है जब भोग से आप उपर उठते हैं तब भी आपकी मुक्ति का रास्ता खुल सकता है ।

इतना तो कहा जा सकता है कि मुक्ति की खोज में जब सिद्धार्थ गौतम महल छोड़ रहे थे तो उनके लिए भी वो बहुत कठिन क्षण रहे होंगे। आखिरकार सिद्धार्थ महल से बाहर निकले अपने प्रिय घोड़े कंथक पर सवार हुए और नगर की सीमा की ओर चल पड़े। लेकिन सीमाओं पर तो राजा शुद्धोदन की आज्ञा का पहरा था। चाक-चौबंद सुरक्षा के बीच किले के दरवाज़े बंद थे। हर जगह सैनिक तैनात थे। राजकुमार सिद्धार्थ के घर त्यागने की जो कहानियां प्रचलित हैं उनके मुताबिक कहीं बंद दरवाज़े खुद ब खुद खुल गए थे और तैनात प्रहरी गहरी नींद में चले गए। और कहीं-कहीं ये कहा जाता है कि उनका घोड़ा कंथक सारी बाधाओं को लांघता निकल गया और तभी उनके सामने एक और परीक्षा खड़ी हो गई। इस परीक्षा का नाम था–वसवत्ती मार।

वसवत्ती मार की आवाज़ सिद्धार्थ के कानों में गूंजी। उसने कहा, "रुको सिद्धार्थ! आगे न जाओ, क्योंकि आज से सातवें दिन राज्य चक्र तुम्हारे हाथों में आएगा और तुम सप्त द्वीप नौखंड के प्रतिपालक, चक्रवर्ती सम्राट बनोगे, इसलिए अब तुम वापस लौट जाओ।"

उसकी इस बोली को सुनकर सिद्धार्थ ज़रा चौंक से गए और बोले, "कौन हो तुम?"

उस अंधेरे में चेहरा छुपाए इंसान ने कहा, "मैं वसवत्ती मार हूं।"

लेकिन आगे के परिचय से ज़्यादा अब सिद्धार्थ उसके आदेश की अवहेलना का मन बना चुके थे। उन्होंने कहा, "मार, मैं सम्राट या चक्रवर्ती बनना नहीं चाहता, मुझे राजचक्र नहीं चाहिए। मैं धर्म चक्र धारण करूंगा। तुम मुझे प्रलोभन दे रहे हो, वह मुझे अपने मार्ग से विचलित न कर सकेगा।"

इस तरह सिद्धार्थ ने कामना, इच्छा के प्रतीक मार के प्रलोभन को भी ठुकरा दिया। वसवत्ती मार को सिद्धार्थ गौतम के अंदर का अंतरद्वंद्व भी कहा जाता है। गृहत्याग से जुड़े आखिरी द्वंद्व को भी सिद्धार्थ गौतम ने किनारे कर दिया। सवेरा होने ही वाला था। सिद्धार्थ, छंदक को साथ लिए घोड़े कंथक पर सवार हुए और आगे बढ़े जब तक एक नदी के किनारे नहीं पहुंच गए।

राजकुमार सिद्धार्थ ने छंदक से पूछा, "इस नदी का क्या नाम है छंदक?"

"देव, यह अनोमा नदी है।" छंदक ने उत्तर दिया।

इतना सुनते ही सिद्धार्थ के मुंह से अनायास निकला, "तो मेरा गृह त्याग, निष्क्रमण भी संसार में अनोमा नाम से जाना जाए।"

"देव!" ये कहते-कहते छंदक का सब्र जवाब दे गया। वह रोने लगा।

लेकिन छंदक के आंसू देखकर सिद्धार्थ के भाव नहीं बदलते। वो एक-एक करके अपने तन पर मौजूद सभी राज वस्त्र उतारने लगे। उसे

आदेश देते हुए उन्होंने कहा, "छंदक अब तुम मेरे ये वस्त्राभूषण और इस घोड़े कंथक को लेकर लौट जाओ। मैं संन्यास की शरण लूंगा।"

लेकिन छंदक भावनाओं में बह चला था। वह सिद्धार्थ से बोला, "तो मुझे भी ले चलिए। मैं भी संन्यासी बनूंगा। आज तक आपने मुझे अकेला नहीं छोड़ा।"

लेकिन सिद्धार्थ जैसे उसकी बात सुनते ही नहीं। ये देखकर छंदक की आंखों से आंसुओं की धारा और तेज़ी से बहने लगती है।

सिद्धार्थ एक पल को छंदक की ओर देखते हैं, और अगले ही पल दाएं हाथ से अपनी कमर पर लटकी तलवार निकालते हैं, उसे हवा में उठाते हैं...

छंदक और ज़ोर-ज़ोर से रोने लगा और चिल्लाया, "नहीं देव नहीं, ऐसा मत कीजिए।"

छंदक की पुकार पूरी भी नहीं होती कि राजकुमार सिद्धार्थ के बाएं हाथ में उनके केशों का एक गुच्छा होता है। बालों का ये गुच्छा अगले ही पल घुटनों के बल ज़मीन पर बैठे छंदक के हाथों में गिरता है। और उसके कानों में पड़ती है सिद्धार्थ की ओजस्वी वाणी। वो कह रहे थे, "ये केश यशोधरा को बहुत आकर्षित करते रहे हैं, उसे तुम मेरी कुशल कह देना। वह कुछ अधिक पूछे तो मौन रह जाना। भिक्षु को प्रसाधन से क्या प्रयोजन?" ये कहकर वो अपने बालों पर एक बार फिर तलवार को फेर देते हैं।

छंदक सिद्धार्थ का ये बदला रूप देखता ही रह जाता है कि तभी एक और चमत्कार होता है। सिद्धार्थ ऊंची आवाज़ में मानो आसमान से कहते हैं, "यदि मेरा बुद्ध बनना निश्चित है तो ये केश वायुमंडल में

ही रहे, नहीं तो भले भूमि पर गिर पड़े।" और वो अपने हाथ में मौजूद बालों का दूसरा गुच्छा हवा में उड़ा देते हैं।

कहते हैं अपने बालों का जो गुच्छा सिद्धार्थ ने हवा में उड़ाया वो हवा में ही रहा। नीचे ज़मीन पर नहीं आया और इस तरह राजकुमार सिद्धार्थ को लग गया कि वो बुद्ध बनेंगे। और इस तरह से राजकुमार सिद्धार्थ, संन्यासी बनने की राह पर निकल पड़े।

लेकिन जिस जगह सिद्धार्थ को पहुंचना था उसका रास्ता उन्हें कौन बताएगा? अब उन्हें गुरु की तलाश थी।

अब सिद्धार्थ पहली बार अकेले थे। कपिलवस्तु से पहले वो तब के मगध की राजधानी राजगृह पहुंचे। गुरु की तलाश उन्हें उस समय के बड़े योगी, आलार कालाम के पास ले गई। आलार कालाम ने सिद्धार्थ को साधना की कुछ योग विधियां बताईं। इनसे सिद्धार्थ की जिज्ञासा पूरी नहीं हुई...वहां से चलकर वे गुरु उद्रक रामपुत्र के पास गए।

यहां से भी सिद्धार्थ आगे बढ़े। अब उनके साथ पांच शिष्य भी थे। उन्होंने साधना के दूसरे तरीकों को अपनाया। इस बार साधना के केंद्र में उनका शरीर था। संन्यास की परंपराओं को पहचानने और उनके अलग-अलग रास्तों पर चलकर ज्ञान प्राप्ति के सिद्धार्थ के प्रयासों के बारे में दिल्ली विश्वविद्यालय के बौद्ध अध्ययन केंद्र के प्रोफेसर तेज सिंह सराव का कहना है, "गौतम बुद्ध ने हर प्रकार का जो संन्यास है, जिनकी अलग अलग परंपराएं थीं, उन सबका अनुभव किया। जैसे खाना छोड़कर या पानी त्याग कर या एक ही टांग पर खड़े होकर बिना सोए या मौन धारण करके क्या कुछ प्राप्त किया जा सकता है, सब प्रकार का अनुभव बुद्ध ने प्राप्त किया।"

बौद्ध धर्म के जानकार कहते हैं कि लगभग छह साल तक इस हठ योग और अनशन की भीषण तपस्या की। उन्होंने अन्न जल त्यागा। वो धरती में गड़े रहे...एक टांग पर खड़े रहे। शीर्षासन किया। ऐसी कठोर तपस्या की जिससे वो खुद मृत्यु के करीब पहुंच गए। अपने इस हठयोग के बारे में एक बार स्वयं बुद्ध ने कहा था, "मेरा शरीर दुर्बलता की चरम तक पहुंच गया था। जैसे अस्सी साल वाले वृद्ध की गांठें होती हैं वैसे ही मेरे अंग-प्रत्यंग हो गए थे। जैसे ऊंट का पैर, ठीक वैसे ही मेरा कूल्हा हो गया था। जैसे गहरे कुएं में तारा वैसे ही मेरी आंखें दिखाई देती थीं। यदि मैं पेट की खाल को मसलता, तो पीठ के कांटों को पकड़ लेता। उन दिनों मेरी पीठ और पेट एकदम सट गए थे।"

अपनी इस अवस्था को देखकर सिद्धार्थ समझ गए कि ऐसी तपस्या से उन्हें मृत्यु के अलावा और कुछ भी हासिल नहीं होगा। इन्हीं विचारों में खोए सिद्धार्थ अपने आश्रम के एक कोने में दीवार के सहारे टिके हुए थे। उनकी हालात कतई ठीक नहीं थी। तभी इस मरणासन्न संन्यासी के सामने उनकी एक शुभचिंतक लड़की आती है। मरणासन्न सिद्धार्थ की हालत देखकर वो उन्हें खीर से भरा एक कटोरा देती है और उनसे आग्रह करती है कि आप इस प्रकार अपने आपको कष्ट न दें। सुजाता नाम की उस लड़की के आग्रह को अन्न-जल छोड़े सिद्धार्थ एकाएक मान लेते हैं और खीर खा लेते हैं। अन्न ग्रहण करते ही सिद्धार्थ के शरीर में प्राणों का संचार तो होता है लेकिन इसका परिणाम ये हुआ कि सिद्धार्थ के पांचों शिष्यों ने उन्हें घोर तपस्या को त्यागते देख कर उन्हें छोड़ दिया। सिद्धार्थ पर उनके ही शिष्यों ने पथभ्रष्ट होने का आरोप लगा दिया। उनमें से एक ने बेहद क्रोधित होते हुए कहा, "सिद्धार्थ

गौतम तुम अब पथभ्रष्ट हो चुके हो। अब हम तुम्हारे साथ नहीं रह सकते। तुम हमारे गुरु नहीं हो सकते।"

वह अपने बाकी चार साथियों को वहां से लेकर चला जाता है। सिद्धार्थ अकेले हो गए।

अकेले सिद्धार्थ को अब ज्ञान प्राप्ति का नया तरीका ढूंढ़ना था। कहते हैं, उन्हें वीणा बजाने वाला दिखा। सिद्धार्थ ने देखा कि जब तार को ढीला छोड़ दिया जाता था तब वीणा नहीं बजती थी...और जब कस कर भरा जाता था तो तार टूट जाता था। जब तार की कसावट कहीं बीच में होती थी तो मधुर संगीत निकलता था। वीणा की इस प्रकृति ने सिद्धार्थ को रास्ता दिखाया। मध्यम मार्ग का। यही मार्ग ज्ञान प्राप्ति की अवस्था तक ले जाने वाला था। सिद्धार्थ को सब समझ आ गया था कि उन्हें अतिरेक का नहीं, मध्यम मार्ग अपनाना है। अशोक वाजपेयी, सिद्धार्थ की इस मध्यम मार्ग की खोज के लिए उस समय की परिस्थितियों की भूमिका को रेखांकित करते हैं कि बुद्ध का ज़माना "बहुत अतिरेकों का ज़माना था। बहुत भोगविलास और कर्मकांड का भी अतिरेक था और दूसरी तरफ संन्यासी और इस तरह के भी लोग थे जो कहते थे कि सब कुछ छोड़ दो, संन्यास लो। एक तरफ भोग विलास, कर्मकांड का भी अतिरेक था तो दूसरी तरफ संन्यास लेकर सब कुछ छोड़ने का अतिरेक। बुद्ध ने इन दोनों के बीच मध्यम मार्ग की बात की, यानी बीच का रास्ता..."

अशोक वाजपेयी जिस मध्यम मार्ग की चर्चा कर रहे हैं, आज वही मध्यम मार्ग सिद्धार्थ गौतम की शिक्षा का सार माना जाता है। लेकिन यहां तक पहुंचने में संन्यासी सिद्धार्थ को सात साल लग गए। उन्हें घर

त्यागे अब सात साल हो चुके थे। जिस ध्यान और ज्ञान की तलाश उन्हें थी वो अभी भी दूर था। सिद्धार्थ को पता चल गया था कि न घोर तप से उन्हें वो ज्ञान प्राप्त होगा और न ही राजमहलों में भोग विलास से। मध्यम मार्ग रास्ता ही मुक्ति का रास्ता है। अंतत: आज के बिहार के गया जिले में संन्यासी सिद्धार्थ गौतम उस पीपल के पेड़ के पास पहुंचे जिसे आज पूरी दुनिया बोधि वृक्ष के नाम से जानती है। गया पहुंचकर राजकुमार सिद्धार्थ से संन्यासी बने सिद्धार्थ एक बार फिर साधना में लीन हुए थे।

लेकिन इस साधना में लीन होने से पहले सिद्धार्थ गौतम ने स्वयं से एक संकल्प किया था। दार्शनिक एलपी सिंह, सिद्धार्थ के उस संकल्प की व्याख्या करते हुए कहते हैं कि बोध गया में साधना पर बैठने से पहले "सिद्धार्थ ने संकल्प लिया कि इसी आसन में, इसी काया से जो अप्राप्य बोधि है उसे प्राप्त किए बिना मैं इस आसन को नहीं छोड़ूंगा।" उन्होंने कहा, "इहासने शुष्यतु मे शरीरम्, त्वगस्थि मांसं प्रलयं च यातु। अप्राप्य बोधि बहुकल्प दुर्लभाम्, नैवासनात् कायमतश्च लिष्यते।" यानी भले ही मेरा शरीर सूख जाए, हड्डियां मांस छोड़ दें, प्रलय ही क्यों न आ जाए, जब तक दुर्लभ सम्यक बोधि यानी आत्मज्ञान कैवल्य को प्राप्त न कर लूंगा, इस आसन से नहीं उठूंगा।

ऐसा प्रण करके सिद्धार्थ ध्यान में लीन थे। लेकिन उन्हें अपने जीवन की सबसे बड़ी चुनौती से अभी जूझना था। राग-द्वेष और अहम का प्रतीक माना जाने वाला मार सिद्धार्थ के सामने फिर आया और उनके ध्यान में खलल डालना शुरू किया।

सिद्धार्थ के जीवन के अहम पड़ावों पर उनकी राह में खड़े होने वाले

इस मार को प्रोफेसर सराव एक नए तरीके से परिभाषित करते हैं। उनका कहना है कि बौद्ध इतिहास में मार "एक अड़चन का ही उदाहरण है, अड़चन को ही मार कहा गया है। किसी काम को करने से पहले जो संकोच है उसी को मार कहा गया है।"

इस तरह मार या कहिए कि मन की अड़चन ने सिद्धार्थ के ध्यान को भंग करने की पूरी कोशिश की। लेकिन वो असफल रहा। संन्यासी सिद्धार्थ गौतम, ध्यान के एक स्तर से दूसरे स्तर तक बढ़ते जा रहे थे। उनके सामने अतीत की वो स्मृतियां घूम-घूमकर निकल रही थीं जब वो भोग-विलास और राजमहल के सुख में आकंठ डूबे हुए थे। लेकिन इन सब पर विजय प्राप्त कर अंतत: 35 साल के सिद्धार्थ बुद्ध बने। बुद्ध यानी वो जो जागृत हो। उन्होंने संबोधि प्राप्त कर ली थी, उन्हें ज्ञान की प्राप्ति हो चुकी थी।

सिद्धार्थ गौतम के गौतम बुद्ध बनने को बौद्ध जन्म के जानकार और कुशीनगर बौद्ध भिक्षु संघ के उपाध्यक्ष भंते नंदरतन कुछ इस प्रकार बताते हैं, "बुद्ध ने कहा कि हे ग्रह कारक, मैंने अनेक बार इस संसार में जन्म लिया है, इस भवचक्र में मेरा आवागमन जारी रहा है। लेकिन अब तुझे मैंने जान लिया है, तुझे समझ लिया है। अब तू दोबारा घर नहीं बना सकता है। यह मेरा अंतिम जन्म है इसके बाद मेरा जन्म नहीं होगा। इस संसार में पुन: मेरा आगमन नहीं होगा।"

दर्शनशास्त्री एलपी सिंह, बुद्ध के बोधित्व की प्राप्ति को परिभाषित करते हुए कहते हैं, "बुद्ध को आखिर अनुभव हुआ वो अपनी सारी विराटता के साथ, पूरी सभ्यता के साथ, संपूर्ण ब्रह्मांड के साथ एकीभूत हो गए। उसके बाद तो उन्हें यही दिखा कि सभी कुछ में हम हैं। वो

संसार के कण कण में खुद को अनुभव करते हैं। ये अनुभूति होना कि हर कण में वही हैं, वही हर चीज़ में हैं, पूरे ब्रह्मांड से अपने आप को आत्मसात कर देना, पूरी दुनिया से पूरी मानवता से, यही निर्वाण का अर्थ होता है।"

निर्वाण प्राप्ति के इन स्तरों से गुज़रते हुए सिद्धार्थ, बुद्ध बन गए। लेकिन बुद्ध बनने के बाद वो एक बार फिर दुविधा में थे। जो उन्हें प्राप्त हुआ है उसे बताएं या न बताएं। बताएं तो किसे बताएं। बताने पर लोग उन्हें पागल तो नहीं समझेंगे! सबसे पहले उन्हें अपने गुरु अलार कालाम की याद आई लेकिन ज्ञान प्राप्ति से सात साल पहले मृत्यु हो चुकी थी। फिर उन्हें उद्रक रामपुत्र की याद आई लेकिन ज्ञान प्राप्ति से एक रात पहले उनकी भी मौत हो चुकी थी। चार सप्ताह तक बुद्ध इसी उधेड़बुन में रहे। फिर उन्हें अपने पांच साथियों का ख्याल आया जो उन्हें छोड़ कर चले गए थे।

बुद्ध नहीं जानते थे कि वे कहां गए हैं। वे अपने पुराने साथियों को तलाशने निकल पड़े। उनको ढूंढ़ते हुए गौतम बुद्ध बनारस के पास ऋषि पतन मृगदाव नाम की जगह पहुंचे। संयोग से उनके पुराने साथी वहीं थे। जब उन्होंने बुद्ध को आते हुए देखा तो वे आपस में बातें करने लगे।

"भंते देखो...गौतम आ रहा है। ये अब संन्यास और तप का रास्ता छोड़ सुखमय जीवन बिता रहा है।"

"वो इस लायक नहीं है कि हम उसके आदर में खड़े हों। न ही उसे प्रणाम करने की ज़रूरत है न उसके भिक्षा पात्र को पकड़ने की ज़रूरत। बस बैठने के लिए आसन दे देते हैं। अगर वो बैठना चाहे तो बैठ जाए।"

लेकिन जैसे ही बुद्ध उनके नज़दीक पहुंचे, वो अपने निर्णय पर अडिग न रह पाए। उनमें से एक ने उन्हें झुककर प्रणाम किया और उनका चीवर और पात्र ले लिया। दूसरे ने उनके लिए आसन तैयार किया और तीसरा पानी ला कर उनके पांव धोने लगा। लेकिन ये अभी भी बुद्ध को मित्र कह कर बुला रहे थे। अब गौतम बुद्ध ने उन्हें टोका, "तथागत को उसके नाम से या मित्र कह कर बुलाना उचित नहीं है। मैं तथागत हूं, मुझे ज्ञान की प्राप्ति हुई है। भंते, मेरी बात ध्यान से सुनो, मैंने अमरता प्राप्त कर ली है...मैं तुम्हें ज्ञान दूंगा। मैं तुम्हें धम्म के बारे में बताऊंगा...मेरे बताए रास्ते पर चल कर तुम सभी परम ज्ञान प्राप्त कर सकते हो।"

लेकिन तभी गौतम बुद्ध के साथी ने उनकी निर्वाण प्राप्ति पर सवाल खड़े किया। उसने गौतम बुद्ध से कहा, "तुमने हमारे साथ घोर तपस्या की, अन्न जल त्यागा लेकिन तब तुम्हें परम ज्ञान की प्राप्ति नहीं हुई। तुमने वो सब कुछ छोड़ कर आराम की ज़िंदगी अपनाई, तुम अपने लक्ष्य से भटके, तो अब तुम कैसे जीवन-मरण के चक्र से निकल सकते हो?"

बुद्ध ने जिन्हें सबसे पहले ज्ञान देने का फैसला किया था वही उनपर भरोसा नहीं कर रहे थे। आखिरकार बुद्ध ने कहा, "भंते-भंते ...क्या तुममें से किसी ने कभी पहले ये बात मुझे कहते हुए सुना है? क्या कभी पहले मैंने तुम्हें कभी कहा कि मैं बुद्ध हो चुका हूं?"

शिष्यों ने एक पल के लिए सोचा और फिर धीमे स्वर में कहा, "नहीं देव।"

इसके बाद बुद्ध के ये पांचों शिष्य उनकी बात को ज़्यादा ध्यानपूर्वक

सुनने लगे। और अब गौतम बुद्ध ने उन्हें अपना पहला उपदेश दिया। बुद्ध अपने शिष्यों से बोले, "भिखुओं जीवन में इन दो अतियों को त्यागना। दो अतियां हैं–काम सुख में लिप्त होना। शरीर को पीड़ा देना। मैंने इन दोनों अतियों को छोड़ मध्यम मार्ग खोज निकाला है जो दृष्टि देने वाला, ज्ञान कराने वाला, शांति देने वाला है। यह मध्यम मार्ग आठ अंगों वाला है, जैसे कि ठीक दृष्टि, ठीक संकल्प, ठीक वचन, ठीक कर्म, ठीक जीविका, ठीक प्रयत्न, ठीक स्मृति और समाधि।

प्रोफेसर सराव का कहना है कि बौद्ध धर्म की सारी शिक्षाएं बुद्ध के दिए इसी उपदेश पर आधारित हैं। यही बौद्ध धर्म का निचोड़ है। यही चत्वारी आर्य सत्यानि बौद्ध धर्म की शिक्षाओं का सार है।

बनारस के पास ऋषि पतन मृगदाव यानी आज के सारनाथ में बुद्ध के इस उपदेश को धर्मचक्र परिवर्तन या धम्मचक्क पवतन कहा जाता है। यहां पीपल का एक प्राचीन पेड़ है जिसके नीचे गौतम बुद्ध की धर्मचक्र परिवर्तन उपदेश देती हुई मूर्ति लगी है। और उनके सामने उनके पांच शिष्य बैठे हुए उनका उपदेश ग्रहण कर रहे हैं।

अपने उपदेशों में महात्मा बुद्ध ने दुख की असली वजह और उससे निकलने का मार्ग दिखाया। दर्शनशास्त्री एलपी सिंह बुद्ध के दिखाए इस मार्ग की बहुत आसान शब्दों में व्याख्या करते हैं, "हमें भूख लगती है तो हमें उस समय दुख हो रहा होता है। फिर हम खाना खा लेते हैं तो हमें क्षणिक संतुष्टि मिलती है। फिर भूख लगती है, फिर खाने पर क्षणिक संतुष्टि होती है लेकिन दुख की स्थिति में एक बार जो दुख गया और फिर लौट कर नहीं आया, यही निर्वाण होता है। यानी जब आप एक बार परमार्थ के साथ जुड़ गए तो फिर दुख नहीं आएगा, क्योंकि

आपको दुख का बोध ही नहीं होगा।"

सारनाथ में अपने पहले उपदेश के बाद उनके पास आम लोगों का तांता लग गया। घर-बार त्याग कर शिष्य बनने के इच्छुक लोग उनके पास उपदेश सुनने आने लगे। संन्यास धारण करने वाले अपने शिष्यों के लिए उन्होंने संघ बनाया। संघ को आप आश्रम समझ लीजिए।

बुद्ध से पहले भी आश्रम थे लेकिन बुद्ध ने अपने आश्रमों, संघों के लिए तय नियम बनाए। बुद्ध के बनाए इन नियमों की खासियत ये थी कि संघ में फैसला किसी एक व्यक्ति का न होकर भिक्षुओं के दल को दिया गया।

संन्यास के साथ ही सिद्धार्थ समझ चुके थे कि धर्म का रास्ता सबके लिए सहज होना चाहिए, न कि किसी एक वर्ग के पास सीमित रहना चाहिए। इसीलिए संघ के दरवाज़े उन्होंने सभी के लिए खोल दिए।

प्रोफेसर सराव बुद्ध के इस कदम को तत्कालीन समाज की जातिवादी व्यवस्था के सामने उनके मध्यम मार्ग की तरह देखते हैं। वे कहते हैं, "न जच्चा बसलो होति, न जच्चा होती ब्राह्मणो यानी न तो कोई जन्म से ब्राह्मण होता है और न ही कोई शूद्र ही जन्म से बनता है। अपने कार्य से ही एक व्यक्ति ब्राह्मण होता है या शूद्र बनता है। बुद्ध का कहना था कि जो जातिवाद है वो जन्म आधारित क्यों है? ये ठीक नहीं है। ये एक व्यक्ति के कर्म पर आधारित होना चाहिए।"

अपने संघ में आए भिक्षुओं को उपदेश देते हुए खुद गौतम बुद्ध ने भी जाति व्यवस्था के खिलाफ अपने विचारों को इस तरह दुनिया के सामने रखा था, "जिस तरह से गंगा यमुना सरभु, माहि जैसी महान नदियां जब समुद्र से मिलती हैं तो अपना नाम, अस्तित्व सब खो देती

हैं और महासागर बन जाती हैं ठीक उसी तरह भिक्षुओं चाहे तुम क्षत्रिय, ब्राह्मण, वैश्य या शूद्र किसी भी जाति से हो, जब तुम मेरे बताए रास्ते पर आगे बढ़ते हो तो नाम और वंश सब त्याग दो।"

बुद्ध ये बातें तब कर रहे थे जब जाति प्रथा की जड़ें बहुत गहरी नहीं थीं। आगे चल कर जातियों ने हिंदू धर्म को कैसे जकड़ा ये बात सबके सामने है। ज़रा सोचिए आज से 2500 साल पहले बुद्ध समाज में जिन बदलावों की बात कर रहे थे, वो आज भी हमारे समाज के लिए मौजूद हैं।

बुद्ध ने सिर्फ सभी वर्णों के पुरुषों को ही नहीं, बल्कि स्त्रियों को भी अपने संघ में शामिल होने की अनुमति दी। संघ में शामिल होने वाली पहली महिला बुद्ध का लालन-पालन करने वाली उनकी मौसी प्रजापति गौतमी थीं।

ज्ञान प्राप्ति के बाद 44 साल तक बुद्ध जीवित रहे। लेकिन ज्ञान प्राप्ति के बाद उनके जीवन की बड़ी घटनाओं के बारे में जानकारी बहुत कम है। इन 44 सालों में बरसात के तीन महीनों को छोड़ कर वो लगातार घूमते रहे, जहां-तहां ठहरते और लोगों को धर्म-दर्शन का उपदेश देते। इसी तरह वो अपने जीवन के 80वें साल वैशाली से चल कर तब के कुसीनारा और आज के उत्तर प्रदेश के कुशीनगर पहुंचे। उन्होंने चुंद नाम के सुनार से भिक्षा मांगी। चुंद से मिली भिक्षा को बुद्ध ने खाया, जिससे उनकी तबीयत खराब हो गई। कुशीनगर स्थित बौद्ध मंदिर में इस घटना से संबंधित एक तस्वीर लगाई गई है। इस पूरी घटना और उसके पीछे के रहस्य को समझाते हुए कुशीनगर बौद्ध भिक्षु संघ के उपाध्यक्ष भंते नंदरतन कहते हैं, "बुद्ध ये जानते थे कि मेरे न रहने के

बाद लोग चुंद को गालियां देंगे, अपशब्द कहेंगे इसलिए उन्होंने अपने एक शिष्य आनंद को बुलाकर कहा कि इस चुंद का भोजन उतना ही महत्वपूर्ण है जितना सुजाता का खीरदान। जिस प्रकार राजकुमार सिद्धार्थ गौतम ने सुजाता के खीर को ग्रहण करने के बाद सम्यक-सम्बोधि की प्राप्ति की थी, अर्थात वो बुद्ध बने थे, इसी तरह से इस भोजन को ग्रहण करने के बाद तथागत को महापरिनिर्वाण की प्राप्ति होगी।"

कुशीनगर में आज जहां बौद्ध मंदिर है वहां तब साल का जंगल होता था। इस मंदिर के परिसर में ही बुद्ध लेट गए, इसी लेटी हुई अवस्था में गौतम बुद्ध की एक मूर्ति यहां लगी है। बुद्ध के पास उनके शिष्य और मित्र आनंद मौजूद थे। उनके सामने बुद्ध ने अपने शरीर को त्यागने की घोषणा कर दी।

बुद्ध ने लेटे-लेटे आनंद से कहा, "आनंद अब मैं वृद्ध हो गया हूं। अब अंतिम समय समीप है, मेरे दिन अब पूरे होने को आ गए हैं। मैं अस्सी वर्ष को हो गया हूं। मेरे शरीर की वैसी ही गति है जैसे किसी पुराने छकड़े की जो एक न एक दिन टूट फूट ही जाता है।"

बुद्ध के इस वचन पर आनंद बैचेन हो उठते हैं और रोने लगते हैं। वो रोते-रोते बुद्ध से कहते हैं, "तथागत! बहुजन के हित और सुख के लिए आप और अधिक जीवित रहने की दया करें तथागत!"

आनंद की इस प्रार्थना के बाद बुद्ध ने आनंद से कहा, "अब इन्हीं साल वृक्षों के बीच इसी कुसीनारा के उद्यान में रात्रि के तीसरे प्रहर तथागत का परिनिर्वाण हो जाएगा। आनंद, हो सकता है कि तुम यह सोचने लगो कि हमारे मार्गदर्शक चले गए। अब हमें मार्ग दिखलाने वाला कोई नहीं रहा। लेकिन तुम्हें ऐसा नहीं सोचना चाहिए। मेरी मृत्यु

के पश्चात जो कुछ मैंने धम्म विनय सिखलाया है, वही तुम्हारा मार्गदर्शक होगा।"

संसार से बुद्ध की इस विदाई को ही महापरिनिर्वाण कहा गया। बाद में महात्मा बुद्ध की शिक्षा को व्यवस्थित करने और उसे आगे बढ़ाने के लिए उनके शिष्यों ने एक परिषद बुलाई। उनकी शिक्षा को कंठस्थ किया गया और एक पीढ़ी से दूसरे पीढ़ी तक प्रसारित किया गया। गौतम बुद्ध की मृत्यु के बाद अगले दो सौ वर्षों तक उनकी सीख संसार भर में फैल गई।

गौतम बुद्ध की सीख को आज के दौर में भी प्रासंगिक मानते हुए दर्शनशास्त्री एलपी सिंह कहते हैं, "बुद्ध सबसे पहले ऐसे व्यक्ति थे जो जिन्होंने दुनिया को ये बताया कि एक सार्वभौम असांप्रदायिक धारा के माध्यम से ही विश्व बंधुत्व की स्थापना की जा सकती है। उनका हमेशा एक विश्व और एक मानवता में विश्वास रहा। उनकी नज़र में एक ऐसा मानव समाज श्रेष्ठ था जो अविभाज्य हो, जिसे बांटा नहीं जा सकता। जो भी विचारधारा मनुष्य और मनुष्य के बीच रेखा खींचती है, उसे बांटती है, वो गलत है।"

हर किसी को अपनी मुक्ति का रास्ता खुद तलाशना होगा। कोई देव नहीं, कोई ईश्वर नहीं, कोई गुरु नहीं, कोई बुद्ध नहीं, कोई तथागत नहीं, खुद आप अपनी मुक्ति का रास्ता तलाशेंगे। बुद्ध की ये सीख थी।

स्वयं अपने बारे में, अपने ज्ञान के बारे में बुद्ध ने अपने शिष्यों से कहा था, "भिक्षुओ, मान लो किसी उफान भरी नदी के एक छोर पर तुम खड़े हो। तुम्हें नदी के पार जाना हो लेकिन पार ले जाने वाली नाव न हो, न कोई पुल हो। तब छोटी-छोटी लकड़ियां जमा कर तुम कोई बेड़ा बांधो

और उस बेड़े के सहारे हाथ और पैर से मेहनत कर नदी पार कर जाओ। तो पार उतर जाने पर तुम्हारे मन में ये विचार आ सकता है कि इस बेड़े का बहुत सहयोग रहा है, इसके सहारे मैं पार उतर सका, क्यों न मैं ऐसे बेड़े को सिर पर रख कर या कंधे पर उठाकर ले चलूं। तो क्या ऐसा करके तुम उस बेड़े के प्रति कर्तव्य पालन करने वाले होगे?"

शिष्य उनकी बात समझ चुके थे। उन्होंने कहा, "नहीं। कभी नहीं।"

शिष्यों को आगे अपनी बात समझाते हुए बुद्ध बोले, "इसीलिए भिक्षुओ, मेरे ज्ञान की भी उपयोगिता उतनी ही है जितनी कि उस उस बेड़े की। मेरे ज्ञान का उपयोग करो और आगे जाने का रास्ता स्वयं ढूंढ़ो।"

मेरी सीख का इस्तेमाल जितनी ज़रूरत हो उतना करो और आगे बढ़ो। भारतवर्ष ही नहीं दुनियाभर में ऐसी बात कहने वाला शायद ही कोई और व्यक्ति होगा। अहिंसा, मध्यम मार्ग, धार्मिक कर्मकांड की जगह करुणा, दया, दो इंसानों के बीच जाति-धर्म, गरीबी-अमीरी की वजह से फर्क न करना। ये कुछ ऐसी बातें हैं जिन्हें महात्मा बुद्ध ने हमारी सोच में स्थापित कर दिया। ऐसा नहीं है जिस दर्शन की बात महात्मा बुद्ध ने की उसकी चर्चा उनसे पहले भारत में नहीं हो रही थी लेकिन महात्मा बुद्ध ने जिस तरह से इन बातों को आम जन के बीच स्थापित किया, उसने भारतवर्ष ही नहीं पूरी दुनिया की सोच को हमेशा के लिए बदल दिया।

और इसीलिए संसार ने कहा:

बुद्धम शरणम् गच्छामि

चाणक्य

आज से तकरीबन तेइस सौ साल पहले की बात है। मगध के शक्तिशाली राजा धननंद हमेशा की तरह अपने चाटुकार दरबारियों से घिरे थे। इसी बीच वो अपने दरबारियों से कुछ ऐसी बात कहते हैं जिसे सुनकर वहां मौजूद एक ब्राह्मण बुरी तरह उखड़ जाता है। अगले ही पल किसी की भी कल्पना से परे, भरे राजदरबार में श्वेत वस्त्रों वाला वो शिखाधारी ब्राह्मण अत्यंत क्रोधित होकर मगध के राजा से कहता है, "धननंद तुम अपने कर्तव्य से भटक चुके हो। तुम भूल रहे हो कि प्रजा के हित में ही राजा का हित है। आज मगध तुम्हारे अहंकार, अन्याय और अत्याचार से त्रस्त है। लेकिन मैं ऐसा नहीं होने दूंगा। मेरा भी ये प्रण है कि मैं तुम्हारी सत्ता के समूल विनाश के बाद ही अपनी शिखा बांधूंगा।"

ये कहते-कहते बेहद क्रोधित ब्राह्मण अपनी शिखा के केश खोल देता है, और उन्हें झटकते हुए तेज़ी से राजा के दरबार से बाहर निकल जाता है। राजा के दरबार में राजा को ही चुनौती देते इस हिम्मती इंसान को सभी अवाक् होकर देखते ही रह जाते हैं।

उसको नहीं जानने वाले लोग सोच रहे थे कि राजा को उसकी भरी सभा में चेतावनी देने वाला वह इंसान कौन था। कौन था वो जो राजा को कह रहा था कि तुम अपने कर्तव्य से भटक गए हो और मैं तुम्हारे अंहकार को खत्म करूंगा? अत्याचार को खत्म करूंगा। तुम्हारे राजवंश को खत्म करूंगा।

लेकिन उसको जानने वाले समझ चुके थे कि अब राजा धननंद के बुरे दिन शुरू हो गए हैं। क्योंकि ये ब्राह्मण कोई साधारण व्यक्ति नहीं था। ये वो शख्सियत थी जिसे तीन अलग-अलग नामों से जाना जाता

है। और वो तीन नाम हैं: विष्णुगुप्त, चाणक्य और कौटिल्य।

वही विष्णुगुप्त जिसने अपने समय के ताकतवर नंद राजवंश को खत्म करने का प्रण लिया और दुनिया के महानतम साम्राज्यों में से एक मौर्य साम्राज्य की नींव रखी। वही चाणक्य जिसने यह सोच तैयार की कि कश्मीर से लेकर कन्याकुमारी तक, गांधार से लेकर आसाम तक एक भारत हो सकता है। वही कौटिल्य जिसने अपने समय से हज़ारों वर्ष आगे तक चलने वाली शासन प्रणाली और कानून के राज का खाका तैयार किया, वो भी एक, दो या तीन सौ साल पहले नहीं बल्कि आज से तेईस सौ साल पहले।

नंदवंश को खत्म करके जिस मगध साम्राज्य की नींव कौटिल्य ने रखी वो उस समय भारत में ही नहीं बल्कि विश्व का सबसे विशाल और अखंड साम्राज्य था। मगध की भौगौलिक सीमाएं उत्तर पश्चिम में अफ़गानिस्तान, पूर्व में असम और दक्षिण में गोदावरी तक फैली हुई थीं। इतने बड़े साम्राज्य को एक शासक के नियंत्रण में रखने का असंभव काम कौटिल्य ने ही अपनी सूझ-बूझ से किया था। किंतु इससे भी बड़ी बात है कि उन्होंने सिर्फ़ एक साम्राज्य ही खड़ा नहीं किया था बल्कि इसकी रूपरेखा भी तैयारी की कि साम्राज्य को देश की जनता के हित में कैसे चलाते हैं। यानी राजा कैसा होगा? मंत्री कितने और कैसे होंगे? भ्रष्टाचार को कैसे रोका जाएगा?

इन बातों के सहारे कौटिल्य ने महान मौर्य साम्राज्य खड़ा किया और अपनी किताब अर्थशास्त्र के ज़रिए ऐसी धरोहर छोड़ी, ऐसी व्यवस्था खड़ी कर दी जिसकी वजह से कई लोग ये कहते हैं कि भारत को समझना हो, भारतीयों को समझना हो, तो पहले अर्थशास्त्र को

पढ़ो, उसकी रचना करने वाले कौटिल्य को समझो। और इन्हें समझने में आपकी सहायता करेगा एक शब्द–राजधर्म। जानकार मानते हैं कि कौटिल्य और उनके अर्थशास्त्र का मूल शब्द है राजधर्म। राजधर्म होता क्या है? किसी राजा या किसी शासक की उनकी प्रजा के प्रति क्या ज़िम्मेदारी होती है? इसे आज से लगभग 2300 साल पहले तक्षशिला विश्वविद्यालय के आचार्य चाणक्य ने अर्थशास्त्र में बताया था। असल में आचार्य कौटिल्य राजा को एक राजऋषि के तौर पर देखते थे और तक्षशिला विश्वविद्यालय के अपने शिष्यों को भी वो राजा की यही परिकल्पना समझाया करते थे।

अक्सर कक्षाओं में अपने शिष्यों से उनका पहला प्रश्न होता था, "सुख का मूल क्या है?"

इस पर शिष्य जवाब देते, " सुखस्य मूलं धर्मः। यानी सुख का मूल धर्म है।"

अगला प्रश्न होता, "धर्म का मूल क्या है?"

कोई शिष्य जवाब देता, "धर्म का मूल अर्थ है।"

इसके बाद आचार्य किसी पंक्ति के अंत में बैठे किसी शिष्य से पूछते, "तुम बताओ। राजा का हित किसमें है?"

आचार्य के प्रश्न पर शिष्य उत्तर देता, "राजा का हित प्रजा के हित में होता है।"

अपने शिष्यों के साथ चाणक्य के इस संवाद से ये साफ़ होता है कि चाणक्य को राजा नहीं, ऐसा शासक चाहिए था जो ऋषि जैसा हो। चाणक्य को जिस काल का माना जाता है वो भारत में महाजनपदों का काल था। काशी, कोशल, अंग, मगध, वज्जी, मल्ल, चेतिया, वत्स,

कुरु, पांचाल, मच्छा, शुरासेना, अस्माका, अवंति और गांधार। इनके अलावा भी कई छोटे–छोटे राज्य थे। इन राज्यों में शास्त्र, पुराण और राजा की इच्छाओं के मुताबिक शासन चलता था। इसके विरुद्ध जाकर कौटिल्य ने अर्थशास्त्र में बड़ी घोषणा की। कौटिल्य ने कहा, "राज्य अपना विधान स्वयं बना सकते हैं। राज्यों का विधान शास्त्रों के विधान से ऊपर है। राज्य, धर्म न्याय के आधार पर चलेंगे।"

आचार्य कौटिल्य के सामने प्रश्न था कि, अगर धर्म न्याय का विधान और शास्त्रों के विधान परस्पर विरोधी हों तो?"

ये वाकई एक बड़ा प्रश्न था चाणक्य के युग यानी तेईस सौ साल पहले भी, और आज भी। जानकार कहते हैं कि कौटिल्य जिसे धर्म न्याय या राज्य का विधान कहते थे, वो आज का संविधान था। इसीलिए कौटिल्य ने अपने शिष्यों से कहा था कि राजा की इच्छा या ब्राह्मणों के शास्त्र से सरकार नहीं चलेगी क्योंकि संविधान ही सर्वोपरि है। जहां शास्त्र और राज्य के धर्म न्याय में विरोध हो वहां राज्य का विधान चलेगा।

दिल्ली विश्वविद्यालय में राजनीति विज्ञान के पूर्व प्रोफेसर एमपी सिंह आचार्य कौटिल्य द्वारा दिए गए राज्य धर्म के इस सिद्धांत को उनकी एक बड़ी देन मानते हैं जिसने आज के संविधान का मार्ग प्रशस्त किया। वो कहते हैं, कौटिल्य ऐसे पहले प्राचीन भारतीय चिंतक थे, जिन्होंने कहा कि "परंपरा के कानून के अतिरिक्त राज्य अपनी न्याय व्यवस्था बना सकता है, अपना कानून भी बना सकता है और अगर शास्त्र सम्मत न्याय में और राज्य के धर्म न्याय में विरोधाभास हो तो राज्य का धर्म प्रभावी होगा।"

आज से 2300 साल पहले संविधान जैसे दस्तावेज़ की कल्पना भी काफी बड़ी बात है। दुनिया के किसी भी कोने में उस वक्त ऐसी किसी बात पर बहस नहीं चल रही थी। जिस राज्य की कल्पना चाणक्य कर रहे थे, वो उस वक्त भारत में भी मौजूद नहीं था। लेकिन तब भी तक्षशिला विश्वविद्यालय में आचार्य चाणक्य के मस्तिष्क में राज्य विधान का खाका खिंचा हुआ था।

चाणक्य के काल का तक्षशिला विश्वविद्यालय अब अवशेषों के रूप में पाकिस्तान के रावलपिंडी में है। दो हज़ार साल पहले यही तक्षशिला अध्ययन-अध्यापन का अंतर्राष्ट्रीय केंद्र हुआ करता था। कौटिल्य ने तक्षशिला में रहकर कई शास्त्रों का अध्ययन किया था और वहीं आचार्य बने। उनकी गिनती तक्षशिला विश्वविद्यालय के सबसे प्रभावशाली गुरुओं में होती थी। चाणक्य के जीवन का एक बड़ा हिस्सा तक्षशिला में गुज़रा था, लेकिन इस पर एक राय नहीं है कि उनका जन्म कहां हुआ था।

प्राचीन जैन ग्रंथ परिशिष्ट पर्व के मुताबिक चाणक्य का जन्म गोल्ल नाम के जनपद में हुआ था। संस्कृत के विद्वान और पूर्व राजदूत एनडी हक्सर के मुताबिक, परिवार से इन्हें विष्णुगुप्त नाम मिला था। इनके पिता का नाम चणक और मां का नाम चणेश्वरी था, इसलिए ये चाणक्य के नाम से प्रसिद्ध हुए। इनके घर जैन मुनियों और संन्यासियों का आना जाना था।

चाणक्य से जुड़े ग्रंथों में उनके बचपन की कई घटनाओं का ज़िक्र है जिनमें खास है उनसे जुड़ी जैन संन्यासियों की एक विशेष भविष्यवाणी। कहा जाता है कि चाणक्य के जन्म के बाद कुछ जैन

संन्यासी उनके घर पहुंचे। उनमें से एक ने जब चाणक्य को गोद में लिया तो वो हैरान हो गए। उन्होंने देखा कि जन्म से ही बालक चाणक्य के मुंह में एक दांत था।

ये देखकर एक जैन संन्यासी ने दूसरे से कहा, "इस बालक के मुंह में तो जन्म से ही दांत मौजूद है। ये कैसे हो सकता है?"

ये सुनकर दूसरे जैन मुनि ने भी चाणक्य को अपनी गोद में लेकर उन्हें गौर से देखा और कहा, "इससे तो यही प्रतीत होता है कि बालक राजा बनेगा।"

बालक राजा बनेगा ये सुनकर माता-पिता को हर्ष होना चाहिए था, लेकिन हुआ उल्टा।

जैन ग्रंथ के मुताबिक इस भविष्यवाणी से चाणक्य के माता-पिता चिंतित हो गए। वो अपने बेटे को राजा नहीं बनाना चाहते थे। वो चाहते थे कि उनका बेटा जैन मुनि बने। इसलिए चाणक्य के पिता चणक ने जैन मुनियों से कहा, "प्रभु हमारी तो ये इच्छा थी कि ये बड़ा हो कर जैन मुनि बने, आचार्य बने।"

माता-पिता की हार्दिक इच्छा जानने के बाद वहां मौजूद एक जैन मुनि ने बालक को राजा बनने से बचाने का एक विचित्र उपाय बताया। उन्होंने कहा, "अगर आप चाहें तो मैं आपको एक उपाय बताता हूं, अगर इस बालक का ये दांत निकाल दिया जाए तो संभव है कि फिर ये राजा नहीं बल्कि राजा का निर्माता बने।"

वैसे इन जैन ग्रंथों की प्रामाणिकता शत प्रतिशत हो ऐसा नहीं माना जा सकता है। लेकिन चाणक्य के जीवन का कुछ वर्णण यहां मिल जाता है। साथ ही उस समय के देश और समाज की एक तस्वीर

भी तक्षशिला विश्वविद्यालय चाणक्य के काल में मौजूद था इसके ऐतिहासिक प्रमाण है। चाणक्य की शिक्षा-दीक्षा तक्षशिला विश्वविद्यालय में हुई, वहीं वो आचार्य भी बने। किंतु सामान्य शिक्षा से अलग उनकी रुचि राजकाज और दंडनीति में थी। अक्सर वो अपने शिष्यों के साथ अपने इस ज्ञान को साझा करते हुए कहते, "वैराज्य...वैराज्य...यानी बिना राजा का राज्य। जब कोई राज्य ऐसा होता है तो ऐसे में विदेशी शासक बलपूर्वक दूसरे देश को छीन लेता है। वो उसे अपना नहीं समझता। उसका शोषण करता है, उसपर अत्याचार करता है। उसका विक्रय कर देता है।"

कोई शिष्य अगर पूछता कि क्या ऐसा हर विदेशी शासक के बारे में कहा जा सकता है, तो कौटिल्य कहते, "निस्संदेह। विदेशी शासकों का ये स्वाभाविक दोष है।"

जाहिर तौर पर शिष्यों की रुचि ये जानने में होती कि अगर ऐसा हो तो फिर उसे रोका कैसे जा सकता है?

कौटिल्य बताते, "उसे रोका ही नहीं जा सकता, बल्कि उसे पराजित भी जा सकता है।"

जिन दिनों चाणक्य तक्षशिला में विदेशी शासन से होने वाली समस्याओं के बारे में अपने छात्रों को पढ़ा रहे थे, उन्हीं दिनों एक के बाद एक देशों पर कब्ज़ा करता हुआ, मकदूनिया (मैसिडोनिया) का सम्राट सिकंदर तृतीय भारत की तरफ़ बढ़ रहा था। उसके कब्जे में पूरा ग्रीस, यूरोप के कई देश, मिस्त्र, फारस (आज का ईरान) था। उसे संसार एलेक्ज़ैंडर द ग्रेट, यानी सिकंदर महान कहने लगा था। फारस पर कब्ज़ा करने के बाद उसकी नज़र भारत पर थी। देश पर सिकंदर

के आक्रमण का खतरा मंडरा रहा था। तो विदेशी आक्रमणकर्ताओं के विरुद्ध इसी प्रकार की चर्चा के दौरान एक दिन एक शिष्य ने आचार्य चाणक्य से पूछा, "आचार्य आप कहते हैं कि विदेशी शासक जो स्वाभाविक तौर पर हमारे राज्य और उसकी जनता के लिए हानिकारक होता है, उसे केवल रोका ही नहीं जा सकता बल्कि हम उसे पराजित भी कर सकते हैं, किंतु जनता के लिए उसे रोक पाना कैसे संभव है?"

इस शिष्य के इस प्रश्न का कौटिल्य ने बड़ा सटीक उत्तर दिया। उन्होंने कहा, "अगर देश के निवासी उस विदेशी राजा का विरोध कर दें तो उसे भागना ही होगा।" ये कहते-कहते आचार्य चाणक्य कुछ सोचने की मुद्रा में चले गए, और सोचते-सोचते कहने लगे, "सिकंदर को हमें पराजित करना ही होगा। ये हम सबका उत्तरदायित्व है। सबका।"

अगले ही पल चाणक्य भारत के सामने खड़े सिंकदर नाम के उस खतरे की चिंता में डूब गए। उनकी चिंता की सबसे बड़ी वजह थी सिकंदर के सामने एक के बाद एक कई राजाओं का बिना लड़े घुटने टेक देना। इसी कड़ी में हमलावर सिकंदर के सामने तब भारत का पहला राज्य था गांधार, जिसमें आज के अफ़गानिस्तान तथा पाकिस्तान के उत्तर पश्चिमी सीमांत प्रांत के इलाक़े आते थे। उस वक्त गांधार का राजा आम्भी था। उसने सिकंदर की सेना को रोकने की कोशिश नहीं की और बगैर विरोध के सिकंदर की अधीनता स्वीकार कर ली। गांधार के बाद बारी पंजाब की थी जहां का राजा पुरु या पोरस था। पोरस की बहादुरी के बावजूद बहुत जल्दी पंजाब पर भी सिकंदर का कब्ज़ा हो गया।

सिकंदर महान के सामने इस तरह एक के बाद एक राज्यों को झुकते देख, चाणक्य बहुत आहत हुए। आखिर वो राजनीतिक रूप से काफ़ी सजग थे। उनका मानना था कि जब तक देश छोटे-छोटे टुकड़ों में बंटा रहेगा, देश की प्रजा को लूटा जाता रहेगा। इसलिए वो एक ऐसे राजा की तलाश करने लगे जो चक्रव्रती हो, जिसकी राज्य की सीमा में पूरा भारत शामिल हो। लेकिन सबसे ऊपर चाणक्य को इस बात की चिंता थी कि भारत में घुसते चले आ रहे सिकंदर को कैसे रोका जाए।

ऐसे में उनकी नज़र गई मगध की ओर। छोटे–छोटे राज्यों, महाजनपदों में बंटे तत्कालीन भारत में सबसे शक्तिशाली राज्य मगध था। वैसे तो मगध आज पटना और गया का इलाका है लेकिन सिकंदर के आक्रमण के समय मगध की सीमा गंगा यानी पटना से यमुना यानी मथुरा तक फैली थी। मगध के पास बड़ी सेना थी, इसीलिए चाणक्य को समझ आया कि सिकंदर महान को भारत में कोई चुनौती सकता था तो वो मगध ही है। उस समय मगध के सिंहासन पर बैठा था नंदवंश का शासक धननंद। आचार्य चाणक्य ने मगध जा कर राजा धननंद से गुहार लगाने की सोची, और वो मगध की ओर चल पड़े। उनके साथ उनके कुछ शिष्य और एक और आचार्य धर्मरक्षित भी थे। आगे-आगे आचार्य चाणक्य उनके साथ आचार्य धर्मरक्षित और पीछे-पीछे उनके शिष्य। बड़ी उम्मीदों के साथ इन लोगों ने मगध में प्रवेश किया। लेकिन वहां की स्थिति अपेक्षा से बिल्कुल उलट थी।

मगध की सीमा में दिखे पहले ही दृश्य ने आचार्य चाणक्य को मगध की पूरी प्रशासनिक स्थिति से परिचित करा दिया। उन्होंने देखा कि दो-तीन सैनिक एक व्यापारी से छीना-झपटी कर रहे हैं। उसे बुरी तरह मार

रहे हैं। व्यापारी ज़ोर-ज़ोर से चिल्लाता हुआ कहता है, "ये अन्याय है। मैं एक महीना पहले ही कर दे चुका हूं। अब फिर से ये कौन-सा कर है? ये उचित नहीं है, ये अनुचित है।"

व्यापारी के मुंह से विरोध के ये स्वर सुनते ही सैनिक और आग-बबूला हो गया। उसने तपाक से व्यापारी को एक थप्पड़ मारा और उसे दुत्कारता हुआ बोला, "चुप रहो दुष्ट। ये अतिरिक्त कर लिया जा रहा है। क्या तुम्हें राजा का आदेश नहीं पता?"

आचार्य कौटिल्य यानी चाणक्य इस पूरे घटनाक्रम को कुछ दूर से देख रहे थे। ये देखते हुए उनके मुंह एक ही बात निकली, "यहां तो निरंकुशता का साम्राज्य है! अगर राज्य के अधिकारी ऐसे हैं तो राजा कैसा होगा?"

चाणक्य की चिंता सही थी, उनका अनुमान भी सही साबित होता जा रहा था। आगे बढ़ते हुए उन्होंने कई जगह आभास किया कि मगध में राजा के अधिकारियों का आचरण भ्रष्ट और अत्याचारपूर्ण था। चाणक्य और उनके साथी मगध के इस हाल को देखते-सुनते ही किसी तरह धननंद के दरबार में पहुंचे। धननंद के दरबार में उस दिन दानपर्व का आयोजन हो रहा था। इस दिन राजा ब्राह्मणों को दान देने वाला था। आचार्य विष्णुगुप्त यानी चाणक्य और उनके साथियों ने देखा कि राजा धननंद राज सिंहासन पर बैठा है। उसकी बगल में स्वर्ण मुद्राओं वाली थैलियां पड़ी हैं। वो बार-बार उन पर हाथ फिराता है, और उसके चेहरे पर अंहकार जनित मुस्कान फैल जाती है। राज सिंहासन की बगल में ही मंत्री और अधिकारीगण बैठे हैं। और राजा के सिंहासन के ठीक सामने ब्राह्मणगण अपने-अपने आसन पर बैठे हैं। आचार्य विष्णुगुप्त

और उनके साथी भी अपना-अपना स्थान ले लेते हैं।

कुछ ही पलों में दानपर्व आरंभ होता है। सबसे पहले राजा दरबार को संबोधित करते हुए कहते हैं, "धनपति कुबेर की भांति मेरा कोषागार भी स्वर्ण मुद्राओं से भरा है लेकिन धननंद दान देना भी जानता है। ब्राह्मणगण धर्म के प्रवर्तक हैं तो इस दानपर्व में उन्हें दान मिलेगा।"

इसके बाद राजा ने अपने आमात्य यानी मंत्री राक्षस को आदेश देते हुए कहा, "राक्षस, आप श्रेणियों के अनुसार आचार्यों और अन्य ब्राह्मणों के नाम पुकारें और उन्हें मेरे पास बुलाएं।"

राजा का आदेश पाकर मगध के महामंत्री राक्षस ताड़पत्र पर लिखी एक सूची देखने लगते हैं और एक-एक कर ब्राह्मणों के नाम पुकारते हैं। सबसे पहले वो आचार्य धर्मरक्षित को बुलाते हैं।

धर्मरक्षित ने आसन से उठकर राज सिंहासन के आगे नमन किया। धननंद ने उन्हें स्वर्ण मुद्राओं से भरी थैली दी। धर्मरक्षित धननंद को आशीर्वाद देकर अपने आसन पर बैठ गए।

दान पाने वालों की इस कड़ी में अगला नाम पुकारा जाता है आचार्य विष्णुगुप्त का। आचार्य विष्णुगुप्त यानी चाणक्य अपने आसन से उठकर आए और राज सिंहासन को नमन किया। राजा धननंद ने उनकी तरफ स्वर्ण मुद्राओं की थैली बढाई लेकिन विष्णुगुप्त ने उसे लेने के लिए हाथ नहीं बढ़ाया।

विष्णुगुप्त, "मुझे स्वर्ण मुद्राओं की आवश्यकता नहीं है।"

दानपर्व में आए एक ब्राह्मण से किसी को ऐसी उम्मीद नहीं थी। खुद धननंद को भी नहीं। उसने आश्चर्य और गुस्से में आचार्य में पूछा, "स्वर्ण मुद्राओं की आवश्यकता नहीं है। मैं मगध के राजा के इस

तिरस्कार का कारण जानना चाहूंगा।"

राजा धननंद के इस प्रश्न पर आचार्य ने विनम्रता पूर्वक कहा, "कारण जानने का आग्रह न करें महाराज। सत्य कभी कभी बड़ा अप्रिय और कठोर होता है।"

इतना सुनते ही धननंद जैसे भड़क गया और सिंहासन से उठ कर चिल्लाते हुए बोला, "आचार्य विष्णुगुप्त, कटु और कठोर सत्य के विष को धारण करने की क्षमता धननंद में है। मैं तुम्हें अभयदान देता हूं। बोलो..."

राजा की इस अहंकार मिश्रित वाणी को सुनकर आचार्य विष्णुगुप्त कहते हैं, "महाराज, प्रजा को उत्पीड़ित करके उससे छीना हुआ धन दूषित और कलुषयुक्त है। इस धन का एक छोटा सा अंश ब्राह्मणों को दान करके महाराज को कलुष से मुक्ति नहीं मिल सकेगी।"

ये सुनते ही राजदरबार में हलचल मच गई और धननंद बेहद क्रोधित हो गया। वो ज़ोर से चिल्लाया, "महामंत्री, धननंद का अपमान करनेवाले इस नीच को बंदी बना लिया जाए।"

इस पर मंत्री राक्षस बात संभालने के लिए कहते हैं, "ले...लेकिन...महाराज आपने तो इन्हें अभयदान दिया है और फिर ये तो ब्राह्मण हैं, आचार्य हैं।"

अपने अभयदान की याद आते ही राजा धननंद ज़रा संभला, लेकिन उसका क्रोध अब भी बेकाबू दिखता है। वो चिल्लाते हुए बोला, "ये नीच, ब्राह्मण नहीं है। तुमने इसे निमंत्रित क्यों किया। इसे सभाकक्ष से धक्के देकर बाहर निकालो।"

अपने लिए अपमानजनक बातें सुनकर आचार्य विष्णुगुप्त का पारा

भी चढ़ जाता है। वो राजा के क्रोध की परवाह किए बिना कहते हैं, "धननंद, ये तुम्हारा अहंकार है। तुम जैसे शासक ही राष्ट्र के विनाशक हैं।"

ये सुनकर धननंद के मानो तन-बदन में आग लग जाती है। वो और भी क्रोधित हो जाता है। और चीखता है, "सेनापति इस नीच को बंदी बना लो।"

राजा का आदेश सुनकर दरबार में मौजूद सैनिक आचार्य की ओर लपकते हैं।

लेकिन विष्णुगुप्त सैनिकों की ओर गुस्से से देखते हैं। वो उन्हें खुद को छूने से रोकते हैं और राजा की ओर देखते हुए कहते हैं, "धननंद, तुम अपने कर्तव्य से भटक चुके हो, तुम भूल गए हो कि प्रजा के हित में ही राजा का हित है। आज मगध तुम्हारे अहंकार और अन्याय से त्रस्त है। लेकिन मैं ऐसा नहीं होने दूंगा। आज मैं भी ये प्रण लेता हूं कि जब तक मैं तुम्हारी सत्ता का समूल विनाश न कर दूं मैं अपनी शिखा नहीं बांधूंगा।" विष्णुगुप्त अपनी शिखा खोल देते हैं। सभी अवाक होकर विष्णुगुप्त को देखते रह जाते हैं और विष्णुगुप्त तेज़ी से दरबार से निकल जाते हैं।

वैसे चाणक्य को लेकर ये सबसे प्रचलित कहानी है। दूसरी कहानियों के मुताबिक धननंद ने चाणक्य की कुरुपता से क्रोधित होकर दरबार से निकाला था। कहीं-कहीं ये कहा जाता है कि चाणक्य , सिकंदर महान की सेना को रोकने का आग्रह करने धननंद के दरबार में नहीं गये थे बल्कि अपनी गरीबी से परेशान होकर दान की उम्मीद से मगध पहुंचे थे। कारण जो भी हो दरबार में अपमानित होने की

कहानी चर्चित है। और माना जाता है कि यहीं से चाणक्य ने नंद वशं के अंत के लिए काम करना शुरु कर दिया। चाणक्य को अब एक ऐसी व्यवस्था की खोज थी जिसमें धननंद जैसे शासक न हों। भारत में छोटे-छोटे राजा न हों। उन्हें एक ऐसे राजा की खोज थी जो पूरे भारतवर्ष पर शासन कर सके। वैसे चाणक्य पहले से ही राज्य, राजा, प्रजा और शासन के संबंधों का अध्ययन कर रहे थे, पर अब उनकी सोच का दायरा थोड़ा और बड़ा हो गया था। देश को कैसे चलाना चाहिए इसके लिए चाणक्य ने अर्थशास्त्र की रचना शुरू की, जिसके बारे में उन्होंने अपने शिष्यों को कुछ इस प्रकार से समझाया:

मनुख्याणांवृत्तिर्थ मनुष्यवती भूमिरित्यर्थ:
तस्या पृथिव्या लाभ पालनोपाय शास्त्रमर्थशास्त्रमिति।।

मनुष्य की जीविका को अर्थ कहते हैं और मनुष्य से युक्त भूमि का नाम भी अर्थ है। इस भूमि को प्राप्त करने और रक्षा करने के उपाय का निरूपण करनेवाले शास्त्र को अर्थशास्त्र कहते हैं।

इसी अर्थशास्त्र में कौटिल्य ने देश को बनाने और चलाने के लिए दुनिया में सबसे पहले सप्तांग मॉडल रखा और उसकी व्याख्या करते हुए अपने शिष्यों से कहा:

"इस सप्तांग के बारे में राष्ट्र की मेरी जो अवधारणा है उसके सात अंग होने चाहिए। राजा, आमात्य, जनपद, दुर्ग, कोष, दंड। राजा राज्य का स्वामी है। आमात्य यानी मंत्री। जनपद का अर्थ राज्य की जनता यानी प्रजा। दुर्ग का मतलब किला। कोष राज्य की अर्थव्यवस्था। और दंड राज्य की सेना होती है। और सातवां होता है–मित्र देश। अर्थात मदद करनेवाले दूसरे राज्य। इन सातों अंगों से बनता है एक राज्य।"

कौटिल्य का सप्तांग सिद्धांत कहता है कि राज्य के लिए उसका स्वामी यानी राजा का होना ज़रूरी है। जैसा कि आज लोकतांत्रिक देश भारत में राष्ट्रपति और प्रधानमंत्री हैं। कौटिल्य के सप्तांग में आमात्य यानी मंत्री को राज्य का एक महत्वपूर्ण अंग बताया गया है–जैसा कि अब अलग-अलग विभागों के मंत्री हैं। सप्तांग सिद्धांत के मुताबिक जनपद या प्रजा के बगैर राज्य की कल्पना नहीं की जा सकती थी। आज प्रजा की जगह भारत के नागरिक हैं। कौटिल्य ने कोष यानी राज्य की अर्थव्यवस्था को राज्य का ज़रूरी अंग बताया था, जो आज भी है। कौटिल्य ने कहा था कि राज्य की रक्षा के लिए दंड यानी सेना आवश्यक है। इसकी तुलना आज हम पुलिस और सेना से कर सकते हैं। कौटिल्य ने मित्र यानी मददगार देशों को भी राज्य का अंग बताया था–आज हमारे देश को भी ऐसे मित्र चाहिए। दुर्ग से कौटिल्य का अर्थ एक सुरक्षित किला था, जहां राजा और मंत्री सुरक्षित रह सकें, इसकी तुलना आज महत्वपूर्ण लोगों की सुरक्षा से हो सकती है।

चाणक्य के सप्तांग मॉडल को जानकार आज भी किसी राज्य की कल्पना के लिए ज़रूरी मानते हैं। चाणक्य पर एक लोकप्रिय किताब *कॉर्पोरेट चाणक्य* के लेखक राधाकृष्णन पिल्लई कहते हैं कि चाणक्य ने आज से तेईस सौ बरस पहले ही बता दिया था कि एक आदर्श राज्य और उसके नेतृत्व की ज़रूरी शर्तें क्या हैं। चाणक्य ने अपने सप्तांग मॉडल में स्वामी, आमात्य, जनपद, दुर्ग, कोष, दंड, मित्र–इन बातों को शामिल किया। उन्होंने न सिर्फ़ ये बताया कि एक राज्य और उसके नेतृत्व के लिए इन सभी चीज़ों का समावेश और इन पर नियंत्रण करना ज़रूरी है, बल्कि उन्होंने आमात्य उत्पत्ति के सिद्धांत के ज़रिए ये भी

बताया कि किसी भी मुश्किल की स्थिति में किसी शासन कर्ता की योग्यताएं क्या-क्या होती हैं। हमें कैसे अपने नेतृत्व का चुनाव करना चाहिए, कैसे उसकी योग्यताओं की परख करनी चाहिए, और सबसे महत्वपूर्ण ये कि किसी राज्य को अपनी मुश्किल की स्थिति में किससे मार्गदर्शन लेना चाहिए। ये कौटिल्य की ही कल्पना थी जो आज हमारे देश में संविधान के रूप में है। संविधान ही वो नियमावली है, वो नियम पुस्तिका है जो हर स्थिति में हमारा मार्ग दर्शन करती है।

केवल सैद्धांतिक रूप में ही नहीं, बल्कि व्यावहारिक रूप से भी कौटिल्य ने देश की आज की शासन प्रणाली का खाका खींचा। अब देखिए - भारत में आज संसद है, मंत्रीपरिषद है, अलग-अलग मंत्रालय हैं, हर मंत्रालय के मंत्री हैं, सचिव हैं। अफसरों की एक पूरी फौज है। जो देश चलाने का काम कर रहे हैं। अक्सर ये कहा जाता है कि भारत में आज जो शासन व्यवस्था है उसे अंग्रेज़ों ने दिया। उससे पहले मुगलों ने भी एक व्यवस्था बनाई थी। इनसे पहले भारतीयों की अपनी शासन व्यवस्था थी ही नहीं। जबकि सच ये है कि अर्थशास्त्र में चाणक्य ने अंग्रेज़ों से, मुगलों से, सैंकड़ों साल पहले राजा और मंत्रिपरिषद से लेकर नीचे सड़क पर चुंगी वसूलने तक के लिए अधिकारी रखने की बात कही थी। दिल्ली विश्वविद्यालय में राजनीति विज्ञान के पूर्व प्रोफेसर एमपी सिंह इसकी पुष्टि करते हुए कहते हैं कि कौटिल्य ने अपने समय में ही शासन चलाने के लिए राजा से लेकर गांव के मुखिया तक की व्यवस्था तैयार कर दी। उनके मुताबिक चाणक्य की कल्पना यह थी कि “हम एक केंद्रीयकृत अफसरशाही से चलने वाली एक राजशाही का निर्माण करें, जो केंद्रीयकृत लेकिन अखंडित हो। यानी

छोटे-छोटे राज्यों में न बंटी हो और जिसमें राज्य के छोटे-छोटे पदाधिकारी भी राज्य से वेतन पाकर राज्य की सेवा करते हों। प्रोफेसर एमपी सिंह का मानना है कि यही वजह है कि कौटिल्य के समकालीन दौर में प्रशासन तंत्र काफी विकसित हो चुका था। उससे पहले के समय के ग्रंथों जैसे ऋग्वेद में अगर देखें तो सभा, समिति, विधाता और एक दो पदाधिकारियों के नाम तो होते हैं लेकिन उनकी सूची बहुत छोटी होती है, लेकिन कौटिल्य के अर्थशास्त्र में अधिकारियों के बारे में भी बहुत विस्तृत सूचना मिलती है।"

यह एक अद्भुत बात है कि कौटिल्य ने ऐसी एक विस्तृत व्यवस्था सोची। जैसे संस्थाध्यक्ष एक अधिकारी होता था जिसका काम होता था लोगों को व्यापारियों के जाल-फरेब से बचाया जाए। आजकल के ट्रैफिक कंट्रोल की तरह सड़क यातायात और नदियों में नावों की आवाजाही को नियंत्रित करने और कर वसूलने के लिए नावाध्यक्ष होते थे। इन्हीं के साथ कौटिल्य की चिंता का एक विषय और था: भ्रष्टाचार। इसके विषय में चिंता करते हुए कौटिल्य ने अर्थशास्त्र में लिखा:

मत्स्या यथान्तसलिले चरंतो ज्ञातुं न शक्या: सलिलं पिबंत:
युक्तास्तथा कार्यविधौ नियुक्ता ज्ञातुं न शक्या धनमाददाना:
अपि शक्या गतिर्ज्ञातुं पततां खे पतत्त्रिणाम्।
न तु प्रच्छन्नभावनां युक्तानां चरतां गति:।।

मछलियां पानी में रहती हैं और पानी में रह कर मछलियां कब पानी पीती हैं ये पता करना और बता पाना तो असंभव है। ठीक उसी तरह राज्य के अधिकारी कब राज्य के, प्रजा के धन का हरण करने लगते

हैं इसका पता ही नहीं चलता है। आकाश में उड़नेवाले पक्षियों की गतिविधि का पता लगाया जा सकता है परंतु धन की चोरी करने वाले कर्मचारियों की गतिविधियों से पार पाना कठिन है।

इस व्याख्या पर उनके किसी शिष्य ने ये पूछा कि फिर ऐसे में भ्रष्टाचार से मुक्ति का रास्ता क्या है, तो कौटिल्य ने जवाब दिया:

बहुमुख्यमनित्यं चाधिकरणं स्थापयेत्

यानी अधिकारियों को एक ही विभाग में न रहने दिया जाए ताकि उनके निहित स्वार्थों की पूर्ति को रोका जा सके।

प्रोफेसर एमपी सिंह राज्य को भ्रष्टाचार से होने वाले नुक़सान का अनुमान लगाने और उसे रोकने के लिए उठाए जाने वाले क़दमों के लिए कौटिल्य को बेहद दूरदर्शी मानते हैं। उनका कहना है कि आज से तकरीब दो हज़ार तीन सौ वर्ष पूर्व ही कौटिल्य ने ये बता दिया था कि भ्रष्टाचार से किसी राज्य को कितना गंभीर नुक़सान होता है। इसीलिए उन्होंने उसे रोकने के कड़े उपाय बताए थे। आज जिसे हम अकाउंट्स ऑडिटिंग कहते हैं वो कौटिल्य की ही देन है। अर्थशास्त्र में कहा गया है कि आषाढ़ की पूर्णिमा के दिन जितने महामात्र, अकाउंटेंट्स हैं, एक जगह उनकी बैठक होगी और उस बैठक के दरवाज़े बंद हो जाएंगे और सब मिलकर वहां अकाउंट्स का काम देखेंगे। मगर ये देख-रेख का काम सबकी सहमति से ही किया जाएगा।

हमें मानना होगा कि आज भी लेखा-परीक्षा यानी ऑडिटिंग का काम ऐसे ही किया जाता है। कौटिल्य ने 2300 साल पहले भारत में जिस शासन व्यवस्था की नींव रखी, उसकी झलक आज भी दिखाई देती है। तब भी आज की तरह व्यवसाय, कर और दूसरे सभी स्त्रोतों से

होने वाली आय को राजकोष में जमा कराया जाता था। और राजकोष का सालाना लेखा-जोखा यानी ऑडिटिंग भी हुआ करती थी।

ऐसा कहा जाता है कि अर्थशास्त्र में कौटिल्य आदर्श शासन की अपनी इन कल्पनाओं को जगह दे पाए, क्योंकि उनके सामने मगध में फैले भ्रष्टाचार का उदाहरण मौजूद था। कौटिल्य ने हेराफेरी, गबन, चोरी जैसे भ्रष्टाचार के कई रूपों की चर्चा की है। आज किसी को भी जानकर हैरानी हो सकती है लेकिन कौटिल्य की दूरदर्शिता ने हज़ारों वर्ष पहले ही उन 40 तरीकों का उल्लेख कर दिया था जिनके इस्तेमाल से अधिकारी किसी तरह का गबन करते हैं। अर्थशास्त्र ने ये साबित कर दिया था कि तत्कालीन व्यवस्था में आमूलचूल बदलाव के वाहक बनने के लिए कौटिल्य में पूरी क्षमता थी।

इसीलिए इतिहासकार प्रोफेसर माखनलाल कौटिल्य की अर्थशास्त्र को शासन चलाने की पूर्ण विद्या मानते हैं। उनके मुताबिक अर्थशास्त्र "कोई इकोनॉमिक्स की किताब नहीं है, वो शासन चलाने की कला की किताब है जिसमें शासन व्यवस्था से जुड़े पहलू का जिक्र है। इसमें राजनीति भी है तो इसमें अर्थव्यवस्था की बात भी है। इसमें आंतरिक शासन व्यवस्था भी है तो विदेशों से संबंधों का ज़िक्र भी है, और सेना और दंड प्रणाली भी शामिल है।"

कुल मिलाकर कौटिल्य के पास देश चलाने के लिए अर्थशास्त्र नाम का ब्लू प्रिंट था। कौटिल्य जो प्रशासनिक ढांचा खड़ा करना चाहते थे, उसकी पूरी कमान राजा के हाथ में थी लेकिन कौटिल्य के पास न राजा था, न राज्य था, जहां इसका व्यावहारिक इस्तेमाल हो पाता।

धननंद के दरबार से अपमानित होने के बाद कौटिल्य ने नंदवंश की सत्ता के विनाश का प्रण लिया था। लेकिन ये प्रण पूरा कैसे होगा? सिकंदर महान जैसे विदेशी शासकों को कैसे रोका जाएगा। इन प्रश्नों के उत्तर के लिए कौटिल्य को तलाश थी एक ऐसे नेतृत्व की जो मगध को नंदवंश के अत्याचार से मुक्त करा सके। कौटिल्य को एक ऐसे व्यक्ति की तलाश भी थी जो चक्रवर्ती सम्राट बन सके। उनकी तलाश कब, कैसे और कहां पूरी होगी इसका अंदाज़ा उन्हें नहीं था। इसमें समय तो लगा लेकिन उनको इस तलाश के लिए मगध से बाहर नहीं जाना पड़ा। उनकी तलाश मगध में ही पूरी हो गई।

बात तब की है जब आचार्य कौटिल्य अपने साथी आचार्य धर्मरक्षित और कुछ शिष्यों के साथ कहीं जा रहे थे तभी उन्होंने देखा कि मगध राज्य के कुछ सैनिक एक विधवा औरत को हाथ से पकड़कर घसीटते हुए ले जा रहे हैं। पीड़ा और अपमान से वह निरीह महिला चिल्लाते हुए कह रही थी, "दुष्टो, तुम लोगों का नाश होगा, एक असहाय विधवा को लूट रहे हो।"

उस महिला को रोते देखकर कौटिल्य की आंखों में गुस्सा नज़र उभर आया। वो उस सैनिक की तरफ आगे बढ़े कि तभी अचानक एक योद्धा दो-तीन साथियों के साथ आया और उसने सैनिकों पर हमला कर उन्हें मार गिराया।

कौटिल्य ने अपने साथी आचार्य धर्मरक्षित से पूछा, "ये योद्धा कौन है?"

आचार्य धर्मरक्षित ने उन्हें जबाव दिया, "आचार्य ये चंद्रगुप्त है।"

कौटिल्य ने कुछ सोचते हुए मन ही मन कहा, "चंद्रगुप्त, राज्य सत्ता

को चुनौती देने वाला ये सचमुच बड़ा वीर योद्धा है।"

प्रोफेसर माखनलाल कहते हैं कि इसी घटना से ही कौटिल्य के जीवन की सबसे महत्वपूर्ण बात "मेकिंग ऑफ चंद्रगुप्त" की शुरुआत होती है। लेकिन कौटिल्य के बारे में इतना कुछ जानने वाले भी, चंद्रगुप्त के बारे में इससे अधिक नहीं जानते। कहा जाता है कि चंद्रगुप्त के बारे में तीन बातें प्रचलित हैं। पहली ये कि वो नंद वंश से जुड़ा हुआ था, लेकिन इस बात के कोई विश्वसनीय प्रमाण नहीं मिलते। साहित्य में हमें एक वंश का ज़िक्र मिलता है जिसे मौर्य वंश कहा जाता है तो कुछ लोग चंद्रगुप्त को मौर्य वंश का बताते हैं, परंतु मुद्राराक्षस और कुछ और किताबों में चंद्र गुप्त के लिए कुलहीन शब्द का इस्तेमाल किया गया है। यहां कुलहीन का अर्थ है जो समाज के निचले वर्ग से आए। परंतु चंद्रगुप्त के बारे में इन तीनों में से क्या सही है, इसके बारे में कोई स्पष्ट जानकारी नहीं मिलती। यानी इस बारे में कुछ भी पूरी तरह कह पाना मुश्किल है। इतिहासकारों की मानें तो चंद्रगुप्त कौन था, उसका संबंध किस परिवार से था, आदि सवालों का एक जवाब मिलना फिलहाल मुश्किल है।

कौटिल्य दो हज़ार तीन सौ साल पहले हुए लेकिन उनकी कहानियां सातवीं से बारहवीं सदी के बीच लिखे गए बौद्ध, संस्कृत और जैन ग्रंथों में मिलती है। महाकवि दंडी ने दशकुमारचरित में लिखा है कि आचार्य विष्णुगुप्त ने मौर्यों के लिए छह हजार श्लोकों में संक्षिप्त करके एक ग्रंथ की रचना की है। कौटिल्य और चंद्रगुप्त का सबसे ज़्यादा उल्लेख विशाखदत्त के नाटक मुद्राराक्षस में है। नाटक मुद्राराक्षस में कौटिल्य और चंद्रगुप्त की मुलाकात पाटलिपुत्र के आसपास दिखाई

गई है। नाटक में इस मुलाकात का जो वर्णन है उसके अनुसार:

आचार्य कौटिल्य अपने दो-तीन शिष्यों के साथ जंगल से होकर जा रहे हैं। उसी वक्त उन्हें एक सुनसान जगह पर चंद्रगुप्त धनुष बाण से अभ्यास करता हुआ दिखाई देता है। वो युवक पेड़ पर बंधी एक मछली जैसी आकृति पर निशाना साधता है और उसका चलाया हुआ तीर सीधे निशाने पर जा लगता है। ये देखकर कौटिल्य हैरान रह जाते हैं और वो अपने शिष्यों से कहते हैं, "आश्चर्य, सौ हाथ की दूरी से लिया गया इतना अचूक निशाना मैंने आजतक नहीं देखा था। बड़ा तेजस्वी युवक है ये, मुझे लगता है कि कहीं ये युवक वही तो नहीं, जिसे हमने नगर में मगध के सैनिकों से लड़ते देखा था?"

कौटिल्य की बात सुनकर धर्मरक्षित कहते हैं, "जी आचार्य, आपने सही पहचाना। ये वही चंद्रगुप्त है जिसे हमने पाटिलपुत्र में सैनिकों पर आक्रमण करते देखा था।" तभी कौटिल्य का इशारा पाकर धर्मरक्षित जोर से आवाज़ लगाकर चंद्रगुप्त को बुलाते हैं।

"कुमार चंद्रगुप्त...कुमार चंद्रगुप्त... यहां आइए।"

धर्मरक्षित की आवाज सुनकर चंद्रगुप्त उनके पास आता है। चंद्रगुप्त आचार्य धर्मरक्षित को देखकर मुस्काराता है और उनके सामने हाथ जोड़कर कहता है, "प्रणाम आचार्य।"

आचार्य धर्मरक्षित उसे आशीर्वाद देते हुए कहते हैं, "तुम्हारा कल्याण हो। मैंने तुम्हें और तुम्हारे साथियों को पाटलिपुत्र में सैनिकों पर आक्रमण करते देखा था।"

इस पर चंद्रगुप्त कहता है, "क्षमा हो आचार्य किंतु मगध का शासन प्रजा की सहायता करने के बजाय उन्हें ही लूट रहा है। करों की वसूली

के नाम पर सैनिक जनता पर अत्याचार कर रहे हैं। वो तो एक विधवा स्त्री पर भी दया नहीं कर रहे पर मेरे लिए ये दुष्टता असहनीय है।"

धर्मरक्षित और चंद्रगुप्त के बीच चल रही बातचीत को आचार्य कौटिल्य चंद्रगुप्त बड़े ध्यान से सुन रहे होते हैं। वो अचानक अपनी चुप्पी तोड़ते हुए कहते हैं, "किंतु वीरता का प्रदर्शन समझबूझकर करना चाहिए कुमार।"

अचानक कानों में पड़ी इस आवाज़ को सुनकर चंद्रगुप्त हैरान होकर कौटिल्य की तरफ देखता है। अब आचार्य धर्मरक्षित चंद्रगुप्त का परिचय आचार्य कौटिल्य से करवाते हैं, "चंद्रगुप्त इन्हें नमन करो। ये आचार्य विष्णुगुप्त हैं।"

विष्णुगुप्त का नाम सुनते ही चंद्रगुप्त के चेहरे पर आश्चर्य और खुशी की मिली-जुली चमक आ जाती है। वो आचार्य से कहता है, "आचार्य विष्णुगुप्त! अहोभाग्य। मैं चंद्रगुप्त आचार्य विष्णुगुप्त को नमन करता हूं।"

आचार्य विष्णुगुप्त उसे आयुष्मान भव कहकर आशीर्वाद देते हैं।

आचार्य से आशीर्वाद पाकर चंद्रगुप्त कहता है, "आचार्य मैंने आपके बारे में बहुत सुना था। आज आपके दर्शन से मैं धन्य हूं आचार्य।"

आमने-सामने की इस पहली मुलाकात में ही आचार्य कौटिल्य चंद्रगुप्त से प्रभावित हुए और उन्होंने उसे अपना शिष्य बना लिया। असल में कौटिल्य ने चंद्रगुप्त में मगध का सम्राट बनने की संभावना देख ली थी।

कहा जाता है कि जब कौटिल्य अपनी निगरानी में चंद्रगुप्त को विविध शास्त्रों का ज्ञान दे रहे थे, उसे विभिन्न युद्ध कलाओं में प्रशिक्षित

करा रहे थे। इस बीच यूनानी शासक सिकंदर की सेना पंजाब तक पहुंच गई थी जहां राजा पुरु यानी पोरस ने उसका बहादुरी से सामना किया। लेकिन इसके बाद से ही सिकंदर की सेना थकने और बिखरने लगी। तब सबको हैरान करते हुए सिकंदर ने वापस लौटने का फैसला किया। ये खबर आचार्य कौटिल्य तक भी पहुंच गई थी।

अब एक रात जब आचार्य कौटिल्य युद्ध शिविर में थे, और चंद्रगुप्त को मगध से युद्ध की रणनीति समझा रहे थे, इसी बीच उन्होंने चंद्रगुप्त से कहा, "चंद्रगुप्त, ये बहुत अनुकूल समय है।"

चंद्रगुप्त एकदम प्रश्नवाचक चेहरे के साथ कौटिल्य की तरफ देखता है, लेकिन वो कोई प्रश्न पूछे इससे पहले ही आचार्य कौटिल्य कहते हैं, "सिकंदर की सेना थक चुकी है। सिकंदर अपनी सेना के साथ वापस लौटने वाला है। उसके अधीन उत्तर पश्चिम सीमांत के राज्यों में विद्रोह शुरू हो चुका है। मैं चाहता हूं कि तुम उनका नेतृत्व करो और उन्हें यवन शासन से मुक्त करवाओ।"

कौटिल्य की बातें सुनकर चंद्रगुप्त कुछ सोच में पड़ जाता है लेकिन फिर एकाएक कहता है, "परंतु आचार्य हमारा लक्ष्य तो मगध है।"

चंद्रगुप्त का ये प्रश्न सुनकर कौटिल्य मुस्कुराते हुए कहते हैं, "अवश्य। हम निश्चित ही मगध पर आक्रमण करेंगे। लेकिन इससे पहले जो राज्य सिकंदर का विद्रोह कर रहे हैं, या जो राज्य सिकंदर से हार चुके हैं, हमें उन्हें अपने साथ लाना होगा। और हां हमारे लिए वो राज्य भी महत्वपूर्ण हैं जो मगध के शत्रु या मित्र हैं।"

कौटिल्य की रणनीति को कुछ-कुछ समझते हुए चंद्रगुप्त के चेहरे पर चमक आ जाती है। वो कहता है, "आचार्य, यानी शत्रु राज्य के

शत्रु हमारे मित्र हो सकते हैं?"

"निश्चित रूप से," कौटिल्य जवाब देते हैं।

चंद्रगुप्त राज्यमंडल सिद्धांत यही कहता है। हम विजिगीषु (विजय की इच्छा रखने वाले) राज्य हैं। हमें शत्रु और मित्र राज्यों को पहचानना होगा।

राजमंडल के इस सिद्धांत के ज़रिए दरअसल कौटिल्य चंदगुप्त को ये समझा रहे थे कि कठिन परिस्थितियों में शत्रु और मित्र राज्यों से कैसे संबंध रखे जाएं। और विजयी होने के लिए साम, दाम, भेद और दंड की नीतियों का इस्तेमाल कब और कैसे हो।

चाणक्य से दुनिया को मिले इस राजमंडल सिद्धांत का ज़िक्र करते हुए पूर्व पुलिस कमिश्नर और *चाणक्याज़ सेवेन सीक्रेट्स ऑफ लीडरशिप* नाम की किताब के लेखक डी। शिवानंदन कहते हैं कि साम, दाम, दंड, भेद ये चार तरीके हैं जिससे आप किसी स्थिति पर काबू पा सकते हैं। अगर आज के संदर्भ में देखें तो भी चाणक्य की ये बातें कारगर हैं। जैसे आज आप अपने साथ अच्छा काम करने वालों को पुरस्कृत करें, भेद का मतलब है कि आप विरोधियों में फूट डालें, और दंड का मतलब है अपराधियों को सज़ा दें।

चाणक्य से सीखी इन बातों पर अमल करते हुए, कौटिल्य की निगरानी में चंद्रगुप्त मौर्य ने पंजाब से जीत का सिलसिला शुरू किया। इस जीत से पहले, कुछ जैन और ग्रीक साहित्य में चंद्रगुप्त मौर्य और अलेक्जेंडर द ग्रेट, यानी सिकंदर महान के बीच मुलाक़ात का भी ज़िक्र मिलता हैं। लेकिन ज़्यादा ध्यान इसी पर है कि कैसे पंजाब में जीत के बाद चंद्रगुप्त मौर्य ने पूरब की तरफ रुख किया। लेकिन पूरब

की जीत यानी मगध विजय से पहले चंद्रगुप्त के मन में कई सवाल थे। वो उन सवालों के साथ एक बार फिर आचार्य कौटिल्य की शरण में पहुंचे। उन्होंने कौटिल्य से कहा, "आचार्य, नंद की सेना में 2 लाख पदातिक, 20 हजार अश्वारोही, 2000 रथ और 3000 हाथी हैं...मगध की इस विशालकाय सेना को हम कैसे परास्त कर सकते हैं?"

चंद्रगुप्त की शंकाओं का समाधान करते हुए कौटिल्य ने उसे एक और विजय सूत्र बता दिया। पहले वो चंद्रगुप्त से बोले, "चंद्रगुप्त निश्चिंत रहो, हम नंद की सेना को परास्त कर सकते हैं। किंतु हमें युद्ध में सिर्फ़ सेना की शक्ति ही नहीं कुछ लोगों के समर्थन और सूचना की भी आवश्यकता होगी। याद रखो, मगध की प्रजा और उसके कई मंत्री धननंद के विरुद्ध हैं हमें उनका समर्थन लेना होगा। इस कार्य में हम गुप्तचरों की मदद लेंगे। यानी भीतर से आघात और बाहर से आक्रमण। गुप्तचरों से कह दो वो सारी सूचनाएं एकत्रित करें।"

कहा जाता है कि पहले प्रयास में मगध की सेना के सामने चंद्रगुप्त और कौटिल्य को करारी हार का सामना करना पड़ा था, लेकिन उन्होंने हार मानी नहीं और एक बार फिर मगध को युद्ध में चुनौती दी।

प्रोफेसर माखनलाल कहते हैं कि मगध जीतने के लिए दूसरी बार में चंद्रगुप्त ने ज़्यादा बेहतर तैयारी की। उनका कहना है कि कौटिल्य और चंद्रगुप्त को समझ आ गया था कि आप जब पेशावर से, तक्षशिला से शुरू करते हैं तो सीधे पाटलिपुत्र मत जाइए। पहले आप आस-पास के क्षेत्रों को जीतते हुए, आस-पास की सेनाओं को अपने साथ मिलाते हुए आगे बढ़ेंगे तो आप सफल होंगे। ये समझ आने के बाद चंद्रगुप्त ने वही किया और इसी तरह आस-पास के क्षेत्रों को जीतते हुए, रास्ते के

राजाओं को हराते हुए वो आगे बढ़ा।

इतिहास साक्षी है कि इस काम में चंद्रगुप्त को हर जगह तलवार का ही सहारा नहीं लेना पड़ा। कहीं लड़ाइयों के बाद, कहीं अपने सैनिकों के सहारे तो कहीं अपने दुश्मन के दुश्मन के सहारे, कहीं पारिवारिक संबंध बना कर चंद्रगुप्त मौर्य ने भारत में मगध साम्राज्य खड़ा कर दिया। और आखिरकार नंद वंश को समाप्त करके वो मगध के सिंहासन पर आसीन हुआ। यही वो दिन था जब नंद वंश के समूल नाश का आचार्य कौटिल्य का प्रण पूरा हुआ और जिस दरबार से एक दिन उन्हें अपमानित होकर निकलना पड़ा था उसी राजदरबार में उन्होंने अपनी शिखा के केश बांधे।

चंद्रगुप्त का मगध के सिंहासन पर बैठना भारत के इतिहास की सबसे महत्वपूर्ण घटनाओं में से एक है क्योंकि चंद्रगुप्त के शासन में पहली बार भारत में एक बड़े साम्राज्य की स्थापना हुई।। चंद्रगुप्त ने मगध साम्राज्य का विस्तार पूर्व में गंगा नदी से लेकर उत्तर-पश्चिम में अफगानिस्तान तक और दक्षिण में गोदावरी तक किया था। ये कौटिल्य की कल्पना का चक्रवर्ती क्षेत्र था। इस बारे में रिटायर्ड कर्नल और इंस्टीट्यूट फॉर डिफेंस सर्विसेज़ एंड एनालिसिस के रिसर्च फेलो पीके गौतम का कहना है, "कौटिल्य की कल्पना एक अखंड भारतीय साम्राज्य की ज़रूर थी, लेकिन इसके लिए उन्होंने बहुत संयमित और योजनाबद्ध तरीके से काम किया। उन्होंने भारतवर्ष के दायरे में रहकर ही भारत को एक किया। उनका ये तरीका नहीं था कि वो कभी किसी दिशा में किसी से लड़ाई मोल लें और कभी किसी दूसरी तरफ़ किसी से लड़ें या कहिए कि हरेक से लड़ते फिरें। उन्होंने कभी भी न तो

पश्चिम में ईरान से टक्कर लेने की सोची और न उत्तर में तिब्बत पर और न ही पूर्व में बर्मा पर हमला करने की सोची। असल में चाणक्य के काम करने की परिधि भारत का ही चक्रवर्ती क्षेत्र था, और भौगोलिक रूप से एक इसी भारत को उन्होंने राजनीतिक नक्शे पर भी एक करने का प्रयास किया।"

भारत को एक साम्राज्य के झंडे के नीचे लाने की चाणक्य की योजना कामयाब हो चुकी थी, अब बारी थी उसे एक मजबूत शासन व्यवस्था देने की। जिसकी कमान उन्होंने अपने हाथ रखी। प्राचीन जैन ग्रंथ परिशिष्ट पर्व के मुताबिक चाणक्य, स्वयं महान मगध साम्राज्य के प्रधानमंत्री बने थे।

उनका सबसे महत्वपूर्ण काम था मगध साम्राज्य के लिए एक शासन व्यवस्था का एक बिल्कुल नया खाका खींचना। इसमें सामंतों ज़मींदारों की जगह सरकारी अधिकारियों यानी आज की तरह ब्यूरोक्रेसी को शासन चलाने की ज़िम्मेदारी दी। अंग्रेज़ों के राज से दो हजार साल से भी पहले ही उन्होंने शास्त्र या पुराण की जगह संविधान को सर्वोपरि रखा। कौटिल्य ने दो हजार तीन सौ साल पहले ही ये सीख दे दी कि शासक या राजा का आचरण कैसा होना चाहिए। राजा को राजऋषि होना चाहिए और प्रजा का हित ही सर्वोपरि होना चाहिए।

जानकार बताते हैं कि प्रधानमंत्री बनने के बाद भी कौटिल्य हर लिहाज से मगध साम्राज्य के विरोधियों को कमज़ोर करने के काम में लगे रहे। विशेष बात ये कि इतने बड़े मौर्य साम्राज्य के प्रधानमंत्री होने के बावजूद कौटिल्य ने कभी सादगी का साथ नहीं छोड़ा। कौटिल्य हमेशा एक छोटी-सी कुटिया में ही रहते थे। इतिहासकार बताते हैं कि

कौटिल्य चंद्रगुप्त के बाद मौर्यवंश के अगले शासक बिंदुसार के भी प्रधानमंत्री थे। लेकिन साम, दाम, दंड, भेद की नीति की शुरुआत करने वाले चाणक्य स्वयं एक षड्यंत्र के शिकार हो गए, जिसकी रचना सम्राट बिंदुसार के मंत्री सुबंधु ने की थी। कहा जाता है कि सुबंधु ने आचार्य विष्णुगुप्त यानी कौटिल्य पर सम्राट बिंदुसार की मां की हत्या का आरोप लगाया था और सबूत के तौर पर एक दाई को पेश कर दिया था। चाणक्य से जुड़े कई ग्रंथों में इस घटना का ज़िक्र है।

जब सम्राट बिंदुसार के मंत्री ने ये आरोप लगाया तो बिंदुसार ने पहले पहल इस पर विश्वास नहीं किया। उन्होंने सुबंधु से कहा, "सुबंधु तुम जानते हो तुम्हारे इस आरोप का परिणाम क्या होगा?"

सुबंधु घबराते हुए बोला, "जी देव, मैं आरोप के मिथ्या साबित होने पर अपना हश्र जानता हूं। लेकिन मैं ये भी जानता हूं कि ये आरोप मिथ्या नहीं हैं।"

इस पर बिंदुसार ने उसे फिर चेताया और कहा, "सुबंधु तुम्हें ध्यान रहे कि महामात्य चाणक्य सिर्फ़ महामात्य नहीं बल्कि इस मौर्य साम्राज्य के संस्थापक हैं और तुम कह रहे हो कि वे मेरी मां की हत्या के दोषी हैं! उन्होंने मेरी माता दुर्धरा के पेट को चिरवा दिया?"

सुबंधु–"जी देव। मैं जानता हूं फिर भी मैं अपने आरोप पर कायम हूं।"

सुबंधु का ये आत्मविश्वास देखकर सम्राट बिंदुसार का आचार्य कौटिल्य से विश्वास डोल गया और उन्होंने सुबंधु से इस आरोप के प्रमाण की मांग कर दी। वो बोले, "प्रमाण क्या है तुम्हारे पास?"

सुबंधु–"जी, मैं जानता था आप प्रमाण मांगेंगे।" और अगले ही

पल सम्राट बिंदुसार के महल के कक्ष में एक दाई दाखिल हुई। वो एक-एक शब्द वही दोहराती है जिसकी कहानी सुबंधु सम्राट बिंदुसार को पहले ही सुना चुके होते हैं। जब दाई सुबंधु के आरोपों की पुष्टि करती है तो सम्राट की शंका विश्वास में बदल जाती है।

इस तरह एक साज़िश के तहत चाणक्य मौर्य साम्राज्य के सबसे प्रभावशाली महामात्य से महाराजा बिंदुसार की मां की हत्या के दोषी हो गए। इस आरोप से चाणक्य बहुत आहत हुए और मंत्रीपद त्याग कर जंगल में चले गए। सुबंधु एक छोटा मंत्री था पर वो अपने षड्यंत्र में कामयाब हुआ। लेकिन कौटिल्य की कहानी मंत्रीपद छोड़ने पर ही खत्म नहीं हुई, क्योंकि सच्चाई कुछ और थी। यह सच्चाई सम्राट बिंदुसार तक राजमहल की सबसे पुरानी दासी के ज़रिए पहुंची।

राजमहल की सबसे पुरानी दासियों में से एक बूढ़ी दासी किसी तरह प्रयास करके मगध के सम्राट बिंदुसार के पास पहुंची। उसने सम्राट से अपनी बात कहने की आज्ञा मांगी और कहा, "महाराज मैं बहुत हिम्मत से आपको ये सच बताने आई हूं, आशा करती हूं आप मुझे अभयदान देंगे।"

सम्राट बिंदुसार ने उसे अभयदान दिया तो दासी आगे बोली, "सम्राट, आपने अपने मस्तक का निशान देखा है?"

आइने के सामने खड़े बिंदुसार की नज़र अपने माथे के बिंदुनुमा दाग पर जाती है। उसे देखते हुए वो बोला, "हां देखा है। क्यों, क्या हुआ?"

जवाब देने के बजाए दासी दो प्रश्न और करती है, "सम्राट आप इसके पीछे की कहानी जानते हैं? आपका नाम बिंदुसार क्यों है ये

जानते हैं?"

दासी के प्रश्न सुनकर बिंदुसार ने हैरान होकर पूछा, "नहीं। बात क्या है विस्तार से बताओ।"

इस पर दासी सीधे मुद्दे की बात पर आ गई और बोली, "महाराज आपका नाम बिंदुसार विष की एक बूंद की वजह से ही है।"

"विष की बूंद?" सम्राट बिंदुसार प्रश्नवाचक मुद्रा में आकर बोला। "तुम कहना क्या चाहती हो? स्पष्ट कहो।"

इस पर दासी एक ऐसे राज़ का खुलासा करती है जो बिंदुसार की आंखें खोल देता है। दासी उसे बताती है, "महाराज आपकी माता का पेट, आचार्य चाणक्य ने चिरवाया ज़रूर था लेकिन उनकी हत्या के लिए नहीं। वो इसलिए कि आपकी जान बचाई जा सके।"

ये सुनकर बिंदुसार क्रोधित हो गए। बोले, "दासी, व्यर्थ की बातें न करो। इस बात का क्या अर्थ है?"

दासी ने फिर अपनी बात दोहराई, "हां महाराज, ये सत्य है। महाराज आपके पिता हमेशा शत्रुओं से घिरे रहते थे। उन्हें हमेशा ये डर बना रहता था कि विष देकर उनकी हत्या कर दी जाएगी। इसलिए आचार्य चाणक्य की सलाह पर वे खाने में बहुत ही छोटी मात्रा में विष लिया करते थे, जिससे उनके शरीर को विष की आदत हो जाए। किंतु आपकी माता को इस बारे में कोई जानकारी नहीं थी और एक दिन आपकी माता दुर्धरा ने, जो उस समय गर्भवती थीं, आपके पिता के साथ भोजन कर लिया। उस भोजन को खाते ही आपकी माता की विष के कारण मृत्यु हो गई..."

अब तक की कहानी से बिंदुसार के तेवर ढीले पड़ चुके थे। उसने

उत्सुकतावश पूछा, "तो फिर मैं..."

इस पर दासी ने कहा, "हां देव...जैसे ही चाणक्य को ये पूरा घटनाक्रम पता चला तो उन्होंने आपकी माता का पेट चिरवा कर आपको निकलवा लिया और आपके प्राण बचा लिए।"

ये बातें पता चलने के बाद बिंदुसार इस पूरे घटनाक्रम को रचने वाले सुबंधु को लेकर क्षमा मांगने चाणक्य के पास पहुंचे। कहा जाता है कि चाणक्य ने उन्हें और सुबंधु दोनों को क्षमा तो कर दिया लेकिन कभी वापस राजमहल में नहीं लौटे।

चाणक्य, कौटिल्य, विष्णुगुप्त से जुड़ी ये सारी वो तमाम कहानियां हैं, जिनकी ऐतिहासिक प्रामाणिकता पर भले सवाल उठाए जा सकते हैं, लेकिन चाणक्य का वजूद विवादों से परे है। जिस तरह से हमारी सोच और हमारी नीतियों में उनकी कही हुई बातें जीवित हैं, वो सिर्फ़ कल्पना हों, ऐसा नहीं लगता। राजा, राजा नहीं एक ऋषि भी होना चाहिए, संत होना चाहिए। शत्रु का शत्रु तुम्हारा मित्र है, संविधान से ऊपर और कोई नहीं होता–चाणक्य की कही हुई ये बातें मात्र कुछ उदाहरण हैं, जिनके ज़रिए चाणक्य को पढ़ कर, उनको समझ कर शायद हम खुद को और बेहतर समझ सकते हैं।

सम्राट अशोक

ये कहानी भारत के महान सम्राट देवनामपिय पियदस्सी अशोक यानी देवों के प्रिय प्रियदर्शी अशोक की है। सम्राट अशोक की कहानी लेकिन वहां से शुरू नहीं होती जब उन्होंने इस दुनिया में कदम रखा था। ये कहानी तब से शुरू होती है, जब महात्मा बुद्ध ने अशोक के पैदा होने से 100 साल पहले ही दुनिया को अशोक के बारे में बता दिया था।

अशोक ये बस एक नाम नहीं, भारत के महान बनने की कहानी का सबसे अहम अध्याय है। इस अध्याय की शुरुआत तब हुई जब स्वयं महात्मा बुद्ध इस धरती पर थे। साक्षात, सशरीर भगवान बुद्ध भिक्षा मांगने, मगध की तब की राजधानी राजगृह पहुंचे थे।

वो भोर का समय था। राजगृह के बाज़ार में हलचल शुरू ही हुई थी। हाथ में भिक्षा पात्र लिए महात्मा बुद्ध अपने शिष्यों के साथ वहां पहुंचे। बुद्ध को आते देख लोग दौड़ दौड़ कर उनके पास पहुंचने लगे। कोई उनके पात्र में भिक्षा डालता तो उनके सामने नतमस्तक होता। बाज़ार में तकरीबन 10 साल के दो बच्चे भी मौजूद थे, जो मिट्टी का ढेर लगा कर खेल रहे थे। बौद्ध ग्रंथ अशोकवदान में उन दो बच्चों का नाम जय, विजय बताया गया है। जय की नज़र महात्मा बुद्ध पर पड़ी। बड़ी हैरानी से जय लोगों को महात्मा बुद्ध के सामने नतमस्तक होते देख रहा था। उसने अपने साथी विजय से पूछा, "विजय, , ये श्रमण, संन्यासी कौन है?"

जय की बात सुनकर विजय ने महात्मा बुद्ध की ओर देखा और तुरंत उन्हें पहचान गया। उसने कहा, "अरे तुमने इन्हें नहीं पहचाना? ये श्रमण, महात्मा बुद्ध हैं।"

जय ने पूछा, "लेकिन नगर के सभी लोग इनके पास क्यों चले आ रहे हैं?"

"महात्मा बुद्ध राजगृह में भिक्षा मांगने आए हैं।"

ये जानकर अबोध जय के मन में भी महात्मा बुद्ध को भिक्षा देने का भाव जागा। वो विजय से बोला है, "चलो विजय हम भी उन्हें भिक्षा देंगे।"

इस पर विजय ने पूछा, "अच्छा, लेकिन हम उन्हें भिक्षा में क्या देंगे?"

भोले-भाले जय ने कहा, "जो हमारे पास है वही देंगे।" और ये कहते हुए जय ने अपनी मुट्ठी में वह मिट्टी उठाई, जिससे वो खेल रहा था। अगले ही पल ये दोनों बच्चे दौड़ते हुए भीड़ के बीच में से महात्मा बुद्ध के सामने पहुंच गए। विजय हाथ जोड़ कर खड़ा हो गया और जय महात्मा बुद्ध से कहने लगा, "मैं आपके लिए भिक्षा लाया हूं।" इससे पहले कि बुद्ध कुछ कहते, जय ने उनके भिक्षा पात्र में मिट्टी उड़ेल दी। बच्चे की इस हरकत पर सभी अवाक, सन्न रह गए। कुछ लोग गुस्से से जय की तरफ़ देखने लगे, लेकिन वे बुद्ध के कारण कुछ कह नहीं पाए क्योंकि बुद्ध इस बच्चे को देखकर मुस्कुरा रहे थे।

बुद्ध को मुस्कुराते देख, जय का साहस और बढ़ा और उसने बुद्ध से कहा, "मैंने आपको भिक्षा दी है। मैं राजा बनूंगा। मेरा राज संपूर्ण धरती पर होगा। तथागत बुद्ध तब मैं आपकी शरण में आऊंगा।"

बालक जय यहीं रुक गया, लेकिन बुद्ध मुस्कुराते हुए इस जगह से आगे बढ़ने लगे। पहले की तरह लोग पीछे रह गए।

बुद्ध कुछ कदम आगे बढ़े कि बुद्ध के शिष्य आनंद ने उनसे पूछा,

"तथागत, उस बालक ने आपको भिक्षा में ऐसा क्या दिया कि आप मुस्कुरा रहे हैं? ऐसा तो किसी कारणवश ही होगा?"

"हां आनंद, तुमने सही कहा। मेरी मुस्कुराहट के पीछे अवश्य कोई न कोई कारण होगा। क्या तुमने उस बालक को मेरे भिक्षा पात्र में धूल रखते हुए देखा?"

"हां भदंत।"

"आनंद, ये उस बालक का बहुत बड़ा कृत्य है। मेरी मृत्यु के सौ साल बाद पाटलिपुत्र में इसका दोबारा जन्म होगा। ये बड़ा होकर अशोक नाम का राजा बनेगा।" ये भविष्यवाणी करते हुए महात्मा बुद्ध अपनी राह पर आगे बढ़ गए। जय भी अपने भविष्य की राह में खो गया। मिला तो ठीक सौ वर्ष बाद जब उसे संसार ने नाम दिया– अशोक।

बौद्ध ग्रंथ अशोकवदान की ये कहानी ऐतिहासिक नहीं मानी जाती है। इतिहासकार कहते हैं कि सम्राट अशोक को बौद्ध धर्म से नजदिक से जोड़ने के लिए अशोकवदान के लेखकों ने इस कहानी को गढ़ लिया होगा। लेकिन इन ग्रंथों से अशोक के जीवन से जुड़ी महत्वपूर्ण घटनाओं के बारे में संकेत जरुर मिलता है। जैसे अशोक के जन्म और उनकी मां की कहानी।

अशोक के जन्म के समय परिस्थितियां कुछ ऐसी थी कि तब कोई इस बात का अंदाजा नहीं लगा सकता था कि वो एक यशस्वी चक्रवर्ती सम्राट बनेगा।

प्राचीन ग्रंथ अशोकवदान के मुताबिक, अशोक की मां तब के चंपा और आज के चंपारण की रहने वाली थीं। कुछ ग्रंथों में अशोक

की मां का नाम धम्मा तो कहीं शुभद्रांगी बताया गया हैं। शुभद्रांगी के पिता को किसी ज्योतिष ने कहा कि आपकी बेटी की शादी किसी बड़े राजा से होगी और उसके दो बेटों में से एक चक्रवर्ती सम्राट होगा। यही सुनकर शुभद्रांगी के पिता उन्हें पाटलिपुत्र ले आए और उन्हें मगध के राजा बिंदुसार को सौंप दिया।

कन्या शुभद्रांगी रानी बन गई। कहानी के मुताबिक शुभद्रांगी महल में एक षड्यंत्र की शिकार हो गई किंतु बाद में जब राज़ खुला तो राजा बिंदुसार ने शुभद्रांगी को अपनी प्रमुख रानी बनाया।

शुभद्रांगी ने एक बेटे को जन्म दिया और इसी बालक को नाम मिला–अशोक।

राजा बिंदुसार अपने बेटे को देखने पत्नी शुभद्रांगी के महल में पहुंचे। बिंदुसार ने बच्चे को गोद में उठाया, और अगले ही पल उनके चेहरे का रंग बदल गया। प्रसन्नता की जगह उनके चेहरे पर अजीब से भाव उभर आए। एक पल वो बालक को बड़े ही अनमने ढंग से देखते हुए बोले, "इसकी त्वचा ऐसी क्यों है? ये इतना कुरूप क्यों है?"

और अचानक एक झटके में वो बालक को एक दासी को पकड़ा कर आगे बढ़ गए। राजा का ये व्यवहार देखकर सभी सन्न रह गए।

कहते हैं कि इस दिन के बाद राजा बिंदुसार ने कभी अपने इस पुत्र को नहीं अपनाया।

सचमुच आज ये बात कितनी हैरान करने वाली है कि भारत ही नहीं दुनिया के सबसे महान सम्राटों में से एक अशोक को उसके अपने पिता ने कुरूप मान कर ठुकरा दिया था। लेकिन क्या अशोक ने कभी इस

बात को अहमियत दी? शायद नहीं। क्योंकि उसके अपने जीवन का लक्ष्य अब कुछ और नहीं, केवल मगध की राजगद्दी थी। एक ऐसा लक्ष्य जिसे पाना अशोक के लिए आसान नहीं था। अशोक के पिता बिंदुसार की अनेक पत्नियां थी और अशोक के 100 भाई थे। जाहिर सी बात है कि मगध का अगला राजा इन्हीं में से किसी एक को होना था। लेकिन उत्तराधिकारी कौन हो इसका फैसला करने के लिए राजा बिंदुसार ने एक युक्ति सोची।

असल में राजा बिंदुसार चाहते थे कि उनके राज ज्योतिषी पिंगलवत्स उनके सभी 101 बेटों को देखें और ये बताएं कि उन बेटों में सम्राट बनने की संभावना किसकी सबसे ज़्यादा है। इसके लिए एक दिन अशोक के पिता बिंदुसार ने अपने सभी बेटों को परीक्षा के लिए उपस्थित होने का आदेश दिया। ये ख़बर अशोक की मां रानी शुभद्रांगी तक भी पहुंची। कुछ ही समय बाद उनके बेटे राजकुमार अशोक राजमहल में उनके सामने खड़े थे।

रानी ने अपने बेटे से कहा, "अशोक, तुम्हें महाराज के आदेश का पता तो चल ही गया होगा?"

अशोक ने सिर हिलाते हुए हामी भरी।

रानी उत्सुकतावश अशोक के और करीब आईं और उसके कंधों पर हाथ रखते हुए बोलीं, "पुत्र, तब तो तुम ये भी जानते होंगे कि अब तुम्हारे सभी भाइयों की परीक्षा होनी है। मैं चाहती हूं कि तुम भी इस परीक्षा में अपना दमखम दिखाओ। तुम्हें अपने युद्ध कौशल और सूझबूझ से महाराज और बाकी गुरुजनों को प्रभावित करना है। तुम्हें भी वहां जाना चाहिए।"

न जाने कितने दिनों बाद अशोक ने अपनी मां के चेहरे पर ऐसा उत्साह देखा। लेकिन इस उत्साह ने उसके मन में चल रहे प्रश्नों को और उलझा दिया। वो खीझते हुए अपनी मां से बोला, "लेकिन मां, मैं क्यों जाऊं? महाराज बिंदुसार मेरे पिता हैं लेकिन वो मुझे देखना भी पसंद नहीं करते। उनकी दृष्टि में मैं कुरूप हूं। चाहे मैं जितना भी प्रयास करूं, लेकिन मुझे इस परीक्षा का नतीजा मालूम है।"

मां अपने बेटे के हृदय के भावों को समझ रही थी, लेकिन वो बेटे के मन में घुली कड़वाहट को कम करने की कोशिश कर रही थी। उसने अशोक के दोनों बाजुओं को थामते हुए कहा, "अशोक, मैं तुम्हारी भावनाओं को समझती हूं लेकिन फिर भी कहूंगी कि तुम महाराज बिंदुसार की न्यायप्रियता पर संदेह मत करो। परीक्षा का प्रतिफल चाहे जो हो, किंतु तुम्हें अपने कर्तव्य का निर्वहन करना चाहिए।"

अपनी मां, रानी शुभद्रांगी की इस इच्छा को, राजकुमार अशोक ने आदेश की तरह स्वीकार किया। वो सम्राट बनने की पात्रता परीक्षा देने के लिए तैयार हो गया, लेकिन उसके मन में न जाने क्या आया कि जाते-जाते उसने मां से दोपहर का भोजन परीक्षा स्थल, यानी राजवन में ही भेज देने को कहा।

अशोक, रानी शुभद्रांगी के महल से निकल कर राजवन के लिए रवाना हुआ, जहां मानो भाग्य भी उसकी अगवानी करने को लालायित था। राजवन वो जगह थी जहां सभी राजकुमारों की शस्त्र परीक्षा होनी थी। रास्ते में उसे राजा बिंदुसार का मंत्री राधागुप्त मिल गया। राधागुप्त हाथी पर सवार होकर राजवन की ओर जा रहा था। उसने अशोक को

अपने साथ बिठा लिया। और इस तरह हाथी पर सवार होकर राजकुमार अशोक दूसरे राजकुमारों से मुकाबला करने राजवन पहुंच गया।

यहां थोड़ी ऊंचाई पर राजा बिंदुसार, उनके मंत्री राधागुप्त, और राज ज्योतिषी और आजीविक संप्रदाय के साधु पिंगलवत्स के बैठने की व्यवस्था की गई थी, जहां से वो सभी राजकुमारों का प्रदर्शन अच्छे से देख सकें। राजा का आदेश मिलने के बाद एक-एक करके राजकुमारों ने अस्त्र-शस्त्र में अपनी महारत का प्रदर्शन शुरू किया। कुछ देर में अशोक की भी बारी आई। वो भी तलवार और ढाल लेकर मैदान में गए और उन्होंने ऐसा प्रदर्शन किया कि सभी देखने वाले हैरान रह गए।

दोपहर में जब सूरज सिर पर चढ़ गया तो अशोक को भोजन के लिए अवकाश मिला। बाकी राजकुमारों से अलग हटकर अशोक वहीं ज़मीन पर बैठकर, मिट्टी की एक साधारण सी हांडी में मां का भेजा हुआ भात खाने लगते हैं। हाथी पर बैठकर राजकुमार का राजवन में आना हो, सबके सामने तलवारबाज़ी का असाधारण प्रदर्शन करना हो, या फिर ज़मीन पर बैठकर मिट्टी की हांडी में खाना हो–इन सभी बातों पर राज ज्योतिषी और आजीविक संप्रदाय के साधु पिंगलवत्स की बारीक नज़र थी।

एक-एक करके सभी एक सौ एक राजकुमार अपने युद्ध कौशल का परिचय दे चुके और उनकी महल वापसी का समय आ गया। परीक्षा का नतीजा जानने के लिए राजा बिंदुसार पिंगलवत्स की ओर देखते हुए उनसे पूछते हैं, "गुरुवर, आप तो भविष्य को देख सकते हैं। आपने मेरे इन पुत्रों को भी देखा, इनकी योग्यताओं को परखा। अब आप बताएं कि मेरे बाद इनमें से कौन मगध का सम्राट बनने

लायक है?"

राजा का प्रश्न सुनकर पिंगलवत्स अचानक चुप हो गए।

सम्राट अशोक के जीवन पर लिखी किताब अशोकवदान के मुताबिक एक सौ एक राजकुमारों में से जो सबसे सामर्थ्यवान था वो राजा बिंदुसार का प्रिय नहीं था। इसलिए ज्योतिषी पिंगलवत्स को लगा कि अगर उन्होंने सच कहा और राजा को उनकी बात अप्रिय लगी तो उनकी जान जा सकती है। इसीलिए पिंगलवत्स ने किसी अप्रिय स्थिति से बचने के लिए एक तरकीब अपनाई। उन्होंने राजा को साफ़-साफ़ कुछ नहीं कहा लेकिन इशारों-इशारों में सब कह दिया। पिंगलवत्स ने कहा, "महाराज, आज मैं भविष्यवाणी तो करूंगा लेकिन नाम नहीं बताऊंगा। भावी सम्राट के बारे में संकेत भर दे देना ही आप जैसे ज्ञानी के समझने के लिए काफ़ी होगा।"

बिंदुसार को थोड़ा अजीब लगा लेकिन उन्होंने विरोध नहीं किया और कहा, "जी आचार्य, आप जो उचित समझे वो करें। जितना आवश्यक समझें उतना ही बताएं।"

राजा की रज़ामंदी के बाद पिंगलवत्स ने राहत की सांस ली। और अपनी लंबी सफ़ेद दाढ़ी पर हाथ फेरते हुए बोले, "महाराज, जिसकी सवारी सबसे श्रेष्ठ थी, वही आपका उत्तराधिकारी होगा।"

राज ज्योतिषी की बातें सुनकर वहां मौजूद दूसरे लोग भी आश्चर्य से एक दूसरे की शक्लें देखने लगे और वहां मौजूद राजकुमार अपनी-अपनी सवारियों के बारे में सोचने लगे। सभी को अपनी सवारी अच्छी लग रही थी। अशोक भी अपनी सवारी को लेकर सोच में पड़ गया।

उत्सुकता सबके मन में थी लेकिन सवाल केवल राजा बिंदुसार ने

किया। वो बोले, "गुरुदेव पिंगलवत्स, कुछ और संकेत दीजिए।"

राजा ने मामले को सुलझाने के लिए संकेत मांगा था, लेकिन पिंगलवत्स के जवाब ने उसे और उलझा दिया। उन्होंने कहा, "महाराज, राजकुमारों में जिसका आसन सबसे श्रेष्ठ है, वही आपका उत्तराधिकारी होगा।"

यह सुनकर एक बार फिर से सभी दुविधा में पड़ गए। जो राजकुमार राजवन में ऊंचे आसन पर बैठे थे, वो तो खुश हो गए, लेकिन अशोक के माथे पर चिंता की लकीरें और साफ़ हो गईं, क्योंकि वो ज़मीन पर बैठा था।

राजा बिंदुसार बार-बार आग्रह करते रहे और साधु पिंगलवत्स संकेतों ही संकेतों में राजा के उत्तराधिकारी के बारे में बताते रहे। उन्होंने कभी खाने के बारे में कहा तो कभी खाने के बर्तन के बारे में। इस तरह परीक्षा बिना किसी स्पष्ट परिणाम के समाप्त हो गई। सभी राजकुमार नगर को लौट गए। शाम ढली तो राजकुमार अशोक सीधे अपनी मां रानी शुभद्रांगी के पास उनके महल में पहुंचा।

रानी सुबह से ही बेटे के वापस आने की बाट जोह रही थी। अशोक के सामने आते ही रानी ने उस पर मानों प्रश्नों की बौछार कर दी। सबसे महत्वपूर्ण सवाल था, "बेटा अशोक, महात्मा पिंगलवत्स ने क्या भविष्यवाणी की?"

अशोक की बुद्धि जैसे अभी तक भविष्यवाणी के संकेतों में उलझी हुई थी। उन्हीं के बारे में सोचते हुए उसने मां को जवाब दिया, "मां, भविष्यवाणियां तो बहुत हुईं लेकिन महात्मा पिंगलवत्स ने किसी का नाम नहीं लिया।"

रानी ये सुनकर आश्चर्य में पड़ गईं। उन्होंने अशोक से पूछा, "नाम नहीं लिया? ऐसा क्यों? और अगर नाम नहीं लिया तो फिर भविष्यवाणी क्या की?"

पिंगलवत्स के संकेतों में खोए अशोक ने अपने दिमाग में चल रहे सभी प्रश्नों को जैसे अपनी मां के सामने रख दिया। अशोक ने कहा, "मां, महात्मा पिंगलवत्स ने कहा कि जिसकी सवारी, आसन, भोजन, पेय और बर्तन सबसे उत्कृष्ट है वही मगध साम्राज्य का उत्तराधिकारी होगा।"

रानी शुभद्रांगी ने इस बात का कोई जवाब नहीं दिया, लेकिन ये सुनकर जैसे उनके चेहरे पर दुख साफ़ झलकने लगा था।

लेकिन एकाएक तभी अशोक के चेहरे पर खुशी बिखर गई, मानो उन्होंने पिंगलवत्स के संकेतों की पहेली को सुलझा लिया हो। खुशी से चमकते चेहरे के साथ उन्होंने रानी शुभद्रांगी से कहा, "माते, मैं हाथी पर सवार होकर राजवन पहुंचा था। विश्राम का अवकाश होने पर मैं धरती पर ही बैठा, वही मेरा आसन थी। अब धरती से ज़्यादा समृद्ध आसन और क्या हो सकता है?" ये कहते-कहते अशोक की आंखों में जैसे एक नई चमक फैल गई। वो आगे बोला, "मां, मुझे मगध साम्राज्य का सम्राट बनने से कोई भी नहीं रोक सकता है। महाराज बिंदुसार भी नहीं।"

राजकुमार अशोक यह मानने लगा था कि वही मगध के राजसिंहासन का सबसे सामर्थ्यवान उत्तराधिकारी है। लेकिन उसके मानने या न मानने से राजगद्दी उसे मिल जाती, ऐसा संभव नहीं था। उसके युद्ध कौशल का लोहा तो सभी मानने लगे थे लेकिन स्वयं राजा बिंदुसार

उसे उत्तराधिकारी मानने को तैयार नहीं थे। इसकी बड़ी वजह थी, राजा बिंदुसार का अपने सबसे बड़े बेटे राजकुमार सुशीम से लगाव। वे सुशीम को ही अपने बाद मगध का राजा बनाना चाहते थे।

स्थिति यह थी कि अशोक तो ये मानता था वही मगध की राजगद्दी का असली उत्तराधिकारी है, जबकि जिसके हाथ में मगध की सत्ता थी, वो महाराज बिंदुसार ऐसा नहीं मानते थे।

अशोकवदान के मुताबिक ज़ल्द ही अशोक की एक और परीक्षा हुई। मगध साम्राज्य के एक राज्य तक्षशिला की जनता ने राजा बिंदुसार के विरुद्ध विद्रोह कर दिया। राजा बिंदुसार ने अशोक को बुलाया और उसे तक्षशिला जाने का आदेश दिया। पिता के आदेश का पालन करते हुए राजकुमार अशोक रथ, हाथी, घुड़सवार और पैदल सैनिकों के साथ तक्षशिला की ओर कूच कर गया।

युद्ध शिविर में अशोक के पास एक प्रमुख सैनिक पहुंचा। उसने अशोक से कहा, "राजकुमार अशोक, हमारे पास अश्वरोही हैं, हाथी सवार हैं, सैकड़ों रथी हैं, हज़ारों पैदल सैनिक हैं, और आपका नेतृत्व भी है परंतु..."

"परंतु क्या?" प्रमुख सैनिक को चिंतित देख अशोक ने पूछा।

सैनिक अपने आपको रोक नहीं पाया और बोला, "परंतु राजकुमार, इन सैनिकों को लड़ने के लिए शस्त्र और अस्त्र तो दिए ही नहीं गए हैं। ऐसे में हम युद्ध कैसे लड़ेंगे?"

मगध के राजसिंहासन का यही आदेश था। इसका मतलब था कि खुद राजा बिंदुसार ही अशोक के साथ छल कर रहे थे। पूरी बात समझते हुए अशोक ने कुछ देर सोचा और फिर सैनिक को आश्वस्त

करते हुए कहा, "आपका ये प्रश्न सही है कि अस्त्र-शस्त्र नहीं है तो युद्ध कैसे होगा। किंतु रथी, अगर बिंदुसार पुत्र अशोक में बल है, सामर्थ्य है तो धरती फटेगी और पाताल से भी तुम्हें अस्त्र-शस्त्र मिलेंगे। अब निर्भीक होकर प्रयाण की तैयारी करो।"

अशोकवदान में आगे लिखा है कि धरती फटी और अशोक को अस्त्र-शस्त्र मिल गए। आज ये बात असंभव सी लगती है हालांकि जानकार कहते हैं कि अशोक के लिए नामुमकिन कुछ भी नहीं था। शायद धरती फटने जैसे प्रतीकों के ज़रिए अशोकवदान के लेखक ऐसा ही कुछ कहना चाहते होंगे। किंतु अशोक की इस कहानी की खास बात ये है कि जब राजकुमार अशोक तक्षशिला पहुंचे तो उन्हें हथियार उठाने की आवश्यकता ही नहीं पड़ी। कहते हैं कि तक्षशिला के लोगों ने शहर से कुछ मील दूर से ही उनके मार्ग पर फूल बिछा दिए। विद्रोह की जगह उसका आत्मीयता से स्वागत किया गया।

तक्षशिला की ये घटना अशोक के जीवन में बड़ा बदलाव लाने वाली थी। इस कहानी से ऐसा लगता है कि बतौर योद्धा अशोक की ख्याति दूर दूर तक फैली हुई थी। तक्षशिला के विद्रोह का खत्म करने में अशोक की भूमिका को बातचीत के रास्ते समस्याओं को हल करने की उसकी क्षमता के तौर पर भी देखा जाता है।

तक्षशिला में उसकी सफलता के बाद राजकुमार अशोक को उज्जैन का राज्यपाल बना कर भेजा गया।

उज्जैन प्रांत की राजधानी तब विदिशा हुआ करती थी। यहीं अशोक की मुलाकात देवी से हुई। देवी एक व्यापारी की बेटी थी। लोककथाओं में उसे शाक्यकुमारी यानी गौतम बुद्ध का वंशज बताया गया है। लेकिन

इसकी ऐतिहासिक पुष्टि नहीं मिलती है। इतना जरुर था कि विदिशा में बुद्ध को मानने वालों की बहुत बड़ी तादाद थी और इस नाते देवी का झुकाव भी बौद्ध विचारों की तरफ होने की संभावना है। अशोक का आगे चलकर बौद्ध धर्म के प्रति जो झुकाव दिखता है उसके पीछे की वजह देवी की संगति और उज्ञैन में बौद्ध धर्म का प्रभाव हो सकता है।

विदिशा से तकरीबन सत्तर किलोमीटर दूर पांगुरारिया है। ये जगह राजकुमार अशोक और देवी की प्रेम कहानियों का प्रमाण देता है। उज्ञैन के गवर्नर रहते हुए राजकुमार अशोक इस जगह अपनी प्रेमिका देवी के साथ आते थे। यहां एक शिलालेख है जिसपर इस बात का प्रमाण दर्ज है...पियदस्सी नामा राजाकुमारावा समवासामाने इमाम देसम पपुनिथा विहारा आयते ...मतलब राजा जो राज्याभिषेक के बाद पियदस्सी नाम से जाने जाते हैं जब वो राजकुमार थे और अविवाहित प्रेमिका के साथ रहते थे...यहां प्रेमालाप के लिए आया करते थे।

पाली ग्रंथ, महावंश में इस बात का उल्लेख है कि अशोक ने देवी को विवाह संबंध बनाया था। अशोक और देवी के संबंध से ही बौद्ध प्रचारक बेटे महेन्द्र और बेटी संघमित्रा का जन्म हुआ। लेकिन महारानी के तौर पर देवी का जिक्र नहीं होता है। देवी के विदिशा से पाटलीपुत्र जाने का उल्लेख भी नहीं मिलता है। अशोक की पहली प्रमुख रानी के तौर पर पहले असंधामात्रा और उसकी मत्यु के बाद तिस्सरक्ख का जिक्र आता है।

जब अशोक उज्ञैन में गवर्नर थे तब पाटलीपुत्र में मगध की राजगद्दी को लेकर सुगबुगाहट शुरु हो गई थी। धीरे-धीरें दरबारियों को भी इस बात का पता चलने लगा था कि बिंदुसार राजकुमार सुशीम को राजपाट

देना चाहते थे।

एक दिन राजकुमार सुशीम राजदरबार के एक गलियारे से गुज़र रहे थे। रास्ते में वो मगध के महामंत्री राधागुप्त से टकरा गए। राजकुमार सुशीम खड़े होकर महामंत्री राधागुप्त से बात करने लगे और बातों-बातों में राजकुमार सुशीम ने मज़ाक में राधागुप्त के सिर पर हाथ फेर दिया।

महामंत्री राधागुप्त को सुशीम की ये हरकत ठीक नहीं लगी। उन्हें लगा कि आज ये युवक हाथ फेर रहा है, कल अगर ये राजा बन गया तो जाने कैसा व्यवहार करेगा! सुशीम के व्यवहार से आशंकित राधागुप्त ने उस समय तो कुछ नहीं कहा, लेकिन बाद में सुशीम के विरुद्ध एक बड़ी व्यूह रचना की तैयारी शुरू कर दी। उस समय सुशीम के विरोध का एक ही मतलब था, अशोक का साथ।

राजदरबार में राजकुमार अशोक का समर्थन करने वालों की संख्या बढ़ रही थी, लेकिन सम्राट बिंदुसार की दृष्टि में उनका उत्तराधिकारी सुशीम ही था। पाटलीपुत्र में सत्ता की चर्चा ल रही थी कि तक्षशिला में एक बार फिर विद्रोह हो गया। हुआ यूं कि जिस तक्षशिला में राजकुमार अशोक ने विद्रोह को शांत किया था, वहां एक बार फिर विद्रोह हो गया। इस बार बिंदुसार ने सुशीम को तक्षशिला भेजा। उधर सुशीम तक्षशिला पहुंचा और इधर बिंदुसार की तबियत अचानक खराब हो गई।

बिंदुसार ने बिस्तर पकड़ लिया था। बीमारी के कारण उनकी सांसें कमज़ोर पड़ने लगी थीं। कोई उपचार काम नहीं आ रहा था। बिंदुसार को अब अपना अंत नज़दीक आता दिखा। इसलिए उन्होंने अपने महामात्य, महामंत्री राधागुप्त को बुलाया। बड़ी बिंदुसार ने लेटे-लेटे ही

राधागुप्त से पूछा, "महामात्य राधागुप्त, क्या राजकुमार सुशीम को तक्षशिला में सफलता मिली?"

"नहीं महाराज, अभी तक किसी भी अपेक्षित सफलता की सूचना प्राप्त नहीं हुई है।"

महामात्य राधागुप्त का ये जवाब सुनकर राजा बिंदुसार थोड़ी देर के लिए चुप हो गए। कुछ देर के सन्नाटे के बाद कक्ष में फिर से राजा बिंदुसार का धीमा स्वर उभरा।

"राधागुप्त, मेरा आदेश है कि आप सुशीम को वापस पाटलिपुत्र बुलाइए और अशोक को उज्ञैन से तक्षशिला भेजिए।"

राधागुप्त को राजा बिंदुसार के चेहरे पर बेचैनी के भाव दिखे, इसलिए उन्होंने संकोच त्यागकर राजा से पूछा, "जो आज्ञा, महाराज। तक्षशिला में स्थिति अभी सामान्य नहीं है। ऐसे में राजकुमार सुशीम को वापस बुलाने और राजकुमार अशोक भेजने से समस्या और जटिल हो सकती है।"

राजा बिंदुसार ने राधागुप्त के सुझाव की अनदेखी करते हुए अपने आदेश को दोहराया। वो इस बार तेज़ आवाज़ में बोले, "ये राज्यादेश है राधागुप्त, आप सुशीम को पाटलिपुत्र वापस आने का संदेश भेजिए और उसके राज्याभिषेक की तैयारी शुरू कीजिए। मुझे नहीं लगता कि अब मैं इस बिस्तर से उठ पाऊंगा।"

राधागुप्त ने राजा बिंदुसार के आदेश का पालन तो किया लेकिन पूरी तरह से नहीं।

राधागुप्त ने सुशीम को बिंदुसार का संदेश भेजने में जानबूझ कर देरी की और अशोक को पाटलिपुत्र आने को कहा। यह उनकी व्यूह

रचना का हिस्सा था, जिसके ज़रिए वो अशोक को मगध का सम्राट बनाना चाहते थे।

कई ग्रंथों में राधागुप्त को मौर्य साम्राज्य के पहले प्रधानमंत्री चाणक्य का पोता भी बताया गया है। चाणक्य की जो भूमिका चंद्रगुप्त मौर्य को राजा बनाने में थी, अशोक को राजा बनाने में राधागुप्त की वही भूमिका नज़र आती है। उन्हीं की योजना का हिस्सा था कि जब अशोक पाटलिपुत्र पहुंचे तो उनके पूरे शरीर को हल्दी लगा कर पीला कर दिया गया था जिससे वो बीमार दिखे। राज्यभर में अशोक की बीमारी की ख़बर फैला दी गई। अब तक राजा बिंदुसार की तबियत और ख़राब हो गई थी। अपना आख़िरी वक्त गिनते-गिनते राजा बिंदुसार टकटकी लगाए सुशीम की प्रतीक्षा कर रहे थे।

कमरे में किसी के आने की आहट सुनकर राजा बिंदुसार ने कक्ष के द्वार की ओर करवट ली और उठने की असफल कोशिश करते हुए कहा, "कौन, युवराज सुशीम? मेरे सुशीम, तुम आ गए..."

लेकिन उनके सामने सुशीम नहीं, राजकुमार अशोक पहुंचा था। पिता के मुंह से सुशीम का नाम सुनकर उसे क्रोध आ गया। उसने अपनी मुट्ठी भींच ली। उसका क्रोध भांपकर उसके साथ आए महामात्य राधागुप्त ने उसके कंधे पर हाथ रखा, और राजा बिंदुसार से कहा, "युवराज सुशीम नहीं, राजकुमार अशोक कहिए महाराज।"

बिंदुसार ने उसकी बात सुनी तो उनके चेहरे का रंग बदल गया। उन्होंने चिल्लाते हुए कहा, "राधागुप्त, सुशीम को बुलाओ। अविलंब।"

राजा की बेचैनी को देखकर राधागुप्त ने बिना समय गंवाए कहा, "महाराज, युवराज सुशीम को पाटलिपुत्र आने में अभी विलंब है। मेरा

सुझाव है कि , तब तक आप राजकुमार अशोक का राज्याभिषेक कर दीजिए।"

यह सुनकर बिंदुसार को झटका लगा। उसने हैरानी भरी आवाज़ में कहा, "क्या कहा तुमने? मैं अशोक का राज्याभिषेक कर दूं?"

मानो अब राधागुप्त को बिंदुसार की नाराज़गी की परवाह नहीं थी। उसने तुरंत कहा, "जी महाराज। जब युवराज सुशीम पाटलिपुत्र लौटेंगे तब उनका राज्याभिषेक कर दिया जाएगा। तब तक आप राजकुमार अशोक को ही राजगद्दी सौंप दीजिए।"

राधागुप्त की बातें सुनकर राजा बिंदुसार का पारा जैसे सातवें आसमान पर पहुंच गया। वो गुस्से में बोले, "व्यर्थ की बातें मत करो राधागुप्त। जाओ, और जा कर पता करो कि युवराज सुशीम कहां तक पहुंचे?"

ये कहकर वो बिस्तर पर गिर पड़े। थोड़ी देर तक कमरे में सन्नाटा पसरा रहा। कमरे में मौजूद लोग एक-दूसरे का चेहरा देखने लगे। राधागुप्त की निगाहें अशोक पर टिक गईं, जो बिंदुसार के बिस्तर के निकट रखे राजमुकुट को देख रहा था। अशोक के कदम उस राजमुकुट की ओर बढ़ने लगे। अगले ही पल अशोक ने वो राजमुकुट अपने हाथों में उठा लिया और लगभग गर्जना करते हुए कहा, "मगध की राजगद्दी का अगर मैं सबसे सामर्थ्यवान, योग्य अधिकारी हूं तो मेरा राज्याभिषेक होगा। बिल्कुल इसी क्षण होगा।" इसी के साथ अशोक ने राजमुकुट अपने सिर पर धारण कर लिया और राजा की तलवार को अपने हाथों में उठा लिया।

अशोक की ये हिम्मत देखकर राजा बिंदुसार की तो जैसे आंखें

पथरा गईं। वो कुछ बोलना तो चाहते थे, लेकिन बोल नहीं पाए और निढाल हो कर बिस्तर पर गिर पड़े। बाकी लोग अशोक के पीछे-पीछे बिंदुसार के कक्ष से बाहर चले गए। दिन ढलने तक पूरे राज्य में ख़बर फैल गई कि अशोक ने पाटलिपुत्र पर कब्ज़ा कर लिया।

इसी के साथ अशोक, चंद्रगुप्त मौर्य और राजा बिंदुसार के बाद, मौर्य वंश का तीसरा शासक बना। लेकिन पाटलिपुत्र की राजगद्दी पर बैठने भर से अशोक के लिए सत्ता की लड़ाई खत्म नहीं हुई। पाली में लिखे बौद्ध ग्रंथ महावंश में कहा गया है कि अशोक ने सत्ता पर कब्ज़ा करने के लिए अपने सौ में से निन्यानबे भाइयों को मार डाला, हालांकि एक दूसरी जगह पर छह भाइयों को मारने की बात कही गई है। जबकि एक शिलालेख में अशोक ने उन अधिकारियों का ज़िक्र किया है जिन्हें दूसरे कामों के अलावा उनके भाइयों, बहनों एवं अन्य संबंधियों के परिवारों के कल्याण का काम देखना था। मोटे तौर पर इसका अर्थ ये निकाला जाता है कि अशोक ने अपने सभी सौतेले भाइयों को मारा नहीं था। संभव है कि महावंश में निन्यानबे भाइयों को मारने की बात बढ़ा-चढ़ा कर लिखी गई हो। लेकिन मौर्य साम्राज्य को पूरी तरह से अपने अधीन करने के लिए अशोक को लंबी लड़ाई लड़नी पड़ी और इस पूरे संघर्ष के केंद्र में अशोक का सबसे बड़ा भाई सुशीम था।

अशोक द्वारा राजगद्दी हथियाने से तिलमिलाया हुआ सुशीम तक्षशिला से पाटलिपुत्र रवाना हो चुका था। राधागुप्त, सुशीम के पाटलिपुत्र की सीमा तक पहुंचने की ख़बर लेकर अशोक के पास पहुंचे। उनके साथ मगध के सेनापति और उप-सेनापति भी थे।

"महाराज, सुशीम पाटलिपुत्र की घेराबंदी कर रहा है। ख़बर है कि

वो कल ही पूरी शक्ति से पाटलिपुत्र में प्रवेश करने का प्रयत्न करेगा।"

ये सुनकर अशोक ने राधागुप्त से सवाल किया, "तो अब हमारी रणनीति क्या है महामात्य?"

राधागुप्त इस सवाल के लिए शायद पहले से तैयार थे। वो तुरंत बोले, "महाराज, पाटलिपुत्र के चार प्रवेश द्वार हैं। आपकी अगर आज्ञा हो तो पश्चिमी द्वार पर सेना का नेतृत्व मैं करूं।"

अशोक ने सहमति जताते हुए कहा, "मैं पूर्वी द्वार पर रहूंगा और आप दोनों सेनापति उत्तरी और दक्षिणी द्वार पर।"

लेकिन राधागुप्त की बात अभी पूरी नहीं हुई थी। वो अशोक से बोले, "महाराज, अगर युद्ध से पहले ही हम युद्ध के कारण का अंत कर दें तो?"

राधागुप्त की बात सुनकर प्रमुख सेनापति तपाक से बोले, "महामात्य क्या आप सुशीम की हत्या के संकेत दे रहे हैं?"

राधागुप्त ने कहा, "जी सेनापति, हत्या तो होगी ही लेकिन युद्ध नहीं होगा।"

सेनापति को बात समझ नहीं आई, इसलिए उन्होंने फिर पूछा, "महामात्य, मैं समझा नहीं। आपकी बात का यही तो मतलब हुआ न कि युद्ध के दौरान ही उसे मारा जाएगा?"

राधागुप्त ये सुनकर हल्के से मुस्कुराए और अशोक की ओर देखते हुए बोले, "महाराज पूर्वी द्वार पर आपसे आगे आपका पुतला होगा।"

अब हैरान होने की बारी अशोक की थी। उन्होंने पूछा, "मेरा पुतला! मैं कुछ समझा नहीं महामात्य।"

राधागुप्त ने बताया, "जी महाराज, आपसे आगे काठ के हाथी पर

आपका पुतला रखा जाएगा।"

ये सुनकर वहां मौजूद उप सेनापति भी चुप नहीं रह सके और उनकी बात को काटते हुए बोले, "लेकिन, इससे क्या लाभ होगा महामात्य?"

राधागुप्त ने उनकी तरफ़ देखा और आगे बोले, "उस काठ के हाथी के चारों ओर गहरा गड्ढा खोदा जाएगा और उस गड्ढे में हम जलता हुआ कोयला और लकड़ी डाल कर ढंक देंगे।"

अशोक काठ के पुतले की पूरी योजना समझ गए थे लेकिन उनके दिमाग में अब भी एक सवाल बाकी था। उन्होंने राधागुप्त से कहा, "ये तो ठीक है महामात्य। लेकिन सुशीम पूर्वी द्वार पर ही आक्रमण क्यों करेगा? वो पश्चिमी, उत्तरी, दक्षिणी द्वार कहीं पर भी हमला कर सकता है।"

राधागुप्त का चेहरा बता रहा था कि वो अशोक के इस प्रश्न का जवाब भी साथ लेकर आए थे। अब उन्होंने कहा, "आपने सही कहा महाराज, लेकिन आप निश्चिंत रहिए। वो पूर्वी द्वार पर ही हमला करेगा, जहां काठ के हाथी पर काठ के महाराज बैठे होंगे, क्योंकि मैं उसे इसके लिए उकसाऊंगा।"

अब मुस्कुराने की बारी अशोक की थी। राधागुप्त और दोनों सेनापति उन्हें नमन करते हुए कक्ष से बाहर चले गए।

अगली सुबह जब मगध के आसमान में सूरज चढ़ा तो राजकुमार सुशीम, और सम्राट अशोक की सेनाएं आमने-सामने थीं। मगध के महामात्य राधागुप्त खुद घोड़े पर सवार होकर राजकुमार सुशीम को चुनौती देते हुए बोले, "राजकुमार सुशीम, मेरा तुमसे विरोध नहीं। मैं

तो केवल मगध की राजगद्दी का सेवक हूं।। इसीलिए मैं तुमसे कहना चाहता हूं कि सेनानायक और महामात्य के वध से तुम्हें मगध साम्राज्य का सिंहासन नहीं मिलने वाला। अगर तुममे सामर्थ्य है तो पहले महाराज अशोक पर विजय पाओ।"

राधागुप्त की चुनौती को स्वीकार करके सुशीम ने अपना रुख पाटलिपुत्र नगर के पूर्वी दरवाज़े की ओर कर लिया। और इसके बाद ठीक वैसा ही हुआ जिसकी व्यूह रचना महामात्य राधागुप्त ने की थी। राजकुमार सुशीम ने काठ के हाथी पर बैठे महाराज अशोक के पुतले को असली समझा। वो गुस्से में उनकी ओर आक्रमण करने लिए लपका और करीब आने पर उस गड्ढे में गिर गया, जिसमें जलते कोयले बिछाए गए थे।

इस तरह अशोक और उसके साथियों ने कोयले के अंगारों में सुशीम को गिरा कर मार डाला। इतिहास बताता है कि 272 ईसा पूर्व में राजा बिंदुसार की मृत्यु हुई। उसके चार साल बाद पाटलिपुत्र के सिंहासन पर अशोक का औपचारिक राज्याभिषेक हुआ। अब अशोक सिर्फ अशोक नहीं था, वो सम्राट देवनामपिय पियदस्सी अशोक था। देवनामपिय मतलब देवों के प्रिय और पियदस्सी मतलब देखने में सुंदर। लेकिन इसके बाद अशोक का जो रूप सामने आता है उसकी कल्पना भी आज मुश्किल है।

अशोक के उस रूप को चंडअशोक कहते हैं। मतलब क्रूर, निर्दयी, और किसी पर रहम न खाने वाला अशोक। कहा जाता है कि अशोक के हरम में सैकड़ों महिलाएं थीं। ये स्त्रियां अशोक की सेवा और आमोद-प्रमोद में लिप्त तो रहती थीं, लेकिन उनमें से कई ऐसी थीं जो

उसे छूना तक पसंद नहीं करती थीं, क्योंकि उसकी त्वचा बहुत रूखी थी। अशोक को इस बात का पता चल गया। एक रात जब अशोक अपने हरम की स्त्रियों के साथ मौज-मस्ती में लिप्त था, तो एक स्त्री के ऐसे ही व्यवहार पर वो अचानक बेहद क्रोधित हो गया और चिल्लाने लगा, "नगर नायक, नगर नायक। कहां हो? जल्दी हाज़िर हो।"

अशोक का क्रोध देखकर सभी लड़कियां सहम गईं। लेकिन अशोक ने जैसे फिर से रंग बदला और मुस्कुराने लगा। लड़कियों ने राहत की सांस ली। इस बीच नगर नायक भी अशोक के सामने आकर शीश झुकाए खड़ा हो गया। मुस्कुराता हुआ अशोक नगर नायक से बोला, "नगर नायक, तुम्हें कुछ पता है, इस महल में क्या हो रहा है?"

नगर नायक, अशोक की भावना बूझ नहीं पाया। वो बोला, "नहीं महाराज। मैं नहीं जानता।"

यह सुनकर अशोक एक दासी बोला, "बड़े नादान हो। तुम्हें इतना भी नहीं मालूम कि इस महल में मौजूद युवतियों और स्त्रियों को सम्राट देवनामपिय पियदस्सी अशोक को छूने में घृणा होती है। बताओ इस अपराध की क्या सज़ा हो सकती है?"

अशोक के इतना कहते ही सभी लड़कियों को जैसे फिर से सांप सूंघ गया। उनके चेहरे का रंग उतरते देख अशोक के चेहरे पर एक कुटिल मुस्कान तैर गई। वो फिर नगर नायक से बोला, "बोलते क्यों नहीं? बताओ इन्हें क्या सज़ा दी जाए?"

सकपकाया हुआ नगर नायक बोला, "महाराज इन्हें कारावास में बंद करके भूखे रखा जाए।"

अशोक ये सुनकर हंसने लगा और हंसते-हंसते एकदम रुककर

बोला, "बस! नहीं-नहीं, इतने बड़े अपराध की इतनी छोटी सज़ा? ऐसा करो इन सभी को इनके कपड़ों से लपेट कर जला दो।"

नगर नायक सुनकर सन्न रह गया, लेकिन फिर भी हिम्मत करके उसने सवाल किया, "सभी को महाराज?"

अशोक ने जवाब में बस सिर हिलाया। अगले ही पल हरम में कोहराम मच गया। लड़कियों के बाल पकड़ कर उन्हें घसीट कर ले जाया गया और अशोक की आज्ञा के अनुसार उन्हें ज़िंदा ही आग के हवाले कर दिया गया।

अशोक की क्रूरता की यह कहानी अकेली नहीं है। ऐसे कई किस्से अशोकवदान में आते हैं। जैसे अशोक के दरबार में सवाल-जवाब करने वाले कई मंत्रियों की उसने निर्ममता से अलग-अलग तरीकों से हत्या करवा दी थी। अशोक के क्रूर स्वभाव का एक उदाहरण अशोक का नरक भी है। कहा जाता है कि अशोक के इस नरक में चंदगिरि नाम का कुख्यात व्यक्ति यातना देने का काम करता था। अशोक के नरक को देखने की बात चीनी यात्री ह्वेनसांग ने भी की है। वैसे अशोक के इस यातना गृह के प्रमाण होने के बावजूद ये माना जाता है कि बौद्ध साहित्य में अशोक की क्रूरता की कहानियों को बढ़ा-चढ़ा कर लिखा गया है जिससे बौद्ध धर्म को मान लेने के बाद उसमें आए परिवर्तन और भी ज़्यादा प्रभावशाली लगें। इस विचार की पुष्टि जानी-मानी इतिहासकार नयनजोत लाहिड़ी भी करती हैं। उनका मानना है कि अगर आप किसी राजा को इतना क्रूर बताएं कि वो अपने ख़िलाफ़ एक शब्द भी पसंद न करता हो, और फिर आप ये बताएं कि बौद्ध धर्म अपनाने के बाद उसके जीवन में पूरी तरह परिवर्तन आ गया हो, और

वो इतना संवदेनशील और धार्मिक हो गया तो इसका ये मतलब है कि आप इस परिवर्तन का सीधा-सीधा श्रेय बौद्ध धर्म को दे सकते हैं। हालांकि लाहिड़ी का यह भी कहना है कि जब अशोक की क्रूरता का ज़िक्र इतने सारे ग्रंथों में है तो इसका सीधा मतलब ये है कि इन बातों में कुछ तो सच्चाई होगी ही।

सम्राट अशोक के जीवन में महानता से पहले क्रूरता का अध्याय भी बेहद अहम है। जैसा कि हमने ऊपर कहा है, इस क्रूरता की हदें सवालों के घेरे में भी हैं। लेकिन सम्राट अशोक से जुड़ा एक बड़ा सवाल तो ये भी है कि उन्होंने बौद्ध धर्म को कब अपनाया? अपनाया तो किस हद तक अपनाया? आमतौर पर माना जाता है कि कलिंग युद्ध में हुई हिंसा की वजह से वो अहिंसावादी राजा बन गया। इसमें कितनी सच्चाई है? इस तरह के कई सारे सवाल हैं जिनके सीधे जवाब ढूंढ़ना मुश्किल है, पर कुछ घटनाएं हैं जो अशोक के जीवन में आए बदलाव की वजह बनती हुई दिखाई देती हैं। इन्हीं में से एक है निग्रोध नाम के एक बौद्ध संन्यासी से अशोक की मुलाकात।

महावंश ग्रंथ में निग्रोध नाम के युवा बौद्ध संन्यासी का ज़िक्र आता है। एक दिन निग्रोध महल के सामने से गुज़र रहा था, कि महल की खिड़की पर खड़े सम्राट अशोक की नज़र उस पर पड़ी। उसे देखकर अशोक को जाने क्या लगा कि उस बौद्ध संन्यासी को महल के अंदर बुलवाया लिया।

राजदरबार में महामात्य राधागुप्त, सेनापति सहित सभी राजदरबारी अपने-अपने स्थान पर बैठे थे। सम्राट अशोक राज सिंहासन पर थे। जैसे ही वो बौद्ध संन्यासी राजदरबार में पहुंचा, सम्राट अशोक ने उसे

इशारा करके अपने निकट बुलाया। निकट आने पर सम्राट अशोक ने संन्यासी युवक से पूछा, "श्रमण तुम्हारा नाम क्या है?"

"महाराज मेरा नाम निग्रोध है। मैं एक बौद्ध संन्यासी हूं। मेरे पिता का नाम राजकुमार सुशीम था।"

ये सुनकर राजदरबार में जैसे सन्नाटा पसर गया। सब अवाक होकर एक दूसरे को देखने लगे। सम्राट अशोक एक झटके में अपने सिंहासन से खड़ा हो गया। जो सुशीम कल तक अशोक का सबसे बड़ा शत्रु था, उसी सुशीम का बेटा आज मगध सम्राट अशोक के सामने एक संन्यासी के रूप में खड़ा था। कल सुशीम को परास्त कर, मार कर अशोक मगध की राजगद्दी पर बैठा था और आज उसका बेटा उसके सामने निडर खड़ा था। उस संन्यासी की आंखों में न क्रोध था और न भय।

कुछ पल बाद सम्राट अशोक सिंहासन के सामने लगी सीढ़ियों से उतरकर नीचे आया और युवक के कंधों पर हाथ रखकर बोला, "सुशीम का पुत्र निग्रोध। सुशीम का पुत्र निग्रोध। श्रमण "निग्रोध, तुम जहां चाहो, आसन ग्रहण करो।" सम्राट अशोक का आदेश सुनकर निग्रोध चारों तरफ़ देखने लगा। दरबार में सभी व्यक्ति अपने-अपने स्थान पर बैठे थे और उसे सिर्फ़ राजगद्दी ही ऐसी जगह दिखी जो खाली थी। वो बिना कुछ सोचे, राजगद्दी की तरफ़ बढ़ा और वहीं जा कर बैठ गया। दरबार में किसी की कुछ कहने की हिम्मत नहीं हुई, क्योंकि सबने देखा कि उसके पीछे जाकर खुद सम्राट अशोक उसके चरणों में बैठ चुके थे।

अशोक का भतीजा निग्रोध अब राजगद्दी पर बैठा था और उसके

चरणों के पास बैठा अशोक उससे उसके संप्रदाय के बारे में बात करता रहा। महावंश ग्रंथ के मुताबिक निग्रोध ने उसे गौतम बुद्ध के उपदेशों के बारे में बताया। कहा जाता है कि इस घटना के बाद क्रूर और निर्दयी माना जाने वाला अशोक धर्मअशोक बन गया। इसमें एक और बौद्ध भिक्षु मोगालीपुत्त तिस्स की भी बड़ी भूमिका बताई जाती है।

ठीक ऐसी ही एक घटना का ज़िक्र एक दूसरे बौद्ध ग्रंथ अशोकवदान में भी है जहां निग्रोध की जगह समुद्र नाम का एक दूसरा भिक्षु अशोक से मिलता है और उसका हृदय परिवर्तन कर देता है।

वैसे इन कहानियों से अलग ज़्यादातर इतिहासकार ये मानते हैं कि किसी एक घटना या व्यक्ति की वजह से अशोक का रुझान बौद्ध धर्म की तरफ़ नहीं हुआ था।

कुछ का मानना है कि कलिंग युद्ध में हुए संहार, रक्तपात और हिंसा का उस पर खासा प्रभाव पड़ा था, लेकिन उससे पहले से ही अशोक का हृदयपरिवर्तन होने लगा था।

आज के कर्नाटक के बेल्लारी में स्थित एक शिलालेख में अशोक ने इस बात का ज़िक्र भी किया था। इस शिलालेख के मुताबिक अशोक ने कहा था, "मुझे बौद्ध उपासक बने हुए ढाई साल बीत गए हैं। प्रारंभ में मैं बहुत ज़्यादा उत्साही नहीं था लेकिन पिछले एक साल में मैं स्वयं को संघ के करीब पाता हूं।"

वैसे एक मान्यता ये भी है कि बौद्ध धर्म को अपनाने के पीछे राजनीतिक कारण ज़्यादा प्रभावी थे। इस मान्यता के मुताबिक कहा जाता है कि मौर्य दरबार में ब्राह्मण मंत्री और अधिकारियों का दबदबा था। ऐसा माना जाता है कि मौर्य साम्राज्य के संस्थापक चंद्रगुप्त अपने

अंतिम दिनों में जैन हो गए थे, जबकि राजा बिंदुसार आजीविक संप्रदाय को मानने लगे थे। इसके बावजूद मौर्य वंश के दरबार और राजकाज में ब्राह्मणों का वर्चस्व था, जो अशोक के समर्थक नहीं थे। इनके वर्चस्व को तोड़ने के लिए ही अशोक ने बौद्ध संन्यासियों को बढ़ावा दिया। कुछ बौद्ध ग्रंथों में अशोक द्वारा 50 हज़ार ब्राह्मणों को राजाश्रय यानी राजा से मिलने वाली सहायता बंद करने का भी ज़िक्र आता है।

वैसे ज़्यादातर इतिहासकार सैद्धांतिक रूप से इस बात पर एकमत हैं कि सम्राट अशोक के क्रूर और निर्दयी शासक से एक धर्मपरायण राजा बनने में सबसे बड़ी भूमिका कलिंग युद्ध की है। आज का ओड़िशा राज्य, मौर्य काल में कलिंग कहलाता था। पूर्व में बंगाल की खाड़ी से सटा कलिंग राज्य, मौर्य युग में एक स्वतंत्र और शक्तिशाली राज्य था। चंद्रगुप्त और बिंदुसार की कोशिशों के बावजूद कलिंग मौर्य साम्राज्य का हिस्सा नहीं बन पाया था। वे कभी भी उस पर विजय नहीं पा सके थे। इसीलिए कलिंग हमेशा अशोक की आंखों का कांटा बना रहा। कलिंग को जीतना अशोक के चक्रवर्ती राजा बनने के स्वप्न को पूरा करने के लिए कितना ज़रूरी था, इसका विश्लेषण करते हुए इतिहासकार माखनलाल कहते हैं कि संभवत: कलिंग उस दौर का काफ़ी बड़ा राज्य था। अगर उस समय का भारत का मानचित्र देखें तो असम से लेकर अफ़गानिस्तान तक और कश्मीर से लेकर मैसूर तक के बीच कलिंग एक ऐसा छोटा सा हिस्सा नज़र आएगा, जिसे भारत के मानचित्र से अलग नहीं माना जा सकता। हो सकता है कि अशोक को भी ये लगा हो कि जब तक इस छोटे लेकिन अहम हिस्से को उसके राज्य के मानचित्र में शामिल

न किया जाए तब तक वो सही मायनों में वैसा चक्रवर्ती सम्राट नहीं बन पाएगा, जिसकी कल्पना चाणक्य ने की थी।

शायद इसीलिए अशोक को कलिंग का युद्ध हर हाल में जीतना ही था। अगर वो किसी वजह से हार जाता तो इससे अशोक और शक्तिशाली मौर्य साम्राज्य के बोलबाला पर प्रश्नचिह्न लग जाता। अशोक के शासन के आठवें साल में लड़े गए इस युद्ध में अशोक द्वारा पूरी ताक़त लगा देने के बावजूद कलिंग की विशाल सेना को कुचलना आसान नहीं था। कलिंग से अशोक की सेना को कड़ी चुनौती मिल रही थी। युद्ध के मैदान में दोनों तरफ़ से सेनाओं का हाहाकार मचा हुआ था, रक्त जैसे पानी की तरह बह रहा था, लेकिन तब भी युद्ध खत्म होने का नाम नहीं ले रहा था। कहा जाता है कि इस युद्ध के लंबा खिंचने से अशोक त्रस्त हो गया था।

सेनानायक की उसकी पसंदीदा पोशाक ही अब उसे जैसे चुभने लगी थी। उसके चेहरे और शरीर को देखकर लगता था कि वो युद्ध में बुरी तरह व्यस्त है। इसलिए थकान उस पर हावी होने लगी थी। ऐसे ही थका-मांदा वो एक रात युद्ध शिविर में बैठा था कि तभी तेज़ी से एक सेनानायक उसके लिए समाचार लेकर शिविर में दाखिल हुआ।

विचारमग्न अशोक ने उसे देखकर भी जैसे अनदेखा कर दिया। कुछ पल इंतजार करने के बाद सेनानायक अशोक से युद्ध समाचार देने का इशारा पाते ही बोला, "महाराज, आज हमें सफलता मिली है। हमने कलिंग के 3000 हज़ार पदाती और 100 घुड़सवार सैनिकों को मार डाला है।"

कई दिनों बाद अशोक को अपनी सेना की सफलता का समाचार

मिला, लेकिन उसके चेहरे के भाव नहीं बदले। ये देखकर सेनानायक अशोक़ को नमन करके चुपचाप वापस लौट गया।

अगली रात सेनानायक फिर से अशोक के पास आया और उसने युद्ध में मगध की सेना की सफलता का समाचार सुनाया, "महाराज, बधाई हो। मगध की पताका जल्दी ही कलिंग के किले पर लहराएगी। आपके नेतृत्व में हमारे सैनिकों ने उनके किले के द्वार को ध्वस्त कर दिया है।"

लेकिन उम्मीद से परे आज भी सेनानायक को अशोक के चेहरे पर प्रसन्नता का कोई भाव नहीं दिखा। वो फिर चुपचाप वापस लौट गया। कहते हैं कि कलिंग युद्ध के दौरान अशोक हर रोज़ जब शिविर में लौटता, उसके चेहरे पर थकान और निराशा पहले से बढ़ी हुई दिखाई देती। जैसे-जैसे युद्ध के दिन बढ़ते गए, अशोक युद्ध से खिन्न नज़र आने लगा और उसे युद्ध से घृणा होने लगी। शायद इसीलिए जब अशोक की सेना युद्ध में जीत की दहलीज पर पहुंची, तब भी अशोक को ख़ुशी नहीं हुई। असल में युद्ध में हो रहे भयंकर विनाश और रक्तपात से अशोक गहरी व्यथा में डूबता जा रहा था। वो अंदर ही अंदर टूटने लगा था। उसकी आंखों के आगे हर पल युद्ध के दृश्य घूमने लगे थे। एक शाम ऐसे ही अशोक ढलते हुए सूरज को टकटकी लगाए देख रहा था। अचानक उसे युद्ध भूमि में रोने-चीखने की आवाज़ सुनाई देती है। वो चौंक पड़ा, उसने चारों तरफ़ नज़रें घुमाकर देखा लेकिन आसपास उसे कोई नज़र नहीं आया। अशोक इधर-उधर देखता हुआ आगे बढ़ा और एक बार फिर उसे किसी महिला और बच्चे की रोने की आवाज़ सुनाई पड़ी। वो एकाएक ठिठक कर रुक गया। जब

वो आगे बढ़ा तो एक बार फिर घोड़ों की तेज़ टाप, हाथी के चिंघाड़ने की आवाज़ और चीख-पुकार की आवाज सुनाई पड़ी। अशोक डर के मारे दौड़ने लगा और फिर हांफता हुआ घुटनों के बल पर बैठ गया।

अशोक की आंखों में आंसू दिखाई देने लगे। इतने में अशोक के सामने, सेनानायक आया। उसके एक हाथ में तलवार है और दूसरे में एक झंडा। वो खुश होकर बोला, "महाराज की जय हो। महाराज, विजय का बिगुल बज चुका है। मगध की सेना ने कलिंग पर विजय पाई। मेरे हाथ में कलिंग के राजा की ये तलवार है। आप कहें तो उसका कटा हुआ सिर आपके चरणों में डाल दें।"

उम्मीद से परे, अशोक उसकी ओर भाव शून्य चेहरे से देख रहा था। अशोक की इस भावशून्यता को सेनानायक समझ नहीं पाता। अगले ही पल अशोक ने उसे वहां से जाने का इशारा किया। वो कलिंग के राजा की तलवार और झंडा वहीं छोड़ कर चला गया।

सेना की जीत की ख़बर भी अशोक को प्रसन्नता नहीं देती, उसकी आंखों में अब पश्चाताप का पानी आंसू बनकर बहने लगा और रोते रोते वो बोला, "रक्त ही रक्त। मेरी आंखों के सामने हर समय मृत्यु का दृश्य क्यों घूमता रहता है? मुझे हर क्षण लोगों की चीख और रोने की आवाज़ क्यों सुनाई देती है? एक लाख लोग मारे गए, एक लाख! लेकिन क्यों? नहीं, अब और नहीं।"

घुटनों के बल ज़मीन पर बैठे अशोक ने उठ कर चलने की कोशिश की, लेकिन वो लड़खड़ा कर गिर पड़ा। तभी सामने से उसे कुछ बौद्ध भिक्षु जाते हुए दिखे, शायद ईश्वर की ओर से ये उसके लिए जीवन परिवर्तन का इशारा था।

कलिंग युद्ध में अशोक की जीत हुई लेकिन युद्ध के बाद अशोक जब पाटलिपुत्र लौटा तो वो बिल्कुल बदल चुका था। अशोक सत्य, अहिंसा और सदाचार की बातें करने लगा था। तो क्या सम्राट अशोक संन्यासी बन गया? नहीं। दरअसल ये सम्राट अशोक का नया अवतार था, जिसकी भूमिका युद्ध के दौरान लिखी गई। इस भूमिका को अशोक ने विजय के बाद कलिंग में ही खुदवाए शिलालेखों में उकेरा। इन शिलालेखों में अशोक की ओर से लिखा गया है, "अपने अभिषेक के आठ वर्ष बाद देवताओं के प्रिय राजा पियदस्सी ने कलिंग पर विजय प्राप्त की। डेढ़ लाख व्यक्ति देश से निष्कासित किए गए। एक लाख मारे गए और इससे कई गुना बरबाद हो गए। उसके बाद, अब जबकि कलिंग को साम्राज्य में मिला लिया गया है, कलिंग जीतने के बाद देवताओं के प्रिय को पश्चाताप हुआ क्योंकि देवताओं के प्रिय को यह देखकर बहुत दुख और खेद हुआ कि एक स्वतंत्र देश को जीतने में अनेक लोगों की हत्या, मृत्यु और देश से निष्कासन होता है। कलिंग की विजय में जितने व्यक्ति मारे गए, या निष्कासित किए गए, आज अगर उनके शतांश या सहस्त्रांश को भी दुख पहुंचे तो देवताओं के प्रिय को गहरी पीड़ा होगी। देवताओं के प्रिय धम्म विजय को प्रमुख विजय मानते हैं। यह 'धम्म' लेख इसलिए खुदवाया गया है, जिससे मेरे पुत्र या प्रपौत्र नए देश जीतने की इच्छा त्याग दें और अगर कभी वे नया देश विजय भी करें तो उन्हें संयम और हल्के दंड से संतुष्ट रहना चाहिए। उन्हें 'धम्म' विजय को ही असली विजय मानना चाहिए।"

शिलालेखों में अशोक ने जो कुछ लिखवाया, उस पर स्वयं आजीवन अमल किया। सैकड़ों वर्ष पहले ये सचमुच एक बड़ी घोषणा थी।

अशोक ने कहा कि अब उसका साम्राज्य विस्तार युद्ध से नहीं, धर्म के रास्ते होगा। वो धम्मविजय करेगा।

इतिहासकार मानते हैं कि अशोक के मन की इस पीड़ा, उसके बदले हुए विचारों को, इन शिलालेखों पर उकेरा गया, और फिर ये इतिहास के सबसे खास दस्तावेज़ों में शामिल हो गए। इतिहासकार माखनलाल कहते हैं कि कलिंग युद्ध के बाद अशोक ने जिस तरह शिलालेखों में युद्ध और उससे हुई हानि के लिए खुद को दोषी ठहराया और क्षमा मांगी वैसा इतिहास में दोबारा कभी देखने को नहीं मिला। वो कहते हैं, "अशोक द्वारा लिखवाए गए ये अभिलेख, जिन्हें अंग्रेज़ी में रॉक एडिक्ट कहा जाता है, उपलब्ध इतिहास में दुनिया का सबसे बड़ा दस्तावेज़ हैं। धौली, उड़ीसा में कलिंग युद्ध के बाद जो लिखा गया और उसमें राजा जो अफसोस ज़ाहिर करता है, जिस तरह से वो कलिंग के लोगों से क्षमा-याचना करता है। वो उनसे कहता है कि मेरे द्वारा आप लोगों पर जो अत्याचार हुआ है, मेरे कारण लाखों लोग मारे गए, लाखों घायल हुए, हज़ारों माताओं के लाल छिन गए, लाखों स्त्रियों का सुहाग उजड़ गया यानी मेरी वजह से जो जो भी क्षति हुई मैं उसके लिए माफ़ी मांगता हूं। विश्व के इतिहास में कभी किसी राजा ने ये बात नहीं लिखी है।"

शायद इस आत्मग्लानि का ही असर था कि सम्राट अशोक का जब हृदय-परिवर्तन हुआ तो वो पूरी तरह से बौद्ध धर्म में रम गया। हां कुछ मायनों में वो बौद्ध धर्म के बाकी अनुयायियों से अलग था। अशोक का धम्म यानी धर्म, बौद्ध धर्म से बिल्कुल अलग था। अशोक के धम्म का अर्थ था नैतिक आचरण। अशोक की धम्म नीति असल में राजा-प्रजा

से लेकर शासन से जुड़े अधिकारियों के कर्तव्य और आचरण की ऐसी आचार संहिता थी जिसके पालन में ही सबका कल्याण था। अशोक ने अपने बारहवें शिलालेख के एक हिस्से में लिखवाया, "देवताओं के प्रिय, दान या सम्मान को इतना महत्वपूर्ण नहीं मानते जितना इस बात को कि सभी संप्रदायों की मूलभावना का फैलाव हो। इसके लिए बोलचाल में संयम बहुत ज़रूरी है। लोग मौके-बेमौके अपने संप्रदाय की प्रशंसा और दूसरे संप्रदायों की निंदा न करें या कभी निंदा हो भी तो संयम के साथ। हर अवसर पर दूसरे संप्रदायों का आदर करना चाहिए क्योंकि ऐसा करने से व्यक्ति अपने संप्रदाय की उन्नति और दूसरे संप्रदायों का उपकार करता है।"

वहीं छठे मेजर रॉक एडिक्ट यानी दीर्घ शिलालेख में अशोक ने कहा, "पहले हर समय न काम तेज़ी से होता था और न ही उसके बारे में जानकारी मिलती थी। लेकिन अब मैंने इसका यह प्रबंध किया है। हर समय चाहे मैं भोजन कर रहा हूं, चाहे अंत:पुर में, चाहे शयनकक्ष में, चाहे पशुशाला में, चाहे सवारी पर, चाहे बाग में, सब जगह प्रतिवेदक मुझे प्रजा का हाल बताएं।"

आज सूचना क्रांति के युग में हमें एक शासक के जनता के लिए हर समय उपलब्ध होने की बात साधारण लग सकती है, लेकिन एक पल के लिए सैकड़ों वर्ष पहले के उस समय की कल्पना कीजिए जब अशोक ने ये काम करके दिखाया। दिल्ली विश्वविद्यालय में इतिहास विभाग की प्रोफेसर जया एस। त्यागी इसलिए अशोक के इस कदम, और उसके द्वारा किए इस काम को कतई साधारण नहीं मानतीं। उनका कहना है, "दो हज़ार साल पहले किसी शासक का आम जनता के

बारे में इतना सोचना कि हर पल खुद को जनता की सेवा के लिए उपलब्ध कराने की पहल करना अशोक की संवेदनशीलता को दिखाता है।" जनता के दुख, उसकी आवश्यकताओं को समझने की उसकी यही क्षमता उसको महान शासकों की श्रेणी में अग्रणी बनाती है। इसलिए आज तक अशोक की यही चेतना, आधुनिक कल्याणकारी राज्य की शासन प्रणाली की नींव है।

आज से सैकड़ों वर्ष पहले अशोक के अंत:करण से एक ऐसे कल्याणकारी राज्य की अवधारणा ने जन्म लिया था, जिसे आज भी शासन की आदर्श स्थिति माना जा सकता है। इसी सोच से प्रेरित होकर अशोक ने सड़कों पर जगह-जगह बरगद और आम के वृक्ष लगावाए। अशोक का कहना था कि इससे इंसान ही नहीं पशुओं को भी छाया मिलेगी। उसका कहना था कि आठ कोस की दूरी पर कुएं खुदवाए जाने चाहिए, ताकि सबको जल मिले। ठहरने के लिए जगह-जगह सराय का निर्माण करवाया जाए। लोगों के अलावा पशुओं के लिए भी चिकित्सालय खोले जाएं। उनकी औषधियों के लिए जड़ी-बूटी का प्रबंध किया जाए। इस तरह देखें तो अशोक के दिल में सिर्फ़ इंसानों ही नहीं, संपूर्ण प्राणीमात्र के लिए दया का भाव था।

अशोक के जीवन में आया ये परिवर्तन ऐतिहासिक था और इन भावनाओं ने अशोक के बाद के शासकों की नीतियों पर भी दूरगामी परिणाम डाले। इतिहासकार नयनजोत लाहिड़ी कहती हैं कि कलिंग युद्ध के बाद अशोक ने इंसानों के साथ साथ जीव-जंतुओं के लिए भी जो नम्रता दिखाई वो बेहद उल्लेखनीय है। उनका कहना है कि एक दौर का सबसे क्रूर शासक अशोक अब बेहद संवेदनशील हो गया था।

ये उसकी संवेदनशीलता की पराकाष्ठा ही थी कि उसने लोगों से अपने राज्य में गर्भवती बकरियों को भी न मारने की अपील की थी। लाहिड़ी मानती हैं कि इतिहास में ऐसा शायद पहली बार ही हुआ था कि एक राजा अपनी जनता से ऐसी बातें कर रहा था। इसीलिए अशोक का नाम लेकर इन बातों को दोबारा याद करने की ज़रूरत है।

सम्राट अशोक ने अपने संदेश और आदेशों को शिलालेख और स्तंभों के ज़रिए अपने साम्राज्य के हर एक कोने तक फैलाया। बौद्ध ग्रंथों में इसकी संख्या चौरासी हज़ार बताई गई है। चीनी लेखकों फाह्यान और ह्वेनसांग ने ऐसी जगहों पर स्तूप, स्तंभ और शिलालेख होने की बात लिखी हैं जहां आज उनका नामोनिशान नहीं है। संभव है कि अशोक के सभी शिलालेख समय की मार को न झेल पाए हों। आज इतिहासकार इन शिलालेखों को अशोक के विचारों के प्रचार का माध्यम ही नहीं बल्कि उसकी सत्ता के प्रतीक के तौर पर भी देखते हैं। प्रोफेसर जया एस। त्यागी कहती हैं कि अशोक ने इन शिलालेखों को अपने साम्राज्य के कोने-कोने में शायद इसलिए भी फैलाया ताकि वो उसके राज-प्रतीकों का भी काम करें। यह अपने राज्य की सीमाओं के रेखांकन का भी एक कारगर तरीका था। इन शिलालेखों के माध्यम से अशोक ने ये दिखाने की भी कोशिश की कि उसके नियंत्रण के अधीन क्षेत्र कहां तक है।

दूसरी तरफ़ प्रोफेसर त्यागी का ये भी मानना है कि अशोक के समय संपूर्ण मगध राज्य में अशोक का प्रभाव एक सा नहीं था, इसीलिए पहले तो अशोक ने दूर-दराज़ के इलाकों तक में शिलालेख लिखवाए लेकिन फिर स्तंभ के रूप में उन्हें अपने आस-पास, खासकर मगध

के सीधे नियंत्रण वाले इलाकों में जगह दी। प्रोफेसर त्यागी के इसी सिद्धांत को थोड़ा और आगे बढ़ाते हुए इतिहासकार नयनजोत लाहिड़ी कहती हैं कि अशोक द्वारा शिलालेख और स्तंभ बनवाना और उनके माध्यम से अपनी बातें जनता तक पहुंचाना जन-संवाद की पहली सबसे बड़ी कोशिश थी। इससे इस बात की पुष्टि होती है कि सम्राट अशोक भारतीय इतिहास का वो पहला सम्राट था जिसने अपनी प्रजा से सीधे संवाद किया। ये प्रयास अपने आप में अनूठा और दूसरे राजाओं के लिए अनुकरणीय था। सिर्फ़ संवाद ही नहीं जनता के कल्याण के लिए अशोक ने हर वह कोशिश की जो उस वक्त संभव थी।

अशोक के साम्राज्य में अलग-अलग विभागों में बंटा एक प्रशासन तंत्र शहरों से लेकर गांवों तक फैला था। प्रशासन को चलाने के लिए हर स्तर पर कर्मचारियों और अधिकारियों को तैनात किया गया था।

उत्तर-पश्चिम में उत्तरापथ प्रांत था जिसकी राजधानी तक्षशिला थी। अवंति राष्ट्र की राजधानी उज्ञयनी। ओड़िशा के पास कलिंग था, जिसकी राजधानी तोसली थी। दक्षिणापथ की राजधानी सुवर्णगिरी थी। और प्राची की राजधानी थी पाटलिपुत्र। आज के भारत में 29 राज्य और 7 केंद्रशासित प्रदेश हैं, लेकिन अशोक के समय आज की तरह छोटे-छोटे राज्य नहीं थे। तब राज्यों का आकार बड़ा था। इतने बड़े साम्राज्य पर शासन के लिए करीब दो हज़ार तीन सौ साल पहले, अशोक ने कमाल का प्रशासनिक ढांचा खड़ा किया था, जिसकी झलक आज की प्रशासनिक व्यवस्था में भी दिखती है।

अशोक के साम्राज्य में भी अलग-अलग विभागों में बंटा एक प्रशासन तंत्र नगरों से लेकर गांवों तक फैला था। जहां सड़क से लेकर

स्वास्थ्य सुविधा तक के लिए अलग-अलग योजनाएं बनाई गई थीं। प्रशासन को चलाने के लिए हर स्तर पर कर्मचारियों और अधिकारियों को तैनात किया गया था।

अशोक ने गांव में रज्जुक यानी ग्राम प्रशासकों को नियुक्त किया था। कई गांवों के एक समूह पर एक जिलाध्यक्ष को तैनात किया गया। अधिकारियों की मदद के लिए बड़ी संख्या में सहायक कर्मचारियों की नियुक्ति की गई थी। अधिकारी ठीक से काम कर रहे हैं या नहीं इसकी निगरानी के लिए गुप्तचर लगाए गए थे जो सम्राट को अपनी छान-बीन का पूरा लेखा-जोखा भेजते। इस प्रशासनिक व्यवस्था का सबसे बड़ा उद्देश्य यही था कि साम्राज्य में धम्म नीति के मुताबिक काम हो। और धम्म नीति के प्रचार-प्रसार के लिए हर जगह धम्म महामात्रों को नियुक्त किया गया था। प्रोफेसर जया एस। त्यागी कहती हैं कि अशोक का ये तंत्र आज के प्रशासनिक अमले से बहुत मेल खाता है, लेकिन कुछ मायनों में ये शायद और आगे था। उनका कहना है, "आज से अलग तब अशोक की शासन व्यवस्था में जिन धम्म-महामात्रों की नियुक्ति हुई, उनके ज़रिए अशोक लोगों का निजी आचरण सुधारने का प्रयास भी कर रहे थे। यानी उन्होंने प्रशासन को लोगों के घरों तक ही नहीं, बल्कि उनकी निजी ज़िंदगी तक ले जाने का काम भी किया।" इसका मतलब है कि अशोक एक ऐसा शासन तंत्र खड़ा कर रहे थे जो सकारात्मक ढंग से लोगों के जीवन के हर पहलू को प्रभावित करे।

यकीन नहीं होता कि हज़ारों वर्ष पहले अशोक ने देश चलाने के लिए उन नीतियों पर काम किया जो आज किसी सरकार के एजेंडे में होती हैं। अशोक ने प्रजा से कहा कि वो हर धर्म-संप्रदाय का सम्मान

करे। अशोक बौद्ध धर्म का अनुयायी था लेकिन उसने कभी बौद्ध भिक्षु का चोगा नहीं पहना। जबकि अपने प्रयासों से उसने बौद्ध धर्म को विश्व धर्म बना दिया।

युद्ध के ज़रिए अशोक का साम्राज्य भारतीय उपमहाद्वीप तक फैला, जबकि धर्मविजय की जो शुरुआत अशोक ने की उसकी कोई सीमा नहीं थी। पूरब में इंडोनेशिया, दक्षिण में श्रीलंका से लेकर, पश्चिम एशिया, मिस्र और यूनान तक दुनिया के एक बड़े हिस्से में अशोक ने प्रेम और सद्भाव से बौद्ध धर्म को दुनिया का प्रमुख धर्म बनाने में मदद की। अशोक ने लगातार बौद्ध धर्म और उससे जुड़े संघों को बढ़ावा देने की कोशिश की और अपनी मृत्यु के समय तक उसकी कोशिशें जारी रहीं। हालांकि कहा ये भी जाता है कि सम्राट अशोक के जीवन के आखिरी दिनों में उसके उत्तराधिकारी ने बौद्ध भिक्षुओं को दान देने पर रोक लगा दी थी। अशोक ने फिर भी दान देना नहीं छोड़ा। पहले अशोक का खाना सोने के बर्तनों में परोसा जाता था। दान पर रोक लगने पर अशोक ने उन बर्तनों को दान में दे दिया। जब सोने के बर्तन पर रोक लगी तो फिर वो चांदी और कांसे के बर्तन दान में देने लगा। इसके बाद तो भारत के इस महानतम सम्राट को उसके वंशजों ने मिट्टी के बर्तनों में खाना देना शुरू किया।

बूढ़ी, निर्बल काया में ढल चुके सम्राट अशोक के पास अब इतनी भी हिम्मत नहीं थी कि वो अपने साथ हो रहे इस व्यवहार का विरोध कर सके। ऐसे में सम्राट अशोक ने अपने महामंत्री राधागुप्त को बुलाया और उनसे पूछा, "महामात्य राधागुप्त, इस साम्राज्य का सम्राट कौन है? कौन है इसका राजा?"

राधागुप्त भी बस औपचारिक रूप से ही महामंत्री थे। एक और औपचारिकता निभाते हुए वो बोले, "आप ही हैं महाराज, आप ही हैं हमारे सम्राट।"

राधागुप्त को आशा थी कि ये सुनकर शायद अशोक को प्रसन्नता मिले लेकिन उम्मीद से परे बूढ़े अशोक ये सुन कर और रुआंसे हो गए और एक बार फिर राधागुप्त को अपने करीब बुलाकर धीमी आवाज़ में बोले, "मुझे प्रसन्न करने के लिए झूठ मत बोलो राधागुप्त। मैं जानता हूं अब मेरी सत्ता समाप्त हो चुकी है।" अपने दाएं हाथ की मुट्ठी खोलकर राधागुप्त को दिखाते हुए अशोक ने कहा, "अब मेरे अधीन कुछ है तो बस ये..."

मुट्ठी में आंवले का आधा टुकड़ा था।

अक्सर अशोक के लिए पहेलियां खड़ी करने वाले राधागुप्त, आज अशोक की पहेली नहीं बूझ पा रहे थे। अशोक की मुट्ठी में रखे आधे आंवले को कुछ पल देखने के बाद राधागुप्त ने पूछा, "आधा आंवला? महाराज, क्या कह रहे हैं आप? मैं कुछ समझा नहीं।"

अब अशोक ने बहुत सीधे और स्पष्ट शब्दों में राधागुप्त को इस आधे आंवले का अर्थ समझाते हुए कहा, "मेरे आदेशों का अब कोई अर्थ नहीं है राधागुप्त। मेरे आदेश अब उस नदी की तरह हैं जो बार-बार पहाड़ की चट्टानों से टकरा कर लौट जाती है।"

अशोक ने एक सेवक को अपने पास बुलाया। कक्ष में आकर सेवक, राधागुप्त और सम्राट के सामने सिर झुकाकर खड़ा हो गया। अशोक ने उसे और निकट बुलाया और कहा, "मित्र अब मेरी कोई सत्ता नहीं है परंतु क्या तुम मेरी आखिरी इच्छा पूरी करोगे?"

सेवक दुविधा की स्थिति में था, लेकिन उसने सिर हिलाते हुए कहा, "हां कहिए महाराज।"

"इस आधे आंवले को ले कुक्कुतरामा ले जाओ और संघ में दान दे दो। भिक्षुओं को मेरी तरफ़ से तुम दंडवत प्रणाम करना और कहना इस जंबूद्वीप भारतवर्ष के महानतम राजा ने आप सभी के लिए ये उपहार भेजा है। कृपया मेरी इस अंतिम भेट को संघ में मौजूद सभी लोगों के बीच बांट दें।"

सेवक उस आधे आंवले को ले कर चला गया। अशोकवदान में लिखा है कि उस आंवले को शोरबे (सूप) में डाला गया। संघ में मौजूद सभी भिक्षुओं ने उसे ग्रहण किया। दूसरी तरफ़ देवों के प्रिय, प्रियदर्शी अशोक की मृत्यु हो गई।

सम्राट अशोक की मृत्यु के करीब 2300 साल गुज़र चुके हैं, लेकिन उनके विचार आपको हर जगह दिखाई देंगे। हमारे तिरंगे का चक्र, चार सिंहमुख वाला हमारा राष्ट्रीय प्रतीक, अहिंसा के प्रति हमारा रुझान, हमारी धर्मनिरपेक्ष व्यवस्था, इन सभी में अशोक की छाप मिलती है।

(इस अध्याय के लिए जॉन स्ट्रॉन्ग की द लेजेंड्स ऑफ किंग अशोक: अ स्टजी एंड ट्रांसलेशन ऑफ अशोकवदन को आधार बनाया गया है।)

आदि शंकराचार्य

आज तकरीबन 1200 साल पहले की उस घटना की बस कल्पना की जा सकती है। विद्वानों के बीचो-बीच भगवा वस्त्रों में एक दंडीधारी युवा संन्यासी आसन लगाए हुए थे। और उनके ठीक सामने महिला बैठी हुई थीं। इस महिला ने अभी-अभी अपने पति को शास्त्रार्थ में पराजित करने वाले इस युवा संन्यासी को शास्त्रार्थ करने की चुनौती दी थी।

शास्त्रार्थ करते हुए महिला, युवा संन्यासी के सामने एक के बाद एक प्रश्नों की झड़ी लगा रही है। युवा संन्यासी अपने दिव्य ज्ञान और अकाट्य तर्कों से उस महिला के सभी प्रश्नों का संतोषजनक उत्तर देते जा रहे हैं।

अपनी हार सुनिश्चित देखकर महिला अब युवा संन्यासी से कहती है, "आचार्य अब मैं आपसे कामशास्त्र के प्रश्न पूछना चाहती हूं।"

एक ब्रह्मचारी संन्यासी के सामने एक महिला के मुंह से ऐसी बात सुनकर सभी आश्चर्यचकित होकर अपना सिर झुका लेते हैं। लेकिन सभी के चेहरों पर शर्मिंदगी देखकर भी महिला नहीं रुकती। वो संन्यासी से पूछती है, "आचार्य, क्या आप बता सकते हैं कि स्त्री-पुरुष संभोग की कितनी कलाएं हैं? संभोग की अलग-अलग मुद्राएं क्या हैं? पुरुष को आकर्षित करने के लिए, उसे रिझाने के लिए स्त्री कौन-कौन सी विधियां अपनाती है? शरीर के किन अंगों में काम वासना का निवास होता है? पूर्णिमा की ओर बढ़ते हुए और अमावस्या में घटते हुए चंद्रमा की स्थिति के साथ पुरुष और स्त्री अंगों की क्या स्थिति होती है?"

महिला, युवा संन्यासी से एक के बाद एक कामशास्त्र के प्रश्न पूछना जारी रखती है। ऐसे प्रश्न जिन्हें सुनकर संन्यासी का सिर लज्जा

से झुका हुआ है। किंतु महिला के प्रश्नों में अब भी लज्जा का कोई स्थान नहीं है। वो आगे कहती है, "आचार्य संभोग के समय स्त्री कैसे पुरुष पर काम का विस्तार करती है? किन क्रियाओं से संभोग का प्रारंभ होता? इसका चरम क्या है?"

प्रश्न सुनकर युवा संन्यासी थोड़े असहज हो जाते हैं। आखिरकार उन्हें महिला को टोकना ही पड़ता है। वो कहते हैं, "हे माता, एक संन्यासी से इस प्रकार के प्रश्न क्यों?"

इस आपत्ति का जवाब महिला एक प्रश्न के रूप में देती है। वो पूछती है, "तो क्या कामशास्त्र, शास्त्र नहीं है? और फिर आप तो सर्वज्ञ हैं। जितेन्द्रिय हैं। आप कामशास्त्र के प्रश्नों का उत्तर क्यों नहीं देते?"

महिला के इन प्रश्नों के बाद तो मानो सभा में सन्नाटा पसर जाता है।

इतिहास में शायद ऐसे शास्त्रार्थ, वाद-विवाद या बहस का ज़िक्र और कहीं नहीं मिलता, जिसमें एक महिला, आठ साल की उम्र में संन्यास ग्रहण कर लेने वाले एक व्यक्ति से पूछ रही है कि संभोग का चरम क्या है। जबकि वो जानती है कि अगर संन्यासी ने ऐसे प्रश्नों के बारे में सोचा भी तो उनका संन्यास खंडित हो जाएगा। तो फिर इस शास्त्रार्थ का नतीजा क्या हुआ?

इस पूरी कहानी को जानने से पहले आप ये जान लीजिए कि प्रश्न पूछने वाली महिला का नाम उभय भारती था और उसके सामने पसोपेश में पड़े संन्यासी का नाम था शंकराचार्य। ये भारत के वो महान संन्यासी थे, जिनकी लिखी किताबों को हममें से बहुत कम लोगों ने पढ़ा है।

लेकिन जब सवाल जीवन और मृत्यु का हो, व्यक्ति और उसके ईश्वर के बीच के संबंध का हो तो उस संन्यासी के विचार 100 करोड़ से ज़्यादा लोगों के विचार बन जाते हैं। और वो संन्यासी कहलाते हैं जगद्गुरु आदि शंकराचार्य। वही जगद्गुरु शंकराचार्य जिन्होंने आज के भारत को धर्म के धागे से एकता के सूत्र में पिरोया। वो भी आज से 1200 साल पहले, जब भारत राजनीतिक तौर पर ही नहीं बल्कि धार्मिक तौर पर भी बंटा हुआ था। तब धर्म के नाम पर आंडबर था, कर्मकांड था। जिसे आज हम हिंदू धर्म कहते हैं वो 84 से भी ज़्यादा अलग-अलग संप्रदायों में बंटा था। यहां तक कि बौद्ध धर्म में भी तंत्र और मंत्र करने वालों का बोलबाला था। इन हालात से धर्म को निकालने के लिए जगत गुरु आदि शंकराचार्य ने पूरे भारत की पैदल यात्रा की थी। मकसद था भारत को धार्मिक एवं आध्यात्मिक तौर पर एक करना। भारत का शायद ही कोई ऐसा इलाका बचा होगा जहां की यात्रा आदि शंकराचार्य ने नहीं की हो। उन्होंने भारत के हर कोने में अलग-अलग धर्मों और संप्रदायों के विद्वानों से शास्त्रार्थ किया और धर्म विजय की नींव रखी। आज जिस एक आध्यात्मिक भारत की रूपरेखा दुनिया देखती है, उसके रचनाकार भी शंकराचार्य ही हैं। इन्हीं शंकराचार्य की बदौलत आज भारत भूमि के उत्तर में हिमालय की गोद में ज्योतिर्मठ है तो पश्चिम में द्वारका मठ। दक्षिण में श्रृंगेरी मठ धर्म का परचम फहरा रहा है तो पूरब में गोवर्धन मठ। लेकिन जानकार शंकराचार्य की भूमिका केवल धर्म जागरण और आध्यात्मिक चेतना के विकास में ही नहीं मानते।

जवाहरलाल नेहरू विश्वविद्यालय में संस्कृत अध्ययन केंद्र के

डॉक्टर रामनाथ झा कहते हैं कि चाहें रक्षा की दृष्टि से देखें या सामाजिक और सांस्कृतिक एकता की दृष्टि से, अथवा आध्यात्मिक एकरूपता की दृष्टि से, ये समझ में आता है कि शंकराचार्य जैसा दूसरा कोई व्यक्ति भारत के इतिहास में नहीं हुआ जो उनके जैसा चिंतन रखता हो या जिसने उनकी तरह सफल प्रयोग किए हों।

इसी तरह दिल्ली विश्वविद्यालय के संस्कृत विभाग के प्रोफेसर रमेश सी। भारद्वाज का कहना है कि आदि शंकराचार्य द्वारा किया गया धर्म जागरण अपने समय और काल की वजह से भी बेहद महत्वपूर्ण हो जाता है। असल में ये वो समय है जब बौद्ध धर्म भी संक्रमण से गुज़र रहा था। इस समय बौद्ध धर्म हीनयान या महायान नहीं था, वो वज्रयान हो चुका था। इसका मतलब ये है कि तांत्रिक बौद्ध धर्म बहुत ज़्यादा प्रचलन में था, जिसकी वजह से समाज में धर्म के नाम पर अनेक विकृतियां आने लगीं। जिसे हम हिंदू या वैदिक धर्म कहते हैं उसमें भी अनेक संप्रदाय थे। शंकराचार्य ने इन हिंदू धर्मावलंबियों को आपसी संघर्ष की राह से हटाकर उन्हें एक किया, उनकी ये उपलब्धि धार्मिक एकता की दृष्टि से ऐतिहासिक है, और साथ ही उनकी दूरदर्शिता का परिचायक भी।

इस महान दूरदर्शी, दार्शनिक और धर्म की रक्षा करने वाले आदि शंकराचार्य की जीवन यात्रा शुरू होती है केरल के एरणाकुलम ज़िले के कालटी या कलाडी गांव से।

नंबूदिरीपाद ब्राह्मणों के उस गांव में शिवगुरु नाम के एक विद्वान रहा करते थे। कहते हैं भगवान शंकर के आशीर्वाद से उन्हें एक पुत्र हुआ जिसका नाम उन्होंने शंकर रखा। आमतौर पर इतिहासकारों की

राय यही है कि शंकराचार्य का जन्म करीब बारह सौ साल पहले 788 ईसवी में हुआ था। हालांकि कुछ लोग बताते हैं कि उनका जन्म 2500 साल पहले हुआ था। जन्म से ही शंकर अपनी अद्भुत प्रतिभा से सबको चकित कर रहे थे। कहा जाता है कि वो इतने प्रतिभाशाली थे कि तीन साल की आयु में ही मातृभाषा मलयालम सीख ली। वेदों को पढ़ डाला। धर्म के कठिन प्रश्नों का उत्तर देने लगे।

बालक की तीक्ष्ण बुद्धि और धर्म ज्ञान की ख्याति धर्मगुरुओं तक पहुंची तो वो बालक की परीक्षा लेने के लिए उनके घर पहुंचने लगे। ऐसे ही एक दिन कुछ धर्माचार्य बालक शंकर से मिलने उनके घर आए। शंकर के पिता ने उन्हें घर में ऊंचे आसन पर बैठाया और उनका यथोचित सम्मान किया। कुछ देर में उन्होंने बालक शंकर को बुलाया। तीन वर्ष का नन्हा शंकर उनके सामने था। उसकी उम्र ज़रूर कम थी, लेकिन आत्मविश्वास नहीं। उसे देखकर धर्माचार्य ने पहला प्रश्न किया।

"वद्धो हि को?" बंधा हुआ कौन है?

इस पर बालक शंकर ने तपाक से जवाब दिया, "विषयानुरागी। वासनाओं में जो अनुरक्त होता है वही बंधनग्रस्त है।"

प्रश्न पूछने वाले आचार्य उसे देखते ही रह गए।

दूसरे धर्माचार्य ने प्रश्न किया, "शंकर बताओ, घोर नरक क्या है?"

"अपना शरीर ही घोर नरक है।"

इस पर दूसरे आचार्य फिर पूछते हैं, "इसका कारण?"

इस तरह आचार्य, बालक शंकर से एक के बाद एक गंभीर प्रश्न पूछ रहे थे और सिर्फ़ तीन साल के बालक शंकर उनके हर प्रश्न का

उत्तर ऐसे दे रहे थे मानो उन्हें हर शास्त्र का ज्ञान हो। शंकर की ऐसी प्रतिभा देखकर पहले आचार्य ने कहा, "ऐसा तेजस्वी बालक मैंने आजतक नहीं देखा।"

पहले आचार्य की बात को पूरा करते हुए दूसरे आचार्य ने कहा, "ये तो साक्षात शिव हैं।"

आचार्यों की राय सुनकर शंकर के पिता शिवगुरु गदगद हो उठे और बोले, "मैं ऐसे पुत्र को पाकर धन्य हुआ गुरुदेव।"

इस तरह शंकर की ख्याति पूरे क्षेत्र में फैल रही थी। लेकिन उसी साल उनके पिता का देहांत हो गया। इतनी छोटी आयु में पिता की मृत्यु के बाद अब मां और बेटा ही एक दूसरे का सहारा था। मां, बेटे के लालन-पालन और भविष्य को लेकर चिंतित थीं। परंपरा के मुताबिक मां ने पांच साल की उम्र में शंकर का उपनयन संस्कार करवाया। इसके बाद बालक को शिक्षा के लिए आचार्य के पास भेजा गया। यहां एक चमत्कार हुआ। जिन शास्त्रों के अध्ययन में बाकी शिष्यों को 20 वर्ष लग जाते थे, उन्हें शंकर ने दो वर्ष में ही समाप्त कर दिया और इस तरह वो अपनी मां के पास अपने गांव कलाडी लौट आए।

बालक शंकर के बारे जो कहानियां कलाडी के साथ-साथ पूरी दुनिया में चर्चित हैं उनमें से एक कहानी उनके गांव के पास से बहने वाली एक नदी पूर्णा से भी जुड़ी हुई है, जिसको अब पेरियार नदी कहते हैं। अभी यह नदी शंकराचार्य के गांव को छूकर निकलती है लेकिन बालक शंकर के समय ये गांव से काफ़ी दूर बहा करती थी और उनकी मां को पानी लाने और स्नान के लिए जाने में काफ़ी दिक्कत होती थी। कहते हैं कि मां को परेशान देखकर बालक शंकर ने प्रार्थना की और

उसकी प्रार्थना पर पूर्णा ने धारा ही बदल दी।

बालक इतना तेजस्वी था, लेकिन मां की चिंता कुछ और ही थी। एक दिन अगस्त्य ऋषि शंकर के घर पहुंचे। शंकर की मां आर्यम्बा ने अगस्त्य ऋषि को प्रणाम किया और उन्हें घर में ऊंचे स्थान पर आसन दिया। घर में इतने पहुंचे हुए संन्यासी पधारे थे तो मां आर्यम्बा के मन में अपने बालक का भविष्य जानने की स्वाभाविक इच्छा हुई। अपने मन की बात मुनिवर अगस्त्य से कहते हुए आर्यम्बा बोलीं, "गुरुवर, आप जैसे महान पुरुषों के दर्शन करना हमारे पुण्यों का फल है। मेरे बालक ने समस्त वेदों और विविध शास्त्रों का अध्ययन कर लिया है। इसकी प्रतिभा असाधारण लगती है। इन बातों से मेरे मन में कई तरह के प्रश्न उठते रहते हैं। अगर मेरे सुनने योग्य कुछ हो तो आप मेरे बालक के भूत-भविष्य के बारे में कुछ बताएं।"

आर्यम्बा की बात सुनकर अगस्त्य ऋषि कुछ पल के लिए ध्यानमग्न हुए और फिर बोले, "हे पतिव्रते। तुम्हारे पुण्य और भाग्य से भगवान शंकर स्वयं तुम्हारी कोख से अवतरित हुए हैं।"

ये सुनकर आर्यम्बा की खुशी का ठिकाना नहीं रहा। प्रसन्न होकर उन्होंने मुनिवर से फिर पूछा, "और आचार्य, इसकी आयु?"

शंकर की मां द्वारा बालक की आयु पूछने पर अगस्त्य ऋषि कुछ देर सोचते हुए बोले, "देवी, तुम्हारे पुत्र की आयु आठ वर्ष और फिर आठ वर्ष अर्थात सोलह वर्ष। पर किसी विशेष कारणवश सोलह वर्ष और ये इस लोक में रहेगा। और..."

इतने में अगस्त्य ऋषि के साथ बैठे एक शिष्य ने ऋषि को आगे बोलने से रोक दिया। ये देखकर मां आर्यम्बा और घबरा गईं और

उन्होंने मुनिवर से पूछा, "ये क्या कह रहे हैं आचार्य? सिर्फ बत्तीस वर्ष की आयु?"

इस बार आचार्य ने केवल हां में सिर हिलाया।

बत्तीस वर्ष की आयु में पुत्र के देहांत की बात सुनकर मां कांप उठी। अगस्त्य ऋषि की बात सुनकर आर्यम्बा के चेहरे का जैसे रंग उड़ गया। उन पर तो जैसे दुखों का पहाड़ टूट पड़ा। सचमुच किसी मां के लिए इससे दुखदायी बात क्या हो सकती है कि उसके पुत्र की अल्पायु में ही मृत्यु हो जाए। ऋषि अगस्त्य की भविष्यवाणी के बाद माता आर्यम्बा के लिए एक-एक दिन पहाड़ सा हो गया। पुत्र के सिवा उनका कोई सहारा भी तो नहीं था।

दूसरी तरफ़, मां की इस चिंता से अलग बालक शंकर, जो अब तक आठ बरस के हो गए थे, कुछ और ही सोच रहे थे। हुआ यूं कि एक दिन मां आर्यम्बा अपने पुत्र की चिंता में उदास अपने घर के आंगन में बैठीं थीं। तभी शंकर वहां पहुंचे। बातों-बातों में शंकर ने मां से एक गंभीर विषय छेड़ दिया। वो बोले, "मां मैं देखता हूं कि लोग जन्म लेते हैं और उनकी मृत्यु हो जाती है। इस संसार में कोई सुख नहीं है। इसलिए मैं संन्यास लेकर सारे बंधन से मुक्त होना चाहता हूं।"

बालक की ये बात सुनकर मां को कुछ झटका-सा लगा। वो तुरंत बोलीं, "शंकर, इतने निष्ठुर न बनो। बेटा, मुझसे ऐसे वचन न कहो। संन्यास के विचार को छोड़ दो।"

ये कहकर आर्यम्बा रुआंसी हो गईं। मां को ऐसे देखकर भी बालक चुप नहीं हुआ। उसने मां से कहा, "मां, भला इसमें अनुचित क्या है?"

बालक शंकर के इस प्रश्न से मां कुछ संभलते हुए बोलीं, "देखो

शंकर, पहले तुम गृहस्थ बनो। यज्ञ और आराधना करो, पूजा करो। इसके बाद संन्यासी बनना। और तुम तो विद्वान हो, तुमने तो कई शास्त्रों को पढ़ा है। तब भी तुम अपनी माता के बारे में क्यों नहीं सोचते? क्या तुम्हें अपनी माता से कोई प्रेम नहीं?"

मां अपना ब्रह्मास्त्र चल चुकी थी। इसलिए बालक शंकर उस समय चुप हो गए। वे मन ही मन कुछ सोचने लगे। उनके मन में चल रहा था कि उनका मन इस सांसारिक जीवन में रहना नहीं चाहता किंतु मां उन्हें छोड़ना नहीं चाहती। वे सोच रहे थे कि मां उनके हृदय की बात क्यों नहीं समझती। माता की आज्ञा के बिना वे कैसे संन्यास ग्रहण करें?

जल्द ही भगवान शंकर के रूप, बालक शंकर को मां से अनुमति पाने की एक राह दिख गई। मां ने जब संन्यास लेने की अनुमति नहीं दी तो शंकर ने एक लीला रच डाली।

एक दिन वो पूर्णा नदी में नहाने में गए। किनारे पर ही उनकी मां खड़ी थीं। मां ने देखा कि नहाते-नहाते अचानक बालक शंकर डूबने लगे और ज़ोरों से चिल्लाए, "मुझे बचाओ, मुझे बचाओ, मुझे कोई खींच रहा है।" तभी वहीं पास में खड़े एक व्यक्ति ने कहा, "अरे उसे तो घड़ियाल खींच ले जा रहा है।"

ये सुनते ही मां आर्यम्बा के होश उड़ गए। उन्होंने आव देखा न ताव, वो शंकर को बचाने के लिए नदी में उतर गईं। मां के पीछे-पीछे दूसरे लोग भी भागने लगे। मां अभी शंकर से दूर थीं और उधर घड़ियाल शंकर को खींचता ही जा रहा था। शंकर ने चिल्लाते हुए मां से कहा, "मां, यदि तुम मुझे संन्यास लेने की आज्ञा दो तो ये घड़ियाल मुझे छोड़ देगा।" मां आश्चर्य से शंकर को देखने लगीं। बालक ने मां का ध्यान

खींचते हुए फिर कहा, "मां जल्दी बोलो, बस कुछ ही क्षण बचे हैं मां।" मां, बालक की लीला समझ गईं। आखिरकार उन्होंने उन्हें संन्यास लेने की अनुमति दे दी।

कहते हैं कि बालक शंकर ने माया की रचना की और मां को उसी माया के भ्रम में फंसाकर उनसे संन्यास की अनुमति ली। किंतु दूसरा पक्ष ये कहता है कि अनुमति देने में देर करते हुए मां, असल में बालक शंकर के जीवट की परीक्षा ले रही थीं। जब बालक उस परीक्षा में खरा उतरा तो फिर उन्होंने देर नहीं की। इस बारे में श्री शंकराचार्य संस्कृत विश्वविद्यालय, कलाड़ी की डॉक्टर वी। वसंत कुमारी कहती हैं कि बालक की माया को समझने के बाद मां आर्यम्बा ने शंकर से कहा कि वे उन्हें संन्यास की अनुमति तो दे रही हैं किंतु उनकी एक इच्छा है कि जब उनका देहांत हो तो शंकर उनके पास आएं और वही उनका अंतिम संस्कार करें। तब बालक शंकर ने मां से ये वादा किया कि जब भी उनको शंकर की उपस्थिति चाहिए होगी, वे उनके पास ज़रूर आएंगे। आज भी कलाडी के मंदिर परिसर शंकराचार्य की मां आर्यम्बा के अंतिम संस्कार से जुड़ी जगह चिन्हित है।

बहरहाल , शंकर एक ऐसी उम्र में घर-परिवार, सखा-संबधी और मां को छोड़कर संन्यास के मार्ग पर निकल पड़े, जिसमें बच्चे ममता के आंचल में पलते-बढ़ते हैं और उनकी दुनिया घर-आंगन और गांव तक सिमटी रहती है। तन पर श्वेत वस्त्र, नंगे पांव, कंधे पर भिक्षा की झोली। बालक को इस रूप में देखने वालों की आंखें नम हो जातीं। बारह सौ साल पहले, आंखों में आंसू लिए हुए एक मां द्वारा अपने कलेजे के टुकड़े को इस तरह विदा करने के दृश्य की कल्पना आज

भी रुआंसा कर सकती है, लेकिन कांटों भरे जीवन की ओर आगे बढ़ते उस बालक के होंठों पर एक मुस्कान थी, और चेहरे पर तेज था।

बालक शंकर ने उसी मुस्कान के साथ सभी को प्रणाम किया। मां से आशीर्वाद लिया और गांव छोड़कर अकेले निकल गए। घर छोड़ने के बाद शंकर कई दिनों तक घूमते रहे। उन्होंने मार्ग में कई गांव, नगर, नदी, पर्वत और जंगलों को पार किया। शंकर संसार की विचित्रता को देखते हुए बढ़ते जा रहे थे। रास्ते में उन्होंने एक दंड यानी लाठी को हाथ में ले लिया था। बाद में इस दंड को वैदिक धर्म की रक्षा का प्रतीक माना जाता है। मठ परंपरा के मुताबिक आज भी शंकराचार्य दंड लेकर चलते हैं।

शंकर गुरु की खोज में घर से निकले थे। ऐसा अनुमान लगाया जाता है कि वो अपने जन्म स्थान यानी केरल के कलाडी से निकल कर तुंगभद्रा की ओर मुड़े और फिर इसके बाद श्रृंगेरी से गोकर्ण होते हुए ओंकारेश्वर पहुंचे। ओंकारेश्वर में नर्मदा नदी के तट पर गुरु श्रीगोविंदपाद का आश्रम था। श्रीगोविंदपाद अपनी विद्वता, योगबल और ब्रह्मज्ञान के लिए प्रसिद्ध थे। गुरु गोविंदपाद आश्रम के पास एक गुफा में समाधि में थे। यहीं पर बालक शंकर की श्रीगोविंदपाद से पहली मुलाकात हुई।

ध्यान मुद्रा से बाहर आने पर श्रीगोविंदपाद ने बालक शंकर को अपनी करीब बैठा देखा तो पूछा, "तुम कौन हो?"

बालक शंकर ने इसका जबाव कुछ यूं दिया, "हे प्रभो, मैं पृथ्वी नहीं हूं। न जल हूं। न तेज हूं। न वायु हूं। न आकाश हूं। न उनके गुण हूं। न इंद्रियां हूं। अपितु इन सबसे परे जो केवल परम तत्व, शिवतत्व

है, वही मैं हूं।"

एक बालक के मुंह से ये उत्तर सुनकर श्री गोविंदपाद प्रसन्न हो गए। उन्होंने शंकर से कहा, "तुम्हारे इस उत्तर से मैं अति प्रसन्न हूं। तुम्हारे उत्तर से अद्वैत का साक्षात्कार होता है।"

बालक शंकर का गुरु श्रीगोविंदपाद से ये पहला साक्षात्कार यह बताने के लिए काफ़ी था कि शंकर अब अद्वैत आध्यात्म की राह पर थे। इस साक्षात्कार की व्याख्या करते हुए श्री लाल बहादुर शास्त्री राष्ट्रीय संस्कृत विद्यापीठ के अद्वैत वेदांत विभाग के डॉक्टर सतीश के एस। कहते हैं कि बालक शंकर ने श्रीगोविंदपाद को अपना जो परिचय दिया वो कोई साधारण परिचय नहीं था। परिचय देते हुए उन्होंने एक तरीका अपनाया। उन्होंने कहा कि आम तौर पर लोग मेरे बारे में जो कुछ भी समझते हैं, मैं वो नहीं हूं। जैसे मैं गोरा हूं तो ऐसा नहीं है कि ये स्वरूप मेरा परिचय है। ये गोरा रंग तो मेरा शरीर है, वो मैं नहीं हूं। लोग मेरे नाम को मेरा परिचय समझते हैं, लेकिन वो नाम तो मेरे शरीर का रखा गया है, इसलिए वो भी मैं नहीं हूं। तो फिर मैं नाम से अपना परिचय कैसे करूं? मैं तो शरीर से भिन्न हूं। मैं इंद्रियों से भिन्न हूं। अंत:करण से भिन्न हूं। जो कुछ भी मेरे बारे में आपको दिख रहा है, या मेरा व्यवहार जिस रूप में हो रहा है मैं उन सबसे भिन्न हूं।

संस्कृत अध्ययन केंद्र, जवाहरलाल नेहरू विश्वविद्यालय के डॉक्टर रामनाथ झा का कहना है कि गुरु श्रीगोविंदपाद को बालक शंकर का दिया ये परिचय ही बालक के अद्वितीय होने का प्रमाण बन गया था। वो कहते हैं, "बालक ने कहा—सदानंद रूप शिवोह्म-शिवोह्म। न मैं जाति हूं। न मैं धर्म हूं। न मैं महाभूत हूं। न मैं जल हूं। न मैं वायु हूं। न

मैं आकाश हूं। मैं शुद्ध चैतन्य मूल तत्व हूं। इस सारे संसार का जो मूल स्वरूप है, जो इस सृष्टि के कण-कण का मूल स्वरूप है, वही मैं हूं। वही एक सत्ता है जो मैं हूं।"

बालक शंकर द्वारा दिए अद्वैतवाद के गूढ़ अर्थ से भरे इस उत्तर को समझने के बाद श्रीगोविंदपाद ने उनको गले से लगा लिया। ये गुरु की ओर से शंकर को अपना शिष्य बनाने की स्वीकृति थी। उन्होंने गुरु के चरण छुए और दोनों साथ-साथ आश्रम की तरफ़ बढ़े। शंकर नौ साल के थे, जब वो श्रीगोविंदपाद से मिले। श्रीगोविंदपाद ने शंकर को संन्यास की दीक्षा दी और अपना शिष्य बनाया। तरह-तरह की परीक्षा के बाद श्रीगोविंदपाद ने ही शंकर को शंकर आचार्य या शंकराचार्य के नाम दिया। जिसे हम हिंदू धर्म कहते हैं, उसके सबसे महत्वपूर्ण धर्मगुरु, शंकराचार्य की परंपरा की शुरुआत यहीं से हुई। कहते हैं कि श्रीगोविंदपाद के कहने पर संन्यासी शंकर ने महाभारत में लिखे विष्णुसहस्त्रनाम पर श्लोकों की रचना की, जिससे लोग परमात्मा के एक हज़ार रूपों को समझ सकें। शंकराचार्य द्वारा रचित विष्णुसहस्त्रनाम की गूंज आज भी सुनाई देती है।

श्रीगोविंदपाद ने ही शंकराचार्य को चार महावाक्यों से ब्रह्म तत्व का उपदेश दिया था। चार वेदों के उपनिषदों से लिए गए चार महावाक्यों में ब्रह्म का ज्ञान था। ये चार महावाक्य थे:

तत्वमसि: वह पूर्ण ब्रह्म तू है।

प्रज्ञानम् ब्रह्म: प्रज्ञारूप उपाधिवाला आत्मा ब्रह्म है।

अहम् ब्रह्मास्मि: मैं ब्रह्म हूं।

अयमात्मा ब्रह्म: यह सर्वानुभवसिद्ध अपरोक्ष आत्मा ब्रह्म है।

अब प्रश्न उठता है कि ये ब्रह्म और ब्रह्मतत्व क्या है? श्रीगोविंदपाद इन चार महावाक्यों से क्या समझाना चाहते थे? ब्रह्म और ब्रह्म तत्व की व्याख्या करते हुए इंडियन काउंसिल फॉर फिलॉसोफिकल रिसर्च के एस।आर। भट्ट कहते हैं कि ब्रह्म एक चरम सत्ता का नाम है। यही अंतिम सत्ता है। इसी से हम और ये सारा जीव एवं चैतन्य जगत उत्पन्न होता है। ब्रह्म कोई देवी-देवता या भगवान नहीं है।

इस तरह ब्रह्म दीक्षा पाने वाले शंकर चार वर्षों तक गुरु गोविंदपाद की सेवा में रहे। इस दौरान वो शंकर से आचार्य शंकर बन गए। उन्हें आश्रम के शिष्यों को पढ़ाने की ज़िम्मेदारी दी गई। उन्होंने शास्त्रार्थ में बड़े-बड़े विद्वानों को पराजित किया। उनकी प्रतिभा की चर्चा दूर-दूर तक होने लगी थी। उस वक्त वे केवल बारह साल के थे। यहां से आचार्य शंकर की एक नई यात्रा शुरू होनेवाली थी। वो गंगा नदी के तट पर बसे भारत के सबसे प्राचीन तीर्थ स्थान वाराणसी यानी काशी के लिए चल दिए और कई दिनों की यात्रा के बाद काशी पहुंचे।

काशी में कई लोगों ने आचार्य शंकर की प्रेरणा से विधिवत संन्यास ग्रहण किया और उनकी सेवा करने लगे। एक किशोर आचार्य के चरणों में वृद्ध और ज्ञानी लोगों को बैठे देखकर लोग चकित हो जाते। काशी में आचार्य शंकर ने कई शास्त्रार्थों में हिस्सा लिया और अपने ज्ञान से कई विद्वानों को निरुत्तर कर दिया। लेकिन स्वयं उनके ज्ञान की परीक्षा होनी अभी बाकी थी।

एक दिन आचार्य शंकर शिष्यों के साथ स्नान के लिए जा रहे हैं-रास्ते में एक स्त्री गोद में पति का शव लिए विलाप कर रही थी। आचार्य शंकर कुछ देर उसके रास्ते से हटने की प्रतीक्षा की। फिर

कहा, " माता शव को एक ओर हटा लें ताकि हम निकल जाएं।" शोक में डूबी स्त्री आचार्य शंकर की बात को अनसुना कर दिया। आचार्य शंकर ने दोबारा अनुरोध किया। स्त्री ने गुस्से से आचार्य शंकर से कहा, "महात्मा...आप इस शव को ही हटने के लिए क्यों नहीं कह देते?"

आचार्य शंकर ने कहा, "माता आप शोक में ये भूल चुकी हैं कि शव में शक्ति नहीं होती- शव स्वयं कहीं हट सकता है क्या? ये प्राणविहीन है, इसमें हटने की शक्ति कहां है?" फिर उस स्त्री ने जो सवाल किया उसने आचार्य शंकर को सोचने पर मजबूर कर दिया। स्त्री ने पूछा, "क्यों? आप तो कहते हैं कि शक्ति निरपेक्ष ब्रह्म ही इस जगत का कर्ता है। फिर शक्ति के बिना ये शव क्यों नहीं हट सकता?"

ये उत्तर सुनकर आचार्य शंकर सोच में डूब गए। और जब उनका ध्यान टूटा तो सामने उन्हें न तो स्त्री दिखी है और न ही शव। लेकिन आचार्य शंकर को बड़ा अनुभव मिल चुका था।

आचार्य शंकर ने अनुभव किया कि जीव और ब्रह्म एक ही हैं ठीक उसी तरह जैसे गुड़ से उसकी मिठास अलग नहीं है।

इसी तरह एक दिन आचार्य शंकर अपने कुछ शिष्यों के साथ गंगा की ओर जा रहे थे कि बीच रास्ते में ही उनके सामने एक चांडाल आ गया। शव जलाने वाले उस चांडाल के साथ चार कुत्ते भी थे। अचानक रास्ता रोके जाने पर आचार्य अपने शिष्यों समेत रुक गए। उनके एक शिष्य ने चांडाल को रास्ते से हटने के लिए कहा, "हटो...दूर हटो, आचार्य को जाने दो।"

लेकिन चांडाल टस से मस नहीं हुआ। उल्टे ज़ोर-ज़ोर से हंसते

हुए बोला, "मैं रास्ते से नहीं हटूंगा। पहले आचार्य शंकर मेरे प्रश्न का उत्तर दें।"

"प्रश्न! कैसा प्रश्न?" आचार्य शंकर ने कहा। यह सुनकर चांडाल ज़ोर से हंसकर बोला, "हे महात्मन। आपने कहा–दूर हटो। आप किससे दूर हटना चाहते हैं, मेरे शरीर से या मेरे शरीर में विद्यमान आत्मा से? और जब हर शरीर में एक ही आत्मा विराजमान है तो आप और मुझमें कैसा भेद? मदिरा और गंगा जल पर पड़ने वाली सूर्य किरणों में कोई अंतर हो सकता है क्या? आप तो अद्वैतज्ञानी है, जो ये मानते हैं कि हर जड़ और चेतन में एक ही ब्रह्म है। तो फिर आप ये कैसे कह सकते हैं कि मैं ब्राह्मण हूं और तुम चांडाल हो? आपने मुझसे क्यों कहा कि दूर हटो?"

एक 'अछूत' समझे जाने वाले व्यक्ति ने ये सवाल आदि शकंराचार्य से किए। उसके सवालों का सार यही था कि जाति-धर्म, छोटे-बड़े में भेद कैसे हो सकता है जबकि सबमें एक ही ईश्वर का अंश मौजूद है। दरअसल यह आदि शंकराचार्य की परीक्षा थी। कहा जाता है कि चांडाल के रूप में स्वयं भगवान शिव ये प्रश्न पूछ रहे थे।

आचार्य शंकर ने बड़े ध्यान से चांडाल के इन प्रश्नों को सुना। उन्हें महसूस हुआ, मानो उन्होंने चांडाल की बातों का अर्थ समझ लिया है और वे भावुक होकर चांडाल से कहने लगे, "हे प्राणियों में श्रेष्ठ, अभी आपने जो कहा वो बिल्कुल सत्य है। आप आत्मज्ञानी हैं। मैं आपका दास हूं। शरीर और बुद्धि से मैं आपका ही अंश हूं। मैं आपसे बिल्कुल भी अलग नहीं हूं। यही मेरा ज्ञान है।"

चांडाल रूपी शिव से हुए इस प्रश्नोत्तर से आचार्य शंकर ने जैसे ये

अनुभव किया कि जीव और परम सत्ता एक ही हैं, ठीक उसी तरह जैसे गुड़ से उसकी मिठास अलग नहीं है। आदि शंकराचार्य को हुए इस परम ज्ञान के बारे डॉक्टर रामनाथ झा का कहना है कि शंकराचार्य ने जो महसूस किया वही शांति का सार है क्योंकि सारा संसार हर पशु-पक्षी, प्राणी,जीव, जंतु या जिसे हम जड़ कहते हैं, वेदांत में उसे भी चैतन्य माना गया है। इसीलिए शंकराचार्य ने कहा है कि ये सब आकार में अलग-अलग हैं, लेकिन उनके मूल में एक ही सत्ता है। यदि उस मूल सत्ता को ध्यान में रखें तो हमारे अंदर कोई राग-द्वेष नहीं होता है। लेकिन अगर हम यही समझते रहें कि कोई काला है, गोरा है या सांवला है। कोई किस धर्म का है , किस जाति का है तो फिर हमारे मन में इन्हीं आधारों पर कई तरह की समस्याएं शुरू हो जाती हैं।

कहा जाता है कि काशी में चांडाल के रूप में मिले भगवान शिव की प्रेरणा से आचार्य शंकर ने व्यास रचित ब्रह्मसूत्र, श्रीमद्भगवद्गीता और उपनिषद को समझने के लिए भाष्य या किताब लिखने का निर्णय लिया, ताकि उनके गहरे अर्थों को सरल बनाया जाए और आम जन भी उन्हें आसानी से समझ सकें। ये तीनों ग्रंथ प्रस्थानत्रयी कहलाते हैं।

शंकराचार्य, धर्म के लिए धरोहर के रूप में कई ग्रंथों की रचना करना चाहते थे, किंतु काशी में रहते हुए यह संभव नहीं था जहां वे शिष्यों से घिरे रहते थे। इसलिए उन्हें एकांत की ज़रूरत महसूस होने लगी और तब उन्होंने काशी छोड़ कर बद्रीनाथ जाने का फैसला किया। वो अपने कुछ शिष्यों के साथ कई दिनों तक यात्रा करते हुए, दुर्गम पहाड़, नदी, नालों को पार करते हुए अलकनंदा के किनारे बद्रीनाथ पहुंचे। कहा जाता है कि बद्रीनाथ में आचार्य शंकर ने अलकनंदा नदी

से भगवान बद्रीनाथ की मूर्ति निकालकर उसे मंदिर में स्थापित किया था। इसके बाद वो बद्रीनाथ की ही व्यास गुफा में रहने लगे।

आचार्य शंकर ने व्यास गुफा में रहकर चार वर्षों तक ब्रह्मसूत्र, श्रीमद्भगवद्गीता और उपनिषद पर ग्रंथों की रचना की। उन्होंने भगवान गणेश, गंगा, शिव, देवी भगवती जैसे देवी-देवताओं की भावपूर्ण प्रार्थनाओं की रचना की। उन्होंने वेदांत संबंधी कई छोटे-छोटे आसान ग्रंथ लिखे, जो प्रकरण ग्रंथ कहे जाते हैं। इन्हीं में भज गोविन्दम् भी है। भज गोविन्दम् को आज भी पूरी श्रद्धा और आस्था के साथ गाया जाता है। इसकी शुरुआती पंक्तियां हैं:

भज़ गोविन्दम् भज गोविन्दम्,
गोविन्दम् भज मूढ़मते।
संप्राप्ते सन्निहिते काले,
न हि न हि रक्षति डुकृञ् करणे।।

इस कृति के सार को समझाते हुए प्रोफेसर भागीरथ नंद कहते हैं कि जिस तरह किसी मधुमक्खी के छत्ते को तोड़ने पर उसमें केवल रस ही रस मिलता है। ठीक उसी प्रकार, जिसमें रस ही रस यानी आनंद ही आनंद है, उसी गोविंद का भजन करो, वही संसार से पार कराने के लिए समर्थ है कोई और नहीं।

आज हमें आभास होता है कि संसार को शायद यही सार समझाने के लिए आचार्य शंकर आठ साल की उम्र में संन्यास लेकर घर से निकले थे। सुदूर दक्षिण केरल से काशी और फिर काशी से बद्रीनाथ तक की यात्रा में उन्होंने गुरू से शिक्षा ली। कई विद्वानों को अपने ज्ञान से चकित किया। भाष्य सहित कई ग्रंथों की रचना की। उन्हें जगह-

जगह प्रशंसा और प्रसिद्धि मिली। आचार्य शंकर अनेक शास्त्रार्थों में शामिल हुए। शास्त्रार्थ के दौरान शास्त्रों के ज्ञान पर दो विद्वानों के बीच बहस हुआ करती थी। इस बहस के अपने नियम-कायदे हुआ करते थे और यह किसी एक की जीत या हार से खत्म होती थी। ज़ाहिर है इसमें शामिल होने वाले विद्वानों के लिए ये प्रतिष्ठा की बात होती थी। कई शास्त्रार्थों में विजय प्राप्त करने के बाद आचार्य शंकर अब एक ऐसे अद्भुत शास्त्रार्थ में शामिल होनेवाले थे जो शास्त्रों के ज्ञान से भी आगे था। ऐसा शास्त्रार्थ न पहले कभी हुआ था और न उसकी कोई दूसरी मिसाल मिलती है। ये ऐतिहासिक शास्त्रार्थ आचार्य शंकर और मंडन मिश्र के बीच हुआ था।

शास्त्रार्थ के लिए आचार्य शंकर, मंडन मिश्र के निवास माहिष्मती नगरी पहुंचे। यह जगह आज बिहार के सहरसा जिले का महिषी कस्बा है। शास्त्रार्थ में शंकराचार्य का सामना करने वाले मंडन मिश्र कितने बड़े विद्वान थे, इसका अंदाज़ा इस बात से लगा सकते हैं कि उनके घर का पालतू तोता भी श्लोक बांचता था। मंडन मिश्र की पत्नी उभय भारती भी पूरे क्षेत्र में अपनी विद्वता के लिए प्रसिद्ध थीं।

आचार्य शंकर जब मंडन मिश्र के घर पहुंचे तो वो श्राद्ध कर्म में व्यस्त थे। आचार्य शंकर को देखकर मंडन मिश्र क्रोधित हो गए क्योंकि श्राद्ध के समय संन्यासी का आगमन वर्जित था। उस समय आचार्य और मंडन मिश्र के बीच लंबी बहस हुई। बाद में मंडन मिश्र शास्त्रार्थ के लिए तैयार हुए। डॉक्टर रामनाथ झा बताते हैं कि मंडन मिश्र ने जब पहली बार शंकराचार्य को देखा तो वे बोले, "*कुतो दंडी,* यानी ये दंडी साधु कौन है और ये कहां से आ गए?" मंडन मिश्र गृहस्थ थे और

कर्मकांड की बात करते थे, जबकि शंकराचार्य संन्यासी थे और ज्ञानकांड की बात करते थे। इसीलिए दोनों के बीच हुए शास्त्रार्थ का मुख्य बिंदु भी यही रहा।

समय निर्धारित होने के बाद मंडन मिश्र के घर में ही विशाल सभा मंडप में शास्त्रार्थ का आयोजन किया गया। शास्त्रार्थ के लिए आचार्य शंकर और मंडन मिश्र आसन पर आमने-सामने बैठे। उनके चारों तरफ़ कई ऋषि और विद्वान लोग बैठे। यह तय हुआ कि इस शास्त्रार्थ की मध्यस्थता मंडन मिश्र की पत्नी उभय भारती करेंगी।

शास्त्रार्थ आरंभ करने की आज्ञा देते हुए उभय भारती ने कहा, "सर्वप्रथम आप दोनों अपना-अपना पक्ष प्रस्तुत करें।"

इस पर मंडन मिश्र उभय भारती की ओर देखकर बोले, "देवी, आचार्य विचार प्रार्थी होकर हमारे यहां आए हैं। इस कारण वे ही पहले अपना मत प्रस्तुत करें।"

मंडन मिश्र का पक्ष सुनकर आचार्य शंकर ने हामी भरी, "अवश्य।" इसके बाद अपना पक्ष रखते हुए वो बोले, "जब उपनिषदों के महावाक्यों से जीव और ब्रह्म की एकता का बोध होता है, तब अज्ञान और संसार के सारे प्रपंच समाप्त हो जाते हैं। उस समय जीव, सत-चित्त-आनंद में स्थित हो जाता है। वो जीवन-मरण के चक्र से मुक्त हो जाता है। उपनिषद इसके प्रमाण हैं। और यही मेरा सिद्धांत है। यही मेरा विषय है।"

शंकराचार्य का पक्ष सुनकर कुछ दर्शकगण बोल उठे, "साधु, साधु!"

एक अल्प विराम के बाद शंकराचार्य आगे बोले, "इस शास्त्रार्थ

में अगर मैं पराजित हुआ तो मैं इस काषाय वस्त्र और संन्यास का त्याग कर दूंगा।"

सभा में मौजूद हर व्यक्ति शंकराचार्य की इस चुनौती से आश्चर्यचकित हो गया।

अब मंडन मिश्र की बारी थी। वो शंकराचार्य को प्रणाम करते हुए बोले, "मैं वेद के बाद आए उपनिषदों को प्रमाण नहीं मानता। मैं वेद के कर्मकांड को ही प्रमाण मानता हूं। दुखों से मुक्ति कर्म से, काम से होती है, शब्द से नहीं। शब्द की शक्ति तो कर्म को प्रकट करने तक ही सीमित है। इसलिए मनुष्य को पूरी आयु कर्म का अनुष्ठान करना चाहिए। यही मेरी प्रतिज्ञा है।"

सभामंडप में उपस्थित लोग बोल उठे, "साधु, साधु!"

थोड़ा रुक कर, मंडन मिश्र ने आगे कहा, "अगर मैं इस शास्त्रार्थ में पराजित हुआ तो गृहस्थ धर्म छोड़कर संन्यासी बन जाऊंगा।"

आचार्य शंकर और मंडन मिश्र के बीच शास्त्रार्थ शुरू हुआ तो जैसे थमने का नाम ही नहीं ले रहा था। पांच-छह दिन बीत गए, लेकिन उनके बीच शास्त्रार्थ जारी रहा। नियम के मुताबिक दोनों पक्ष केवल नित्यक्रिया और भोजन के लिए विराम लेते और फिर शास्त्रार्थ शुरू हो जाता।

इस दौरान मंडन मिश्र अपना पक्ष रखते हुए बोले, "आचार्य, आप कहते हैं कि जीव और ब्रह्म एक है। ये कैसे पता चलेगा? आत्मा और परमात्मा को एक कैसे मान लिया जाए? जीव ही ब्रह्म है, यह सिद्धांत कभी भी सिद्ध नहीं हो सकता क्योंकि इसका न तो प्रत्यक्ष ज्ञान है और न ही इसका अनुमान होता है।"

इसके बाद वो मुस्कुराते हुए सभा की ओर देखते हुए बोले, "और ये तो प्रत्येक व्यक्ति का अनुभव है कि मैं ईश्वर नहीं हूं..."

मंडन मिश्र का ये तर्क सुनकर सभी दर्शक हंसने लगे। लेकिन आचार्य शंकर बिना विचलित हुए एकदम शांत भाव से बोले, "पंडित शिरोमणि, जीव और ब्रह्म एक है, इसका ज्ञान इंद्रियों, आंख, नाक, जीभ, कान और त्वचा से नहीं होता। हो भी नहीं सकता। इंद्रियों से तो केवल उसी का ज्ञान होता है, जो प्रत्यक्ष है, सामने है। इंद्रियों की पहुंच तो ब्रह्म तक है ही नहीं। परमात्मा, ब्रह्म तो मन, बुद्धि और इंद्रियों से परे है। उसका प्रत्यक्ष ज्ञान या अनुमान कैसे हो सकता है? इसलिए आपका प्रश्न ही गलत है।"

सभा में मौजूद दर्शक "साधु, साधु" कह उठे।

इस तरह शास्त्रार्थ बढ़ता गया। प्रश्न-उत्तर की गंभीरता बढ़ने लगी। दूर-दूर से आए उत्सुक विद्वानों की भीड़ भी बढ़ने लगी। आचार्य शंकर के अकाट्य तर्कों से मंडन मिश्र निरुत्तर और परेशान होने लगे। अंतत: उन्होंने अपनी पराजय स्वीकारते हुए शंकराचार्य से कहा, "आचार्य मैं और मेरे जैसे अन्य लोग समझते हैं कि शरीर के अंत के बाद दूसरे लोक में जाएंगे। वहां तरह-तरह के भोग को भोगेंगे और यही मोक्ष है। यह बात अब मुझे हंसने योग्य लगती है। आचार्य, अज्ञानतावश और अपने अहंकार में मैंने आपको अप्रिय और कटु बातें कहीं। आप मुझे क्षमा कर दीजिए। मैं संन्यास लेकर आपकी शरण में रहना चाहता हूं। आप अपना शिष्य बनाकर मुझे ब्रह्म तत्व का उपदेश दीजिए।"

मंडन मिश्र की यह बात सुनकर सभा सन्न रह गई। महान विद्वान, प्रकांड पंडित मंडन मिश्र निरुत्तर होकर शंकराचार्य के शिष्य बनने को

तैयार थे। कुछ देर पहले तक कोई इसकी कल्पना भी नहीं कर सकता था। तभी मंडन मिश्र की धर्मपत्नी उभय भारती उठ खड़ी हुईं। उन्होंने ऊंची आवाज़ में शंकराचार्य से कहा, "मेरे पति अभी संन्यास नहीं ले सकते। अभी उनकी पराजय नहीं हुई है।"

यह सुनते ही सभी आश्चर्य से उभय भारती को देखने लगते हैं। उभय भारती अपनी बात जारी रखते हुए आगे बोलीं, "शास्त्र में पत्नी को पति की अर्धांगिनी माना गया है। इसलिए मुझे पराजित करने के बाद ही आप मेरे पति को शिष्य बना सकते हैं। यदि आप मुझसे शास्त्रार्थ नहीं करना चाहते तो आप अपनी पराजय स्वीकार कीजिए।"

सभा में हलचल मच गई। आचार्य शंकर ने उन्हें समझाने की कोशिश की लेकिन उभय भारती अपनी बात पर अटल थीं। अंतत: आचार्य शंकर उनसे शास्त्रार्थ को तैयार हो गए।

आचार्य शंकर ने उभय भारती को अपने सामने आसन ग्रहण करने का इशारा करते हुए कहा, "माते, यदि आपकी यही इच्छा है तो आइए मेरे सामने आसन ग्रहण कीजिए।" इसके बाद शंकराचार्य और उभय भारती के बीच शास्त्रार्थ आरंभ हुआ, जो सत्रह दिनों तक चलता रहा। उभय भारती को जब लगने लगा कि आचार्य शंकर को पराजित करना असंभव है तो अठारहवें दिन उन्होंने आचार्य शंकर के सामने एक बड़ी दुविधा खड़ी कर दी। प्रश्नों का रुख मोड़ते हुए आचार्य शंकर से उन्होंने कुछ ऐसा पूछ लिया जिसका जवाब शंकराचार्य के पास नहीं था। उभय भारती ने शंकराचार्य से कहा, "अब मैं आपसे काम संभोग के संबंध में प्रश्न पूछना चाहती हूं।"

ये सुनते ही सभा को जैसे सांप सूंघ गया। सभी ने आश्चर्यचकित

होकर अपना सिर झुका लिया। लेकिन भारती नहीं रुकीं, उन्होंने एक के बाद एक कामशास्त्र से जुड़े सवालों की झड़ी लगा दी। भारती ने पूछा, "आचार्य, क्या आप बता सकते हैं कि स्त्री-पुरुष संभोग की कितनी कलाएं हैं? इसकी अलग-अलग मुद्राएं क्या हैं? पुरुष को आकर्षित करने के लिए, उसे रिझाने के लिए स्त्री कौन-कौन सी विधि अपनाती है? शरीर के किन-किन अंगो में काम वासना का निवास होता है? किन क्रियाओं से संभोग का प्रारंभ होता? इसका चरम क्या है?"

इधर भारती प्रश्न करती जा रही थीं, उधर सभा में हलचल बढ़ती जा रही थी। स्वयं मंडन मिश्र भी हैरान थे।

इन प्रश्नों से असहज हो गए आदि शंकराचार्य ने उभय भारती से पूछा, "हे माता, एक संन्यासी से इस प्रकार का प्रश्न क्यों?"

भारती ने तपाक से पूछा, "क्या कामशास्त्र, शास्त्र नहीं है? और फिर आप तो सर्वज्ञ हैं, जितेंद्रिय हैं। आप कामशास्त्र के प्रश्नों का उत्तर क्यों नहीं देते?"

मंडन मिश्र को भी अपनी पत्नी की बात ठीक नहीं लगी। उन्होंने बीच में पत्नी को टोकते हुए कहा, "देवी, संन्यासी से ऐसे प्रश्न करना अनुचित है। इन्होंने बाल्यकाल में ही संन्यास ग्रहण कर लिया था। एक विरक्त त्यागी संन्यासी कामशास्त्र के ज्ञान पर कैसे विचार कर सकता है? और अगर ये विचार भी करें तो इससे इनका संन्यास धर्म खंडित होगा।"

मंडन मिश्र अपनी पत्नी के प्रश्नों को अनुचित बताते हुए उनपर आपत्ति जता रहे थे और उधर शंकराचार्य सिर झुकाए कुछ सोच रहे

थे। अचानक उन्होंने मंडन मिश्र को बीच में टोका और उभय भारती से बोले, "माते, मैं आपके प्रश्नों के उत्तर देने को तैयार हूं। लेकिन इसके लिए मुझे एक माह का समय चाहिए।"

भारती, शंकराचार्य की स्वीकृति को सुनकर हैरान हुईं, उन्हें इस उत्तर की अपेक्षा नहीं थी। फिर भी वो कुछ पल सोचकर बोलीं, "जैसी आपकी इच्छा आचार्य। लेकिन ठीक एक मास बाद आपको शास्त्रार्थ के लिए आना होगा और मेरे द्वारा पूछे गए कामशास्त्र के सभी प्रश्नों का उत्तर देना होगा।"

शंकराचार्य ने हाथ जोड़कर उभय भारती की शर्त मंजूर की और कहा, "आप निश्चिंत रहें, ऐसा ही होगा।" यह कहते हुए शंकराचार्य अपने आसन से उठ गए। सभा भंग हो गई। वहां मौजूद लोग आश्चर्य से शंकराचार्य को देखते रह गए और शंकराचार्य तेज़ कदमों से सभा से निकल गए।

इसके बाद आचार्य जंगल की ओर चले गए। कहा जाता है कि वहां उन्हें अमरूक नाम के एक राजा का शव दिखाई दिया। शिकार के दौरान राजा की मौत हो गई थी। उसी क्षण आचार्य शंकर ने प्रबल योग शक्ति से अपने शरीर का त्याग कर दिया और राजा के शरीर में प्रवेश कर गए। आदि शंकराचार्य महीने भर तक राजा अमरूक के शरीर में रहे और इस रूप में उन्होंने रानी का साथ पाया। इस दौरान उन्होंने कामशास्त्र का ज्ञान लिया। महीना पूरा होते ही आचार्य ने राजा के शरीर को छोड़ कर वापस अपने शरीर को धारण किया। तय समय पर एक बार फिर वे उभय भारती से शास्त्रार्थ के लिए लौटे। अबकी बार उन्होंने कामशास्त्र से जुड़े सारे प्रश्नों का उत्तर दिया।

असल में आचार्य शंकर का उद्देश्य किसी को शास्त्रार्थ में पराजित करना नहीं था। वो तो वैदिक धर्म दर्शन को आमलोगों तक पहुंचाना चाहते थे। इसके लिए उन्होंने एक यात्रा शुरू की। ये दिग्विजय यात्रा, भारत के इतिहास की सबसे अद्भुत यात्रा थी। भारत के दक्षिणी भाग रामेश्वरम से शुरू होकर यह यात्रा उत्तर में अलग-अलग जगहों से होती हुई कश्मीर तक पहुंची, जहां शंकराचार्य ने शारदा पीठ में शास्त्रार्थ किया। पूरब में वे बंगाल और असम गए तथा पश्चिम में तक्षशिला (आज के रावलपिंडी) तक पहुंचे। यहां उन्होंने बौद्ध दार्शनिकों से शास्त्रार्थ किया।

वैदिक धर्म के उत्थान में शंकराचार्य की इस दिग्विजय यात्रा के महत्व को समझाते हुए डॉ। रामनाथ झा कहते हैं कि इस यात्रा के दौरान शंकराचार्य ने लगभग 84 संप्रदायों के आचार्यों से शास्त्रार्थ किया। किंतु इसका उद्देश्य दूसरों को अपमानित करना नहीं बल्कि ये समझाना था कि आप जिस विचार पर हैं उससे आगे भी एक विचार है, यानी आपका विचार ही संसार का अंतिम विचार नहीं है और अगर आप इस बात को समझते हैं तो आप अपने विचार और जगत दोनों का कल्याण करते हैं। इसलिए उन्होंने जिन आचार्यों के साथ शास्त्रार्थ किया, वे उनसे प्रभावित होकर उनके शिष्य बन गए। सैकड़ों धर्माचार्यों ने आदि शंकराचार्य के विचार से प्रभावित होकर हिंदू वैदिक धर्म में आस्था व्यक्त की।

अपनी दिग्विजय यात्रा के बाद आचार्य शंकर कुछ शिष्यों को लेकर एक बार फिर बद्रीनाथ के लिए चल दिए। वो उत्तराखंड के जोशीमठ में कुछ दिनों तक रुके। उन्हीं दिनों एक दिन उन्होंने अपने शिष्यों को

बुलाया और उनसे एक विशेष बात पर विचार मंथन करते हुए कहा, "अद्वैत वेदांत मार्ग को लंबे समय तक चलाने के लिए संन्यासी संघ की स्थापना आवश्यक है। इसके लिए भारत की चारों दिशाओं में मठों की स्थापना होगी। पदमपाद, सुरेश्वर, हस्तामलक और तोटक–मेरे ये चार प्रमुख शिष्य उन मठों के प्रथम महाधीश होंगे। शेष अन्य शिष्य उनके सहायक होंगे।"

इस तरह आदि शंकराचार्य ने दक्षिण में श्रृंगेरी मठ, पश्चिम में द्वारका मठ, पूर्व में गोबर्धन मठ और उत्तर में ज्योतिर्मठ स्थापित किया। हर मठ के एक शंकराचार्य बनाये गये। शंकराचार्य द्वारा शुरु की गई ये परंपरा आज भी है।

डॉ। रामनाथ झा इसे शंकराचार्य द्वारा स्थापित सबसे महत्वपूर्ण व्यवस्था मानते हैं। उनका कहना है कि जब शंकराचार्य ने चार शंकराचार्य नियुक्त किए तो इसका आशय ये था कि उन्होने भारत को आध्यात्मिक दृष्टि से चार भागों में बांट दिया और ये आदेश दिया कि ये चार शंकराचार्य अपने अपने क्षेत्र के लोगों के आध्यात्मिक उत्थान के लिए काम करेंगे। शंकराचार्य द्वारा स्थापित ये परंपरा आज भी उन्हीं के विचारों का अनुसरण कर रही है।

शंकराचार्य का योगदान यहीं तक सीमित नहीं है। उन्होंने हिंदू वैदिक धर्म को कई और स्थापनाएं दीं। शंकराचार्य ने इन चार मठों से दस संप्रदायों को जोड़ा। ये दशनामी संन्यासी संप्रदाय कहलाते हैं। दशनामी संप्रदाय के अखाड़े होते हैं। हर अखाड़े के प्रधान महामंडलेश्वर कहलाते हैं। इस तरह से शंकराचार्य ने हिंदू धर्म के प्रचार-प्रसार के लिए एक व्यवस्था तय कर दी।

अब तक आचार्य शंकर की आयु बत्तीस वर्ष पूरी होने वाली थी और वो केदारनाथ में रहकर अधिकतर समय समाधि में मग्न रहने लगे थे। उन्होंने अपने शरीर पर ध्यान देना भी कम कर दिया था। अपने भोजन को लेकर भी वो उदासीन रहने लगे थे। उनकी स्थिति देखकर शिष्यों को चिंता होने लगी थी। वो समाधिभूमि से नीचे उतरना नहीं चाहते थे। अक्सर उनकी कही बातें भी संसार से विरक्ति के भाव को व्यक्त करती थीं। एक शाम, जब सूरज ढलने वाला था, प्रकृति को निहारते हुए आचार्य शंकर ने अपने पास बैठे दो-चार शिष्यों से कहा, "ब्रह्म सत्यम् जगन्मिथ्या जीवो ब्रह्मैव नापर: ।" यानी ब्रह्म ही सत्य है। जगत मिथ्या है। जीव ही ब्रह्म है। जीव और ब्रह्म में कोई भेद नहीं है।

यह कहते हुए आचार्य शंकर की नज़र बगल में रखे एक मिट्टी के घड़े पर पड़ी। उसको देखते हुए वो आगे बोले, "क्या घड़ा मिट्टी को छोड़कर एक क्षण के लिए भी टिक सकता है? ये जगत भी मिट्टी के घड़े की तरह है। कोई ब्रह्म से अलग नहीं है। हर जीव में ब्रह्म है।"

शिष्य बड़े ध्यान से आचार्य की बातें सुन रहे थे। शंकराचार्य आगे बोले, " अब मुझे स्पष्ट अनुभव हो रहा है कि इस शरीर के समस्त कार्य समाप्त हो गए हैं। अब स्वरूप में लीन होने का समय आ गया है।"

ये कहते-कहते आचार्य एकदम मौन हो गए और ध्यान में चले गए। कहा जाता है कि इसी अवस्था में वो कुछ दिन रहे और अंत में वो समाधियोग ग्रहण कर आत्मस्वरूप में लीन हो गए। शंकर अवतार परम ज्ञानी यतिराज शंकर के जीवन का बत्तीसवां वर्ष समाप्त हो चुका था। जगद्गुरु शंकराचार्य केदारनाथ में ही अंतर्ध्यान हो गए।

पृथ्वीराज चौहान

वह सन 1191 की एक ऐतिहासिक तारीख थी, जब कन्नौज का राजमहल किसी दुल्हन की तरह सजा हुआ था. आखिर ये कोई आम दिन नहीं था, इस दिन कन्नौज के राजा जयचंद की पुत्री राजकुमारी संयोगिता का स्वयंवर होना था. इस स्वयंवर में संयोगिता का दिल जीतने के लिए दूर-दराज़ से अलग-अलग राज्यों के राजा-महाराजा और राजकुमार बन-संवर कर कन्नौज के राजमहल में पहुंचे थे. अभी राजकुमारी संयोगिता राजदरबार में नहीं पहुंची थीं, लेकिन द्वार पर आकर्षण का एक और केंद्र मौजूद था. यह एक आदमकद लकड़ी का पुतला था, जिसे दरबान बना कर द्वार पर खड़ा किया गया था और उसे नाम दिया गया था राजा पृथ्वीराज चौहान. पृथ्वीराज के इस पुतले के पास ही कन्नौज के राजा जयचंद खड़े होकर राजदरबार में आने वाले लोगों की अगवानी कर रहे थे. वो बार-बार इस पुतले की तरफ़ देख कर मुस्कुरा रहे थे, मानो कह रहे हों—तुम्हारी यही जगह है पृथ्वीराज.

उनके ये भाव देखकर अंदर जा रहे राजा और राजकुमार भी हंसने लगे. कुछ के लिए राजा पृथ्वीराज आज हंसी का पात्र था तो कुछ के लिए उसका ये अपमान कौतुहल का विषय था. लेकिन राजा जयचंद और उनके ये मेहमान इस बात से अनजान थे कि दरबार की इसी भीड़ में एक पनवाड़ी के भेष में स्वयं राजा पृथ्वीराज चौहान भी मौजूद था.

इस बीच राजा जयचंद महल में पहुंचे मेहमानों का हाथ जोड़कर अभिवादन करते हुए अपने सिंहासन तक गए और वहां उपस्थित सज्जनों को संबोधित करते हुए बोले, "ये मेरे लिए ही नहीं परंतु कन्नौज के परमवीर गहड़वाल क्षत्रिय वंश के लिए अपार प्रतिष्ठा का कारण है कि आप सभी राजा, महाराजा, युवराज, मेरी पुत्री सौभाग्यवती

संयोगिता के स्वयंवर में पधारे हैं. स्वयंवर की परंपरा के मुताबिक मेरी पुत्री संयोगिता स्वयं ही अपने वर का चयन करेगी."

इसके बाद राजा जयचंद ने संयोगिता को दरबार में बुलाने के लिए सेवकों को इशारा किया. कुछ ही पलों में राजकुमारी संयोगिता वरमाला लेकर अपनी दासियों और रिश्तेदारों के साथ दरबार में पहुंची. संयोगिता जिन-जिन राजाओं और राजकुमारों के सामने से गुज़री, वो इस उम्मीद में खड़े होते जा रहे थे कि वह अब उनके गले में माला पहनाएगी, लेकिन सबको पार करती हुई संयोगिता आगे बढ़ती जा रही थी. और ये क्या! दरबार में लगे आसनों के आखिर में संयोगिता ठीक वहीं जाकर रुकी, जहां द्वारपाल के रूप में राजा पृथ्वीराज का आदमकद काठ का पुतला खड़ा था. संयोगिता ने बिना समय गंवाए पृथ्वीराज के पुतले को वरमाला पहना दी. इसी के साथ दरबार में मानो अफरातफरी मच गई.

राजा जयचंद को मानो ज़ोर का झटका लगा. वो गुस्से सें चिल्लाए, "संयोगिता, ये तुमने क्या किया?"

तभी भीड़ में बदले हुए भेष में मौजूद राजा पृथ्वीराज, दरबार के बीचो-बीच आकर ज़ोर से चिल्लाते हुए बोले, "बिल्कुल उचित किया." ये कहते ही राजा पृथ्वीराज ने राजकुमारी संयोगिता का हाथ थाम लिया. दरबार में तलवारें खिंच गईं. राजा जयचंद आदेश देता है, "सिपाहियो, पकड़ो इस दुष्ट को." लेकिन राजा पृथ्वीराज, राजकुमारी संयोगिता को लेकर अपने साथियों के साथ बिजली की गति से महल के दायरे और सिपाहियों की पहुंच से बाहर चला गया.

ये भारतवर्ष की सबसे रोमांटिक प्रेम कहानी की एक झलक है. संयोगिता और पृथ्वीराज की प्रेम कहानी, जिसमें राजकुमारी ने राजा

के पुतले को ही वरमाला पहना कर अपना वर घोषित कर दिया. इस स्वयंवर ने न सिर्फ़ एक अमर प्रेम कहानी को जन्म दिया, बल्कि कहते हैं कि भारत के इतिहास को हमेशा के लिए बदल कर रख दिया.

यह भारतवर्ष के इतिहास के उस दौर की बात है जब एक बार फिर भारत ऐसे छोटे-छोटे राजे-रजवाड़ों में बिखर रहा था, जो एक-दूसरे से लड़ते-मरते रहते थे. भारत को एक रखने वाली केंद्रीय ताकत नहीं थी. मध्य एशिया से, अफ़गानिस्तान से लुटरे आते थे और भारत में लूट-मार के बाद वापस लौट जाते थे. इस दौर में शुरू हुई थी बालक पृथ्वीराज चौहान की कहानी. ये वही बालक था, जिसकी गिनती आगे चलकर महान हिंदू योद्धाओं में हुई और जिसे कई लोग दिल्ली की गद्दी पर बैठने वाला आखिरी हिंदू शासक मानते हैं. पृथ्वीराज की इस कहानी का सबसे महत्वपूर्ण अध्याय है महज 11 साल की उम्र में उसका राजतिलक, जिसकी भूमिका उसके पिता और अजयमेरु के राजा सोमेश्वर की असमय मृत्यु के बाद लिखी गई.

यह सन 1177 की बात है. अजयमेरु, जिसे आज हम अजमेर कहते हैं, के राज महल में 11 साल के बालक पृथ्वीराज चौहान का राजतिलक हो रहा है. पंडित मंत्रोच्चार करके उसे राजमुकुट पहना रहे हैं. बालक को राज तलवार सौंपी जा रही है. बगल में पृथ्वीराज की माता कर्पूर देवी खड़ी होकर मुस्कुराते हुए अपने बालक को अजमेर का महाराज बनने पर आशीर्वाद दे रही हैं, और राजतिलक संपन्न होते ही पूरा राजमहल महाराज पृथ्वीराज चौहान के जयघोष से गूंज उठता है. बालक पृथ्वीराज चौहान को जिस राज्य की गद्दी पर बैठाया गया है वो राजस्थान का सबसे बड़ा राज्य था.

इसे शाकंभरी राज्य भी कहते थे, जिस पर चौहान वंश के राजा राज कर रहे थे. अजयमेरु तब शाकंभरी राज्य की राजधानी हुआ करता था. 11 साल के पृथ्वीराज चौहान के लिए राजकाज चलाना संभव नहीं था. लिहाज़ा उनकी मां और महारानी कर्पूर देवी ही राज्य चला रही थीं, लेकिन चूंकि राजगद्दी खाली नहीं छोड़ी जा सकती थी, इसलिए नाबालिग राजकुमार को राजा बना दिया गया था.

इतिहास की इस महत्वपूर्ण घटना की पुष्टि करते हुए यूजीसी एमेरिट्स फेलो शशि अरोड़ा देवड़ा कहती हैं कि राजस्थान की परंपरा थी कि राजगद्दी कभी खाली नहीं रह सकती. जो भी बड़ा राजकुमार होता था, जिसे पाटवी राजकुमार कहा जाता था, उसे राजगद्दी पर बैठा दिया जाता था, चाहें वो किसी भी उम्र का हो. इसमें एक प्रावधान यह भी था कि बालक की मां को राजा की मृत्यु के बाद राजमाता की उपाधि दे दी जाती थी. वह अपने नाबालिग पुत्र की ओर से राज्य का शासन चलाती थी, यानी राज्य की बागडोर असल में उसी के हाथों में होती थी.

पृथ्वीराज चौहान इसी परंपरा के अनुरूप राजा बने होंगे, लेकिन उनका राज्याभिषेक और उनके पिता सोमेश्वर की मृत्यु किन हालात में हुई इसके बारे में कई तरह की कहानियां प्रचलित हैं. एक कहानी का ज़िक्र पृथ्वीराज रासो में आता है, जो पृथ्वीराज चौहान और उनके वंश के बारे में सबसे चर्चित किताब है. पृथ्वीराज रासो में लिखी सभी कहानियों की ऐतिहासिक पुष्टि तो नहीं होती लेकिन इसकी कहानियां दिलचस्प हैं. एक कहानी के मुताबिक उस समय आज के गुजरात और तब के वल्लभी में चालुक्य वंश के महाराजा भीमदेव सोलंकी का राज था, जिनके पास एक बड़ी सेना थी.

सोलंकी चंद्रावती राज्य की राजकुमारी इच्छन से शादी करना चाहते था. राजकुमारी को पाने के लिए भीमदेव सोलंकी ने चंद्रावती के राजा सलख को चिट्ठी लिखी, लेकिन राजा सलख ने उससे अपनी बेटी की शादी करने से इन्कार कर दिया.

पृथ्वीराज रासो में लिखा है कि इससे राजा भीमदेव सोलंकी ने खुद को बहुत अपमानित महसूस किया और उसने चंद्रावती पर हमला कर दिया. दूसरी तरफ़ जब ये बात पृथ्वीराज को पता चली, तब उन्होंने एक राजकुमारी के मान की रक्षा के लिए एक बड़े शासक से शत्रुता मोल ले ली. कहा जाता है कि उन्होंने पूरे सम्मान के साथ चंद्रावती की राजकुमारी इच्छन को पृथ्वीराज ने पत्नी बनाया. इस तरह अजमेर को उसकी राजवधू मिल गई. लेकिन इससे नाराज़ भीमदेव सोलंकी ने अजमेर पर आक्रमण कर दिया, जिसके दौरान पृथ्वीराज के पिता राजा सोमेश्वर की मृत्यु हो गई.

इस बात से युवा पृथ्वीराज बौखला उठा और उसने अपने राजमहल में अपने तमाम दरबारियों के सामने, गुस्से से कमान से तलवार खींचकर एक बड़ा प्रण ले लिया, “मैं प्रण लेता हूं कि मैं अपने पिता महाराज सोमेश्वर की मृत्यु का प्रतिशोध लेकर रहूंगा. जब तक प्रतिशोध नहीं ले लेता मैं घी नहीं खाऊंगा. मैं पगड़ी भी नहीं पहनूंगा.”

पृथ्वीराज चौहान के तमाम दरबारी उसका हौसला बढ़ाने के लिए जय जयकार करने लगे.

पृथ्वीराज रासो में लिखा है कि राजकुमारी इच्छन से विवाह की वजह से पृथ्वीराज चौहान और राजा भीमदेव के बीच ठनी. लेकिन ये बात ऐतिहासिक रूप से सही नहीं लगती, क्योंकि ज़्यादातर इतिहासकारों

का मानना है पृथ्वीराज जब 11 साल के थे, तभी उनके पिता राजा सोमेश्वर की मृत्यु हो गई थी और इसके बाद उनका राज्याभिषेक हुआ. राज्याभिषेक के बाद राजकाज उनकी मां कर्पूर देवी की निगरानी में चल रहा था. अधिकांश इतिहासकार यही मानते हैं कि राजा भीमदेव से लड़ाई की असली वजह पृथ्वीराज चौहान की राज्यविस्तार की नीति थी, जो पृथ्वीराज के बड़े होने के बाद शुरू हुई थी.

लेकिन पिता की मौत की तरह पृथ्वीराज के राज्याभिषेक को लेकर एक और बड़ा सवाल है कि क्या उसका राज्याभिषेक सिर्फ़ अजमेर में हुआ था या इसके साथ-साथ दिल्ली में भी हुआ था? इसका जवाब भी पृथ्वीराज रासो में मिल सकता है, जिसके मुताबिक पृथ्वीराज के नाना अनंगपाल दिल्ली के राजा थे. उन्होंने राजमाता कर्पूर देवी को एक पत्र लिखा था.

राजमाता कर्पूर देवी अपने राजमहल में बैठी हुई, राजा अनंगपाल का राजकीय पत्र पढ़ ही रही थीं कि 11 साल का नन्हा राजा पृथ्वीराज वहां खेलते-खेलते पहुंच गया. मां के हाथ में पत्र देखकर उसने उत्सुकतावश पूछा, "ये आप क्या पढ़ रही हैं?"

रानी मां ने बेटे को अपने करीब बुलाया और उसके सिर पर प्यार से हाथ फेरकर कहा, "बेटा, आपके नाना जी का पत्र आया है. वे आपको दिल्ली बुला रहे हैं."

नन्हे पृथ्वीराज को ये बात अच्छी नहीं लगी. वो बालहठ करता हुआ बोला, "नहीं मां, आपको और अपने अजमेर को छोड़ कर मैं कहीं नहीं जाने वाला."

रानी मां उसकी बात सुनकर हंस पड़ती हैं. वो कहती हैं, "अरे

बाबा, नाना जी का लिखा पत्र है. एक बार इसे पढ़ तो लो."

रानी और उनके लाड़ले के बीच ये बात हो ही रही थी कि रानी के कक्ष में राज्य के महामंत्री कैमास आ गए. महारानी ने उन्हें देखकर कहा, "लीजिए महामंत्री जी, अब आप ही पढ़ कर इसे समझाइए."

कैमास रानी के हाथ से पत्र लेकर पढ़ने लगे. उसमें लिखा था:

"आप से विनती है कि अपने कुल दीपक को मेरा कुल दीपक बना दें. पृथ्वीराज को दिल्लीश्वर बना कर मैं बद्रीकाश्रम वास करना चाहता हूं. पृथ्वीराज हमारी दिल्ली की संभाल हमसे बेहतर करेगा. मेरी बेटी का बेटा होने के कारण उस पर मेरा स्वाभाविक अधिकार है."

पत्र समाप्त हुआ तो महामंत्री कैमास के चेहरे पर मुस्कान खिल गई. उन्होंने खुश होते हुए कहा, "राजमाता, ये तो बड़ी प्रसन्नता की बात है."

राजमाता कर्पूर देवी ने भी मुस्कुराते हुए हां में सिर हिलाया. केवल पृथ्वीराज ही था जो खुश नहीं था, वो नाराज़ होकर वहां से बाहर चला गया. रानी मां दौड़कर उसके पीछे गईं और पीछे-पीछे महामंत्री कैमास भी कक्ष से बाहर चले गए.

कहा जाता है कि दिल्ली के राजा अनंगपाल का संदेश मिलने के बाद पृथ्वीराज का दिल्ली में भी राज्याभिषेक हुआ. पृथ्वीराज रासो की ये कहानी खूब चर्चित है, लेकिन पृथ्वीराज के दिल्ली का राजा बनने की यही एकमात्र कहानी नहीं है. दरअसल कई इतिहासकार ये मानते हैं कि पृथ्वीराज चौहान के दादा, वृगहराज ने 1151 में ही दिल्ली पर कब्ज़ा कर लिया था. पर वो अपना शासन अजमेर से ही चलाते थे. लिहाजा दादा और पिता की मृत्यु के बाद पृथ्वीराज चौहान को दिल्ली

की गद्दी विरासत में मिली थी. इस संदर्भ में इतिहासकार विघ्नेश कुमार त्यागी कहते हैं कि ये ही वही वृगहराज चतुर्थ थे, जिन्होंने सैन्य शक्ति से दिल्ली के तोमर वंश पर कब्ज़ा कर लिया था और वहां के राजा को अपदस्थ कर उसके राज्य को अपने चौहान राज्य में मिला लिया था. चौहान वंश के दिल्ली पर शासन के साथ ही मेरठ मंडल, सहारनपुर मंडल और आज के मुरादाबाद मंडल, बरेली मंडल और अलीगढ़ मंडल, ये इलाके खुद ब खुद उनके ही अधिकार में आ गए थे. इसलिए यह कहना पूरी तरह सही नहीं होगा कि पृथ्वीराज को दिल्ली की गद्दी अपने नाना से मिली. लेकिन दूसरी तरफ़, अपने नाना से गद्दी मिलने की बात को इस लिहाज से सही माना जा सकता है कि जब दिल्ली पर चौहान वंश का शासन हुआ तो पृथ्वीराज के दादा ने अपने एक पुत्र की शादी तोमर वंश की राजकुमारी से कर दी थी इसलिए दिल्ली के शासक रहे तोमर वंश के राजा पृथ्वीराज के नाना हुए.

इस तरह पृथ्वीराज के दिल्ली राज्याभिषेक की कहानी के कई अलग-अलग पहलू भले ही हों, लेकिन एक बात पर सभी एकमत हैं कि इतिहास के जिस दौर में राजस्थान में पृथ्वीराज चौहान का राज्याभिषेक हुआ वो भारतवर्ष के लिए बड़े बिखराव का समय था. यह राजाओं की आपसी लड़ाई का समय था. बाहर से आए हमलावर मुसलमान कबीलों की लूट का समय था. 11वीं शताब्दी में महमूद गज़नी के नेतृत्व में उसके कबीले ने मथुरा, वृंदावन, और कन्नौज में लूट और आगजनी की. सन 1025 में महमूद ने अपने आखिरी हमले में सोमनाथ के मंदिर को लूटा. उसके मरने के बाद उसके वंशज भारत पर लगातार हमला करते रहे और लूटते रहे. 12वीं शताब्दी में उसकी

जगह गोर के मोइज़्ज़ुद्दीन मोहम्मद ने ली, जिसे हम मोहम्मद गोरी के नाम से भी जानते हैं. कहा जाता है कि उसने भी गुजरात पर हमला किया लेकिन वहां उसे हार का सामना करना पड़ा. गुजरात की इस हार के बावजूद वो पश्चिमी पंजाब के लाहौर में अपना परचम लहराने में कामयाब हुआ.

जब बाहर से एक के बाद एक हमले हो रहे थे, उस समय उत्तर भारत के छोटे-छोटे राज्य आपसी टकराव और युद्ध में व्यस्त थे. कन्नौज में गहड़वाल, बुंदेलखंड में चंदेल, जबलपुर के पास कलचुरि, मालवा में परमार और गुजरात में चालुक्य वंश का शासन था, जबकि राजस्थान और उसके आसपास के इलाकों में चौहानों का राज था जिसका केंद्र अजयमेरु था. इन राज्यों के अंदर भी छोटे-छोटे सामंत और राजा हुआ करते थे जो अक्सर बड़े राजा से स्वंतत्र होने की कोशिश में रहते थे.

भौगोलिक मानचित्र पर भारत की इस परिस्थिति के बारे में इतिहासकार घनश्याम देवड़ा कहते हैं कि उस समय भारत सांस्कृतिक दृष्टि से तो एक माना जा सकता है क्योंकि तब तक तीर्थस्थानों की स्थापना हो चुकी थी. इसके अलावा और भी कई कारक थे जिन्होंने भारत को धार्मिक और सांस्कृतिक दृष्टि से एक किया लेकिन यह न तो राजनीतिक दृष्टि से एक था और न ही आर्थिक दृष्टि से. राजनीतिक रूप से जहां एक तरफ़ चौहान साम्राज्य था, तो उसके निकट पंजाब में तुर्कों का शासन था. मध्यप्रदेश, गुजरात, बंगाल और दक्षिण भारत में भी अलग-अलग राजाओं का अपना स्वतंत्र शासन था.

भारत का एक राजनीतिक ईकाई न होना पृथ्वीराज के सामने

चुनौतियां पेश कर रहा था. इनमें से पहली तो विरासत में मिले राज्य को एक रखने की ही थी. युवा पृथ्वीराज ने इस चुनौती को स्वीकार करते हुए अपनी तैयारी शुरू कर दी थी. वो रात-दिन युद्धाभ्यास में बिताने लगा.

युद्धाभ्यास राजमहल के निकट होता था. उसे कभी घोड़े पर सवार होकर युद्ध करना सिखाया जाता, तो कभी आंख पर पट्टी बांध कर तीर चलाना. पृथ्वीराज को पराक्रम तो मानो विरासत में मिला था. उसके एक-एक वार में वीरता झलक रही थी. ऐसे ही एक दिन कर्पूर देवी कुछ वरिष्ठ मंत्रियों के साथ इस युद्धाभ्यास को देख रही थीं. अपने बेटे के जौहर पर उन्हें बड़ा संतोष और गर्व से महसूस हो रहा था. तभी महामंत्री कैमास वहां आए. उन्हें वहां देखकर पृथ्वीराज ने अपना अभ्यास छोड़ दिया. अपना कवच और बाजूबंद खोलते हुए वो राजमाता के पास आए और महामंत्री से बोले, "जी महामंत्री जी, आप यहां आए. कोई विशेष बात?"

महामंत्री ने पृथ्वीराज का अभिवादन करते हुए कहा, "महाराज, राज्य में वैसे तो सब कुशल और शांति है. लेकिन सीमा पर शत्रुओं की हलचल बढ़ गई है."

अपने स्थान पर विराजमान होने के लिए आगे बढ़ते पृथ्वीराज चौहान, ये सुनकर ठिठक गए और पलट कर पूछा, "कौन हैं वो शत्रु?"

महामंत्री कैमास ने अपने राजा की जिज्ञासा शांत की, "एक नहीं महाराज, कई शत्रु हैं. लेकिन इस वक्त सबसे ज़्यादा ख़तरा विग्रहराज के पुत्र नागार्जुन से है."

"नागार्जुन?" नाम सुनकर पृथ्वीराज चौंक गए.

महामंत्री कैमास अपनी बात जारी रखते हैं, "महाराज, सूचना मिली है कि नागार्जुन गुडपुर पर अधिकार कर अजमेर की तरफ़ बढ़ने की योजना बना रहा है."

अब तक बेहद गुस्से में आ चुके पृथ्वीराज चौहान मुट्ठी भींचते हुए बोले, "क्या कहा, अजमेर की तरफ़! क्या उसे नहीं मालूम कि हमारे राज्य में विद्रोह करने का क्या परिणाम होता है?"

बेटे का गुस्सा शांत करने राजमाता उसके करीब आ जाती हैं. उन्हें भी नागार्जुन से ऐसी हिमाकत की उम्मीद नहीं थी. आखिर वो नागार्जुन, पृथ्वीराज का चचेरा भाई था.

कहते हैं कि इसके बाद नागार्जुन को पृथ्वीराज से विद्रोह का जो परिणाम भुगतना पड़ा वो सचमुच दिल दहला देने वाला था. आज जहां पर दिल्ली से सटा गुड़गांव शहर हैं, बारहवीं शताब्दी में वो गुडपुर कहलाता था. पृथ्वीराज चौहान की सेना ने गुडपुर को घेर कर आक्रमण कर दिया. नागार्जुन तो भाग निकला लेकिन उसके परिवार के लोग और कई सैनिक बंदी बना लिए गए. पृथ्वीराज के आदेश से कई बंदियों को मारकर उनके सिर काट लिए गए. पृथ्वीराज चौहान के आदेश से कटे हुए सिरों को बंदनवार की तरह अजमेर के दरवाज़े पर सजाया गया. ये पृथ्वीराज के दुश्मनों के लिए एक बड़ी चेतावनी थी. इस जीत से पृथ्वीराज का सैनिक अभियान रुका नहीं. गुडपुर के बाद उसने भंडानक प्रदेश पर आक्रमण किया और उसे पराजित कर अपने राज्य में मिला लिया. ऐसा अनुमान है कि भंडानक प्रदेश चौहान राज्य की पूर्वी सीमा से सटा था. भंडानकों के राज्य पर अधिकार कर लेने

के बाद पृथ्वीराज की सेना चंदेल राज्य की तरफ़ बढ़ी. वही चंदेल, जो आज उत्तर प्रदेश और मध्यप्रदेश में फैला बुंदेलखंड इलाका है. उस समय महोबा चंदेल राज्य की राजधानी थी, जिसके योद्धाओं आल्हा और उदल की वीरता के बावजूद पृथ्वीराज को जीत मिली. इस जीत से उसका सीमा विस्तार तो ज़्यादा नहीं हुआ लेकिन पृथ्वीराज धनसपंदा जुटाने में कामयाब रहा.

इन कामयाबियों से पृथ्वीराज के मन में कई इच्छाओं ने जन्म ले लिया था. इतिहासकार रीमा हूजा कहती हैं कि इन लड़ाइयों के बाद युवा राजा पृथ्वीराज के मन में ये इच्छा घर कर गई थी कि वो एक बड़े राज्य की स्थापना करे. इसका कारण ये था कि उसके चौहान वंश का राज्य तो पहले ही काफी फैला हुआ था, इतिहास में वो बहुत विख्यात था. चौहान वंश ने जिस किसी पर हमला किया था, उसे जीत कर अपने राज्य में मिला लिया या फिर उसने इनकी अधीनता को स्वीकार कर लिया था. अपने इसी इतिहास के मद्देनज़र पृथ्वीराज को ये लगा कि अब मैं अपने कुल के गौरव को और बढ़ाऊं और अपने समय का एक बड़ा राजा बन जाऊं. जब पृथ्वीराज ने ये सोचा होगा तब उसकी उम्र महज बीस या बाईस साल रही होगी. यह समय युद्ध और सूझबूझ से अपने शासन का विस्तार करने के लिए काफ़ी था.

इस तरह गौरवशाली इतिहास और चमकदार भविष्य के बीच खड़ा पृथ्वीराज सम्राट बनना चाहता था. शुरुआती सैनिक अभियानों में जो विजय मिली उनसे उसकी महत्वाकाक्षाएं जाग उठी थीं. वो प्राचीन सम्राटों की तरह आसपास के सभी राज्यों को जीतने की दिग्विजय योजना बना रहा था. लेकिन ये इतना आसान नहीं था. उन दिनों कुछ

बड़े राजपूत राज्य पृथ्वीराज चौहान को टक्कर देने की स्थिति में थे. और एक विदेशी आक्रमण का खतरा भी पंजाब से लगने वाली उसकी सीमा पर दस्तक दे रहा था. अपने महामंत्री और सेनापति के साथ बैठक में एक दिन उसे इसका स्पष्ट अंदाज़ा हो भी गया था. इस बैठक में पृथ्वीराज राज्य विस्तार की योजना पर चर्चा कर रहा था. उसके सामने राज्य की तत्कालीन भौगोलिक स्थिति का नक्शा था जिसे देखते हुए उसके सेनापति ने उसे कहा, "महाराज, हमारे राज्य के दक्षिण पश्चिम में चालुक्य राजा भीमदेव की शक्ति बढ़ती जा रही है. ये हमारे लिए बड़ी परेशानी खड़ी कर सकते है."

"ऐसा क्यों सेनापति?"

इसका जवाब सेनापति ने नहीं, प्रधानमंत्री कैमास ने दिया. वे बोले, "महाराज, नाडौल और आबू के पास हमारी सीमाएं चालुक्य राज्य से मिलती हैं. वो इधर से ही हमारे राज्य के सीमावर्ती इलाकों पर कब्ज़ा करने की कोशिश में है. और परेशान करने वाली बात ये है महाराज कि चालुक्य की सेना शक्तिशाली है और अभी-अभी उन्होंने मुहम्मद् गोरी को हराया है."

"मुहम्मद गोरी?" ये नाम सुनकर पृथ्वीराज चौंक गया.

सेनापति उसकी हैरानी को भांप चुके थे, इसीलिए उन्होंने नक्शे पर देखते हुए पृथ्वीराज को आगे समझाना शुरू किया, "महाराज, वो पश्चिम में मुल्तान, कच्छ और सिंध को जीतता हुआ चालुक्यों की सीमा में घुसने की कोशिश कर चुका है और अब चालुक्यों से मिली हार के बाद उसने पंजाब की ओर रुख किया है."

"पंजाब की ओर!"

पृथ्वीराज चौहान ने सेनापति को और सेनापति ने महामंत्री को देखा. तीनों जैसे इस बात का मतलब समझ चुके थे.

इतिहास बताता है कि गुजरात के चालुक्य राजा भीमदेव की सेना से हारने के बाद मुहम्मद गोरी ने अपनी नीति बदली. उसने पश्चिमी पंजाब पर कब्ज़ा करना शुरू किया. उसने सन 1179-80 में पेशावर पर और 1181 में लाहौर पर कब्ज़ा कर लिया. 1186 आते-आते मुहम्मद गोरी, पृथ्वीराज चौहान को चुनौती देने के लिए तैयार हो गया था. अब सवाल था कि कब और कहां?

उधर पृथ्वीराज चौहान राजपूत राजाओं पर मिली शुरुआती जीत के बाद गुजरात के ताकतवर राजा भीमदेव से जा भिड़े. लेकिन इस लड़ाई में किसी को कोई निर्णायक जीत नहीं मिली. पृथ्वीराज नौजवान थे, महात्वाकांक्षी थे, लिहाजा वो रुकने वाले नहीं थे. अब उन्होंने कन्नौज की तरफ़ रुख किया.

कन्नौज की भिड़ंत में दो तरह की कहानियां सामने आती हैं. एक युद्ध की और दूसरी अमर प्रेम की. पहले बात प्रेम कहानी की, जिसके नायक तो पृथ्वीराज हैं और नायिका हैं कन्नौज के राजा जयचंद की पुत्री राजकुमारी संयोगिता.

इतिहास बताता है कि राजा जयचंद और पृथ्वीराज के बीच भारी मनमुटाव था. दोनों ही एक दूसरे को नीचा दिखाने और राज्य पर कब्ज़ा करने की कोशिश में लगे रहते थे. उधर बेहद सुंदर राजकुमारी संयोगिता, पृथ्वीराज से अपने पिता की शत्रुता के बावजूद उसको ही अपना सब कुछ मान चुकी थी. एक दिन श्रृंगार भवन में अपनी एक सहेली से अपने दिल में छुपी बात ज़ाहिर करते हुए संयोगिता ने कहा,

"मेरे पिता मेरे स्वयंवर की तैयारी कर रहे हैं, लेकिन मैं तो पृथ्वीराज को ही अपनी जीवन धन मान चुकी हूं."

इस पर सहेली ने संयोगिता को चेताते हुए कहा, "किंतु संयोगिता, यदि महाराज जयचंद ने तुम्हारे मन की बात जान ली तो क्या होगा जानती हो?"

सहेली की इस चेतावनी पर मुस्कुराते हुए संयोगिता ने कहा, "संयोगिता के मन में पृथ्वीराज बसते हैं और जहां पृथ्वीराज हों वहां भय नहीं रहता. मैं अपने पिता की शत्रुता में अपने स्नेह को स्वाहा नहीं होने दूंगी सखी."

मतलब साफ़ था. संयोगिता, पृथ्वीराज के प्रेम में डूबी हुई थी. पृथ्वीराज की वीरता की खबर दूर-दूर तक फैल चुकी थी. वीरता की इन कहानियों से संयोगिता भी अछूती नहीं थी. दूसरी तरफ़, संयोगिता की सुंदरता की चर्चे भी दूर-दूर तक थे. पृथ्वीराज को भी संयोगिता की सुंदरता के बारे में ख़बर थी. वो संयोगिता के मिलने का सही मौका ढूंढ़ रहे थे. चंदबरदाई लिखित पृथ्वीराज रासो का लगभग एक तिहाई भाग पृथ्वीराज और संयोगिता के प्रेम प्रसंगों से भरा हुआ है. यहां तक कि *अकबरनामा* और *आइने अकबरी* के लेखक अबुल फज़ल ने भी इस प्रेम प्रसंग का ज़िक्र किया है.

लेकिन संयोगिता के प्रेम में पड़ने से पहले पृथ्वीराज को जल्दी ही एक ऐसी चुनौती का सामना करना था जिसमें हार का मतलब सिर्फ़ चौहान राजवंश ही नहीं, बल्कि भारतवर्ष के देसी राजे-रजवाड़ों का अंत भी निहित था. अब चौहान को चुनौती देने वाला था मुइज़्ज़ुद्दीन मोहम्मद गोरी.

यह सन 1191 ईसवी की बात है. मुइज़्ज़ुद्दीन मोहम्मद गोरी ने गुजरात में हारने के बाद 13 साल में पेशावर, रावलपिंडी, लाहौर, सियालकोट जैसे इलाकों पर एकछत्र राज्य कायम किया. अब वो दिल्ली की तरफ़ बढ़ना चाहता था. इसी मकसद से उसने सरहिंद के किले पर कब्ज़ा किया. सरहिंद से पृथ्वीराज चौहान के राज्य की सीमा लगती थी.

एक रात अपने युद्ध शिविर में बैठे मुहम्मद गोरी ने अपनी फौज को आगे बढ़ने का आदेश देते हुए अपने सेनापति ज़ियाऊद्दीन से कहा, "सरहिंद के किले को फतह करें, जिसके बाद आप एक बड़ी फौज के साथ उसकी हिफाज़त करेंगे."

पृथ्वीराज को मुहम्मद गोरी का अपनी सरहद तक पहुंचना कतई कबूल नहीं था. गोरी से निपटने के लिए उसकी सेना आगे बढ़ी और बठिंडा के तरफ आगे बढ़ी. उधर मुहम्मद गोरी ने भी खुद मोर्चा संभालने का फैसला किया. दोनों की सेना तराइन में आमने सामने थी

. तराइन के मैदान में पृथ्वीराज के सैनिक मुहम्मद गोरी की फौज पर टूट पड़े. तराइन में मुहम्मद गोरी और उसकी फौज की बुरी गत हुई. मुहम्मद गोरी को पृथ्वीराज के भाई और दिल्ली के सामंत गोविंदराज ने भाला मार कर ज़ख़्मी कर दिया. अधमरी हालत में उसका एक सैनिक उसे लड़ाई के मैदान से बचा ले गया. कहा जाता है कि मैदान में पीठ दिखाकर भागते गोरी और उसके सैनिकों को पृथ्वीराज ने मारने का हुक्म नहीं दिया. माना जाता है कि ये आदेश न देना पृथ्वीराज की ऐतिहासिक भूल साबित हुई. इतिहासकार विघ्नेश कुमार त्यागी भी पृथ्वीराज के इस फैसले के बारे में यही राय रखते हैं.

उनका मानना है कि जब गोरी और उसकी सेना युद्ध के मैदान से भाग रही थी तो पृथ्वीराज ने उनका पीछा करके उन्हें मरवाने का हुक्म नहीं दिया. शत्रुओं को युद्ध के मैदान से भागने का मौका देना पृथ्वीराज के लिए सही निर्णय नहीं था. हो सकता है कि वो उस समय मानवीय दृष्टिकोण को आगे रखकर अपने आपको इस भावना का वाहक बनाना चाहते थे कि अगर शत्रुओं ने पीठ दिखा दी है तो फिर उन्हें नहीं मारना चाहिए, लेकिन फिर भी इतिहास में ये उनकी एक बड़ी रणनीतिक चूक के तौर पर दर्ज़ हो गया.

अब यहां बहुत सारे प्रश्न उठते हैं. सबसे महत्वपूर्ण प्रश्न यह है कि पृथ्वीराज चौहान ने गोरी का पीछा कर उसे मारा क्यों नहीं? अगर मार देते तो क्या भारतवर्ष का इतिहास कुछ और होता?

तराइन की पहली लड़ाई के नाम से जाने जाने वाले इस युद्ध में पृथ्वीराज चौहान की जीत हुई, जिसने भारतवर्ष के क्षितिज पर उसे आंखें चौंधिया देने वाला सूर्य बना दिया.

उधर लड़ाई के मैदान से बहुत दूर कन्नौज में संयोगिता इस सूर्य की रोशनी को समेटने के लिए तैयार थी. संयोगिता की इस प्रेम भावना से बेखबर उसके पिता जयचंद ने स्वयंवर का आयोजन कर रखा था. राजा जयचंद ने संयोगिता के स्वयंवर के लिए देश भर के राजकुमार, राजाओं, महाराजाओं को बुलाया लेकिन राजा पृथ्वीराज को आमंत्रित नहीं किया. इतना ही नहीं पृथ्वीराज को अपमानित करने के लिए द्वारपाल की जगह पृथ्वीराज का एक काठ का पुतला लगवा दिया.

पृथ्वीराज के इस पुतले के पास ही कन्नौज के राजा जयचंद खड़े होकर राजदरबार में आने वाले लोगों की अगवानी कर रहे हैं. वो बार

बार इस पुतले की तरफ़ देख कर मुस्कुरा रहे हैं. मानो कह रहे हों - तुम्हारी यही जगह है पृथ्वीराज.

उनके ये भाव देखकर अंदर जा रहे हैं राजा – राजकुमार भी हंस रहे हैं. कुछ के लिए राजा पृथ्वीराज आज हंसी का पात्र है तो कुछ के लिए ये उसका ये अपमान कौतुहल का विषय है. लेकिन राजा जयचंद और उनके ये मेहमान इस बात से अंजान हैं कि कि दरबार की इसी भीड़ में आम आदमी के भेष में खुद जीता-जागता राजा पृथ्वीराज चौहान भी मौजूद है.

इस बीच राजा जयचंद अपने महल में पहुंचे अपने मेहमानों का हाथ जोड़कर अभिवादन करते हुए अपने सिहांसन पर पहुंच चुके हैं और बोलना शुरु करते हैं - ये मेरे लिए ही नहीं परंतु कन्नौज के परमवीर गहड़वाल क्षत्रिय वंश के लिए अपार प्रतिष्ठा का कारण है कि आप सभी राजा महाराजा, युवराज, मेरी पुत्री सौभाग्यवती संयोगिता के स्वयंवर में पधारे हैं. स्वयंवर की परंपरा के मुताबिक मेरी पुत्री संयोगिता स्वयं ही अपने वर का चयन करेगी.

ये कह राजा जयचंद सेवकों को इशारा करता है कि संयोगिता को दरबार में बुलाया जाये. कुछ ही पलों में राजकुमारी संयोगिता वर माला लेकर अपनी दासियों और रिश्तेदारों के साथ दरबार में पहुंची. वरमाला लिए संयोगिता जिन-जिन राजा, राजकुमार के सामने से वो गुजरती है वो इस उम्मीद में खड़े होते जा रहे हैं कि संयोगिता अब उनके गले में माला पहनाएगी, लेकिन एक एक राजा-राजकुमार को पार करके संयोगिता तो आगे बढ़ती जा रही है, और ये क्या दरबार के आसनों की पंक्ति के आखिर में संयोगिता ठीक वहीं जाकर रुकी, जहां द्वारपाल

के रुप में राजा पृथ्वीराज का आदमकद काठ का पुतला खड़ा है. संयोगिता ने बिना समय गवाएं पृथ्वीराज के पुतले को माला पहना दी. जैसे ही वो संयोगिता ने पुतले के गले में वरमाला डाली. दरबार में मानो अफरातफरी मच गई.

राजा जयचंद को भी मानो ज़ोर का झटका लगा. वो गुस्से से चिल्लाया – संयोगिता, ये तुमने क्या किया?

तभी भीड़ में मौजूद आम आदमी भेष धारी राजा पृथ्वीराज, दरबार के बीचों– बीच आकर ज़ोर से चिल्लाते हुए कहता है – बिल्कुल उचित किया.

और ये कहते ही राजा पृथ्वीराज, राजकुमारी संयोगिता का हाथ थाम लेता है. दरबार में तलवारें खिंच जाती हैं. राजा जयचंद आदेश देता है – सिपाहियों पकड़ो इस दुष्ट को

लेकिन राजा पृथ्वीराज, राजकुमारी संयोगिता को घोड़े पर लेकर बिजली की गति से महल के दायरे, और सिपाहियों की पहुंच से बाहर हो गए.

लेकिन पृथ्वीराज के प्रति इस असम्मान के बावजूद, संयोगिता ने उसे अपना वर चुन लिया और उसके साथ चली गई. पृथ्वीराज और संयोगिता के इस प्रेम प्रसंग, या जयचंद की नज़र से देखें तो राजकुमारी संयोगिता के अपहरण की कहानी का पूरा ज़िक्र पृथ्वीराज रासो में है. संयोगिता के अपहरण की कहानी की सत्यता की कई पहलुओं से पड़ताल करते हुए इतिहासकार शशि अरोड़ा देवड़ा कहती हैं कि कोई भी राजकुमारी जब बचपन से जवानी की दहलीज पर कदम रखती है तो उसकी आंखों में यही सपना होता है कि उसके सपनों का राजा एक

योद्धा होगा. राजा पृथ्वीराज, संयोगिता के समय के सबसे बड़े योद्धा थे, तो ऐसी स्थिति में संयोगिता का उनकी ओर आकर्षित होना कोई बड़ी बात नहीं थी. जिस तरह स्वयंवर के आयोजन में राजा जयचंद ने पृथ्वीराज को आमंत्रित न करके उनके गर्व और सम्मान को चोट पहुंचाई थी, उस लिहाज से जयचंद को सबक सिखाने की दृष्टि से पृथ्वीराज का जयचंद के दरबार तक पहुंच जाना भी कोई अनहोनी बात नहीं थी. तीसरी बात ये कि धर्मशास्त्र के अनुसार स्वयंवर भी एक स्वीकृत विवाह है तो संयोगिता के साथ उसका विवाह या प्रेम प्रसंग होना भी कोई अनहोनी घटना नहीं थी.

भरे राजदरबार से संयोगिता के "अपहरण" की घटना को अगर पूरी तरह सत्य मान लें तो इतना तो मानना ही होगा कि ऐसा करके पृथ्वीराज ने जयचंद से बड़ी दुश्मनी मोल ली थी. वह पृथ्वीराज चौहान का शत्रु तो था ही, लेकिन संयोगिता के "हरण" और शादी ने आग में घी का काम किया. पहले से ही पृथ्वीराज चौहान की बढ़ती ताकत से उत्तर भारत के कई शक्तिशाली राजपूत राजा उन्हें नापंसद कर रहे थे. इन सब खतरों से बेपरवाह पृथ्वीराज सकुशल संयोगिता को लेकर दिल्ली पहुंच गए. अब तो पृथ्वीराज, संयोगिता के प्रेम में इस तरह डूबे कि दीन-दुनिया, राज-पाट की उन्हें कोई फिक्र ही नहीं रही. अपने मंत्रियों और आम लोगों से पृथ्वीराज ने मिलना ही छोड़ दिया.

दूसरी तरफ़ पृथ्वीराज से पराजित गोरी की नज़र बदले पर थी. गोरी के लिए नींद और आराम दोनों ही हराम हो गए थे. हार से बिलबिलाए मुहम्मद गोरी ने एक दिन अपने खास सिपहसालारों के साथ बैठक में अपने गुस्से का इज़हार करते हुए कहा, "जब से मैं हिंद के राजा से

हारा हूं, मैंने जिस्म के कपड़े नहीं बदले हैं. मैं औरतों से दूर रहा. मैंने जंग से दूर रहनेवाले लोगों का मुंह भी नहीं देखा. मेरा एक ही मकसद है–फौज को फिर से खड़ा करना और फिर से हमला करना." सिपहसालारों ने उसकी हां में हां मिलाई, और हमले की तैयारी शुरू कर दी. हार के एक साल बाद 1192 ईसवी में गोरी ने हमला किया. लेकिन उधर संयोगिता के हरण और विवाह के बाद पृथ्वीराज चौहान अपने महल से बाहर ही नहीं आता था.

पृथ्वीराज रासो में चंदबरदाई ने लिखा है कि गोरी के दोबारा हमले की सूचना देने वो महल पहुंचा. उसने अंत:पुर की सेविका को हालात के ब्यौरे के साथ पत्र दिया. सेविका चिट्ठी लेकर अंदर गई. महाराज पृथ्वीराज और संयोगिता शयनकक्ष में थे. लिहाजा बाहर ही चिट्ठी छोड़ कर उसे वापस आना पड़ा. सेविका ने चंदबरदाई को बताया कि उस जगह पहले से ही कई राजकीय पत्रों का ढेर पड़ा था. मतलब पृथ्वीराज ने उन पत्रों को पढ़ा तक नहीं था. चंदबरदाई ने सेविका की ये बातें सुनने के बाद खुद से कहा, "गोरी सरहिंद को जीत कर बढ़ता आ रहा है और महाराज को रूपरंग के आगे कोई खबर ही नहीं है. भले ही मुझे अपने प्राणों की आहुति देनी पड़े, लेकिन अब मैं खुद ज़ाकर उन्हें इस नींद से जगाऊंगा."

सेविका के रोकने के बावजूद, चंदरबरदाई उस दरवाज़े तक पहुंच गए जहां सेविका चिट्टी छोड़ कर आई थी. चंदबरदाई दरवाज़े को ज़ोर-ज़ोर से थपथपाने लगे. यह आवाज़ सुनकर पृथ्वीराज ने बड़ी हैरानी से उठ कर द्वार की ओर देखा और उस तरफ अनमना-सा बढ़ा. बाहर घबराए हुए चंदरबरदाई से उसकी मुलाकात हुई और कुछ इस

हालात में पृथ्वीराज को पता चला कि एक बार फिर सरहिंद पर कब्ज़ा करता हुआ मुहम्मद गोरी दिल्ली की तरफ़ बढ़ने जा रहा है. गोरी पिछले एक साल से इस हमले की तैयारी कर रहा था जबकि पृथ्वीराज जीत के बाद अपने लोगों से दूर होता जा रहा था. उधर संयोगिता के हरण की वजह से उत्तर भारत के सबसे बड़े राज्य कन्नौज के राजा जयचंद से उसे किसी मदद की उम्मीद नहीं थी. गुजरात के भीमदेव और बुंदेलखंड के राजाओं से वो पहले ही लड़ चुका था. इसलिए राजपूत एकजुट हो कर लड़ने के लिए तैयार ही नहीं थे. दूसरी तरफ़ गोरी सवा लाख कवचधारी योद्धाओं की फौज लेकर पृथ्वीराज को टक्कर देने के लिए बढ़ा था. नियति को युद्ध ही मंज़ूर था.

एक बार फिर तराइन के मैदान में पृथ्वीराज और मुहम्मद गोरी की फौज का आमना-सामना हुआ. मैदान वही, प्रतिद्वंद्वी वही लेकिन क्या परिणाम भी वही होना था, जो एक साल पहले हुआ था? यह भी कहा जाता है कि युद्ध से पहले मुहम्मद गोरी ने संधि समझौते के लिए प्रस्ताव भेजा. ये स्पष्ट नहीं है कि पृथ्वीराज ने उस प्रस्ताव को माना या ठुकराया. दोनों की फौजें आमने-सामने खड़ी हुईं. छिटपुट हमले शुरू हुए. एक रात जब पृथ्वीराज सोया हुआ था, तभी गोरी की घुड़सवार फौज ने उसके शिविर पर हमला बोल दिया. जैसे-तैसे हमले से बचते-बचाते पृथ्वीराज चौहान वहां से भाग निकला. उसकी फौज में खलबली मच गई. जब सेनानायक ही न हो तो सेना कैसे लड़ती?

आखिरकार पृथ्वीराज चौहान की पराजय हुई. ये सिर्फ़ पृथ्वीराज की पराजय नहीं थी, ये भारत की पराजय थी और मुहम्मद गोरी की शक्ल में पहला बाहरी शासक इस देश में स्थायी राज स्थापित करने

में कामयाब हुआ. इतिहासकारों की राय में यह भारतीय इतिहास का रुख बदल देने वाली घटना थी, जिसका दंश भारत कई शताब्दियों तक झेलता रहा. दो साल के भीतर गोरी की सेना पंजाब से शुरू होकर वाराणसी तक पहुंच चुकी थी और उसे रोकने वाला कोई पृथ्वीराज रास्ते में मौजूद नहीं था.

पृथ्वीराज चौहान तराइन से निकलने में कामयाब हुआ, लेकिन गोरी की सेना ने सिरसा में उसे पकड़ लिया. कुछ लोग कहते हैं कि वहीं पर गोरी ने पृथ्वीराज की हत्या करा दी. हालांकि, कुछ सिक्के ऐसे मिले हैं जिनसे पता चलता है कि पृथ्वीराज ने गोरी की अधीनता मान ली और सालाना नज़राने के एवज़ में उसे राज चलाने का अधिकार दिया.

इन कहानियों से अलग पृथ्वीराज की गति की एक तीसरी कहानी भी है जो सबसे ज़्यादा प्रचलित है. पृथ्वीराज रासो के मुताबिक मुहम्मद गोरी, पृथ्वीराज को बंदी बनाकर अपने साथ गज़नी ले गया और उसकी आंखें निकलवा दीं. उसने पृथ्वीराज को सरेआम मौत की सज़ा देने के लिए एक खास आयोजन किया था. उस वक्त चंदबरदाई भी पृथ्वीराज के साथ था.

भरे दरबार में मुहम्मद गोरी के सामने पृथ्वीराज बेड़ियों में बंधा, बेबस-सा खड़ा था. पृथ्वीराज का ये हाल देखकर मुहम्मद गोरी अपनी ताकत के नशे में चूर होकर बोला, "हिंदुस्तान के इस जांबाज़ के नाम से लोग कांपते थे लेकिन अब ये हमारे सामने हाथ बांधे खड़ा है. हम इसे मौत देंगे लेकिन इतनी आसानी से नहीं. मैंने सुना है कि ये आवाज़ के इशारे पर तीर चलाता है, क्या ये सच है?"

गोरी की बात सुनकर बगल में बैठा उसका वज़ीर मुस्कराते हुए बोला, "सुल्तान, उसे शब्दभेदी बाण कहते हैं."

मुहम्मद गोरी सिर हिलाते हुए बोला, "हां वही. तो आज हम इसे मौत देने से पहले ये आखिरी तमाशा भी देखेंगे. खोल दो इसके हाथों की ज़ंजीरें."

इसके बाद गोरी चिल्लाते हुए पृथ्वीराज से बोला, "तमाशा दिखा राय पिथौरा. शब्द वेधी तीर चला, चला."

गोरी की चुनौती सुनकर पृथ्वीराज गोरी की दिशा तय करने के लिए घूमते हैं. पर उनसे उसकी दिशा तय नहीं हो पाती. इसी बीच गोरी फिर चुनौती देता हुआ बोला, "बाण चला राय पिथौरा."

अबकी बार पृथ्वीराज गोरी की दिशा तय कर लेते हैं और अंदाज़ा लगाने लगते हैं कि तभी चंदबरदाई उनको अपने छंद में गोरी के स्थान का संकेत करते हुए बोला, "चार बांस चौबीस गज, अंगुल अष्ट प्रमाण, ता ऊपर सुल्तान है मत चूको चौहान."

ये सुनते ही पृथ्वीराज ने अपना सिर घुमाया और तीर चला दिया. एक क्षण में उसका तीर सीधे मुहम्मद गोरी की गर्दन में जा लगा. गोरी कटे पेड़ की तरह वहीं गिर पड़ा. पृथ्वीराज रासो के मुताबिक मुहम्मद गोरी को तीर लगते ही चंदबरदाई और पृथ्वीराज ने वहीं एक दूसरे को कटार मारकर आत्महत्या कर ली. कहा जाता है कि चंदबरदाई ने पहले अपने बेटे को अपनी किताब पृथ्वीराज रासो सौंप दी थी और उसके बेटे ने ही इस किताब में यह कहानी जोड़ी.

कबीर

आज हम ऐसे व्यक्ति की विराट छाया में खड़े होने जा रहे हैं जिनके नाम का अर्थ होता है महान. कहते हैं कि पेशे से वो शख्स एक बुनकर था, कपड़े बुनने का काम करता था. लेकिन अपने समाज के लिए वो ऐसी बातें बुनकर, ऐसी बातें गढ़कर कर चला गया कि उनके बगैर भारत की कहानी अधूरी रह जाएगी. यह व्यक्ति आज से 600 साल पहले हुआ था. कुछ लोग ये भी कहते हैं कि अच्छा ही है कि इस व्यक्ति की कहानी 600 साल पहले की है. अगर वो आज हुए होते, तो उन पर न जाने कितने मुकदमे हो गए होते.

यह बात कबीर की है, जिन्हें उनके चाहनेवाले कभी खुद में ढूंढ़ते हैं तो कभी खुद को कबीर में ढूंढ़ते हैं.

कबीर ने कहा था:

धीरे-धीरे रे मना, धीरे सब कुछ होय

माली सींचे सौ घड़ा, ॠतु आए फल होय

शायद कबीर को भी अंदाज़ा था कि अपने दौर में वो जो कह रहे थे, उसे समझने में लोगों को वक्त लगेगा. हां वक्त तो लगा, आज 600 साल बाद लोग धीरे-धीरे ही सही उनकी कही बातों को समझ रहे हैं.

आज कबीर को समझने वाले लोगों में से कुछ कहते हैं कि कबीर तो हम सबके अंदर है. जो भी शख्स हमें इस दुनिया में दिखे उसके अंदर कबीर है. कबीर के यहां न अमीर का फर्क है, न गरीब का. कबीर तो हर इंसान के अंदर है. कबीर को हमें तो बस पहचानना है. किसी के लिए कबीर को समझना, उसका अपना एक साक्षात अहसास है. तो किसी के लिए कबीर असल में एक जीवन पद्धति, यानी ज़िंदगी जीने का तरीका है.

कबीर का नाम लोगों को ज़हन में अलग-अलग ढंग से गूंजता है. कबीर के शब्द और सुरों में डुबकी लगाने के लिए लोग हज़ारों मील की दूरी तय करने के लिए तैयार रहते हैं. लेकिन दूरी को तय करने से पहले ज़रूरी है एक चोट खाना. कहते हैं कि कबीर को जानने से पहले, कबीर की चोट लगती है. लेकिन यह चोट ऐसी है जिसे लगने पर आनंद का अनुभव होता है. इस चोट का ज़िक्र करते हुए शास्त्रीय गायिका कलापिनी कोमकली कहती हैं कि ये चोट शब्द या कहिए कि सबद की चोट है. जैसे: जिन जाना तिन माना है भाई. ये चोट ऐसी है कि जिसे लग गई सो लग गई. लागी होए सो जाने हो सबद की.

ये सबद या शब्द, कबीर के गढ़े शब्द हैं. यूं तो कबीर पेशे से एक जुलाहा यानी बुनकर थे. लेकिन जो शब्द, जो वाणी उन्होंने गढ़ी, और उसमें जिन दोहों को उन्होंने बुना उसकी छाप हम न जाने किस-किस रूप में आज देखते हैं. उन्हीं शब्दों का असर है कि कबीर को कुछ लोग भगवान मानते हैं, कुछ भगवान का अवतार, कुछ लोग फकीर या दरवेश तो कुछ लोग भगवान राम का भक्त मानते हैं. कुछ लोग उन्हें वैष्णव संत मानते हैं, कुछ सद्गुरु तो कुछ लोग कवि मानते हैं. इस लिहाज से कबीर सबके अपने हैं. वैसे कबीर ने तो कहा है:

मोको कहां ढूंढ़े रे बंदे, मैं तो तेरे पास में
ना तीरथ में ना मूरत में, ना एकांत निवास में
ना मंदिर में ना मस्जिद में, ना काबे कैलास में
मैं तो तेरे पास में बंदे, मैं तो तेरे पास में

इसके बावजूद असली कबीर की तलाश जारी है. कबीर की इस तलाश में निकलें, तो काशी पहुंचना ज़रूरी है. काशी जिसे बनारस या

वाराणसी भी कहते हैं. कबीर ने भी कहा था:

तू ब्राह्मण मैं कासी का जुलाहा, चिन्हिन मोर गियाना

यानी, तुम ब्राह्मण हो मैं काशी का जुलाहा हूं. मेरे ज्ञान को पहचानो.

इससे ये बात साफ़ होती है कि काशी में कबीर पले-बढ़े. काशी ही उनकी कर्मभूमि थी. हालांकि तब काशी की पहचान आज के काशी से अलग थी. कबीर से जुड़े विषयों पर अपनी पकड़ रखने वाले और कबीर के जीवन और दृष्टि पर आधारित किताब ,*अकथ कहानी प्रेम की*, के लेखक प्रोफेसर पुरुषोत्तम अग्रवाल कहते हैं कि 15वीं-16वीं शताब्दी में काशी का माहौल आज के माहौल से अलग था. वो तब धार्मिक केंद्र ही नहीं बल्कि एक बड़ा व्यावसायिक केंद्र भी था. उनके मुताबिक कुछ ऐतिहासिक प्रमाण तो इस बात के भी हैं कि दक्षिण और दक्षिण-पूर्व एशिया के व्यवसायी व्यापार के लिए काशी में आते थे. इस लिहाज से काशी या कहिए कि बनारस अपने वक्त का एक बड़ा महानगर था, जहां व्यापार के बहाने ही सही, दुनिया भर के लोगों के साथ दोस्ती, सभी के साथ बंधुत्व का विचार पनप रहा था. इस तरह माना जा सकता है कि बनारस के रहने वाले कबीर भी तमाम तरह की भाषाएं बोलने वाले, अलग-अलग धार्मिक मतों को मानने वाले लोगों के संपर्क में आए होंगे.

यकीनन कबीर के बंधुत्ववादी विचारों की नींव को मजबूत करने में बनारस की इस आबोहवा के असर को देखा जा सकता है. वैसे काशी में कबीर की तलाश करने पर आप पहुंचते हैं लहरतारा तालाब के पास. कबीर से जुड़ी कहानियों में लहरतारा तालाब और कमल का ज़िक्र आता है. एक वक्त था जब लहरतारा तालाब काफी बड़ा था और इसमें

कमल के फूल उगा करते थे . अब लहरतारा तालाब का बस एक हिस्सा बचा है और बाकी तालाब को पाट कर कबीर मठ बना दिया गया है. मठ के भीतर पहुंचेंगे तो वहां बने मंदिर में लगी मूर्ति कबीर के शुरुआती जीवन के बारे में बताती है. इस मूर्ति की बनावट में नवजात कबीर को कमल के फूल पर लेटा हुआ दिखाया गया है. अब यहीं से कबीर को लेकर अलग-अलग मान्यताओं की शुरुआत होती है.

लोक मान्यताओं के मुताबिक कबीर एक विधवा ब्राह्मणी के गर्भ से पैदा हुए. लज्जा के मारे वह विधवा अपने नवजात शिशु को लहरतारा तालाब के पास फेंक गई थी. वहां उस बालक को देखकर नीरू और नीमा नाम का एक मुसलमान जुलाहा दंपती उसे अपने घर उठा लाए और उन्होंने ही बालक को पाला-पोसा. यही बालक आगे कबीर कहलाया.

ज़्यादातर लोग इसी कहानी पर विश्वास करते हैं, लेकिन कबीर के एक विधवा की कोख से पैदा होने वाले विचार के विरोध में कबीरपंथी लोकगायक प्रह्लाद टिपानिया का तर्क कुछ और है. वो कहते हैं कि जिन लोगों के ये पता था कि कबीर एक विधवा की कोख से पैदा हुए और वो लोकलाज के भय से उन्हें छोड़ गई, उन्हें ये भी ज़रूर पता होना चाहिए था कि आखिर वो विधवा कौन थी, कहां से आई थी. इस बात का तो कहीं कोई ज़िक्र नहीं होता. इसलिए इस बात को सत्य नहीं माना जा सकता. ये केवल एक लोकोक्ति है और इसका कोई प्रमाण नहीं है, इसीलिए कहाकही में की गई बात गलत भी हो सकती है.

कबीरपंथ की एक दूसरी धारा के मुताबिक कबीर लहरतारा तालाब में कमल के फूल पर बाल रूप में प्रकट हुए थे. यानी वो अविगत,

अवतारी हैं. और इस विचार का समर्थन करते हैं सद्गुरु प्रकाट्य धाम, लहरतारा से जुड़े श्री हुजूर 1008 अर्धनाम साहेब. वो कहते हैं कि कबीर साहब इस लहरतारा तालाब में कमल के पुष्प के ऊपर नीरू और नीमा को प्राप्त हुए थे. उसकी पुष्टि साहेब की एक वाणी में आती है जो कहती है: "गगन मंडल से उतरे सतगुरु संत कबीर, जलज माही पोडन के सब पीरन के पीर."

कबीर ने कहा है:

पानी केरा बुदबुदा, अस मानस की जात.

देखत ही छिप जाएगा, ज्यों सारा परभात..

यानी मानव जीवन पानी के बुलबुले के समान है जो थोड़े ही समय में नष्ट हो जाता है ठीक उसी प्रकार जिस प्रकार सवेरा होने पर प्रकाश के कारण आकाश में टिमटिमाते तारे छिप जाते हैं. दिलचस्प बात है कि जिस इंसान ने जन्म और मरण के प्रश्नों के बीच अटके नश्वर जीवन को कभी महत्व ही नहीं दिया उसके जन्म से जुड़ी कहानियों पर आज इतनी बहस होती है.

इन वाद-विवादों में कहीं-कहीं इस बात का ज़िक्र भी आता है कि कबीर का जन्मस्थान काशी नहीं बल्कि उत्तर प्रदेश के ही बस्ती ज़िले का मगहर और कहीं आज़मगढ़ ज़िले का बेलहारा गांव है. कबीर के जन्म से जुड़े तमाम बहस-मुबाहिसों के बीच प्रो. पुरुषोत्तम अग्रवाल कहते हैं, "कबीर कहां पैदा हुए, वो कमल के पत्ते पर तैरते हुए मिले या कहीं और, वो अवतार थे या नहीं–ये तमाम प्रश्न और इनसे जुड़ी अलग-अलग कहानियां, ये सभी किसी ऐतिहासिक तथ्य की पुष्टि या प्रमाण के लिए नहीं हैं. कबीर के संदर्भ में इनका महत्व वहीं तक है,

जब तक वो एक नए सांस्कृतिक विचार या एक व्यक्ति की अपने ज़माने से अलग सोच, या समाज की उससे की गई एक सकारात्मक उम्मीद को आगे बढ़ाते है."

आखिर सच तो यही है कि खुद कबीर को भी इससे कोई फर्क भी नहीं पड़ता कि उनका पालन-पोषण करने वाले किस धर्म के थे. वो मुस्लिम थे या हिंदू, वो तुर्क थे या सनातनी. ये सवाल कबीर के लिए बेमानी थे. उनकी ज़िंदगी के अहम सवाल तो कुछ और थे. उस समय के समाज में क्या चल रहा था या क्या चलता आ रहा था, इसको लेकर कबीर किसी को भी छोड़ने वाले नहीं थे. समाज में मान्यताओं की दृष्टि से खूब उथल-पुथल के इस दौर में मान्यताओं को चुनौती देने वाले कबीर का एक किस्सा बताते हुए जाने माने कवि अशोक वाजपेयी कहते हैं, "कबीर ने एक दिन बनारस के एक हिंदू पंडित से कहा कि पांड़े तुम निपुण कसाई. पांडे जी जैसे एक कट्टर ब्राह्मण को उसके किसी कृत्य से नाराज़ होकर आईना दिखाना और उसे निपुण कसाई कह कर संबोधित करना, ये बड़ी हिम्मत का काम था. वह भी 15-16 वीं शताब्दी के समय में जब बनारस भारत में धर्म की राजधानी माना जाता था. एक जुलाहा एक पंडित जी को निपुण कसाई कहे, यह काम यकीनन केवल कबीर ही कर सकते थे." ऐसे निडर, निर्भय कबीर जिस युग में हुए उसे इतिहासकार मध्यकाल कहते हैं. ये वो काल था जब राजनीति में मुसलमान सामंत यानी छोटे राजा खुद को स्थापित कर रहे थे. दिल्ली की गद्दी पर लगभग दो सौ साल से मुस्लिम सुल्तानों का राज चला आ रहा था. उनसे पहले ऐसे बाहरी आक्रमण भारत पर बार-बार होते आए थे. लेकिन आक्रमणकारी, चाहे वो किरात, हूण, यवन

या शक हों, वो अपनी खासियत या विशेषता खोकर हर बार भारतीय समाज में घुलमिल गए थे. लेकिन इस बार ऐसा नहीं हुआ. इस्लाम खुद एक सुसंगठित संप्रदाय की शक्ल में था, जो तबके समाज में ब्राह्मणों के वर्चस्व और उससे जुड़े जात-पात को चुनौती दे रहा था. इस लिहाज से सनातन हिंदू समाज और इस्लामी शासकों के बीच एक संघर्ष की स्थिति जन्म ले चुकी थी.

प्रो. पुरुषोत्तम अग्रवाल इस बारे में कहते हैं, "तुर्क या इस्लामी शासकों ने भारत पर राज करने के लिए बहुत ही आक्रामक रवैया अपनाया था, यकीनन उन्होंने अपने धार्मिक मत को अपने शासन के ज़रिए थोपने की भी कोशिश की होगी. इस लिहाज से उनके शासन की शुरुआत से ही भारत के बहुसंख्यक हिंदुओं और उन शासकों के बीच एक तनाव की स्थिति बनी हुई थी. कबीर की भी एक पंक्ति है–"हिंदू कहे राम हमारा, तुर्क कहे रहमाना, आपस में दोऊ लड़त मरत हैं मरम ना कोऊ जाना". कबीर के सामने ही धार्मिक मतों की खातिर दोनों तरफ से तनातनी की स्थिति बनी हुई थी, इसमें कोई शक़ नहीं है."

जाहिर तौर पर मान्यताओं की इस रस्साकशी के चलते काशी भी इन बदलावों से अछूती रही हो, ऐसा नहीं है. इन बदलावों का असर आज की काशी के कबीर चौरा तक भी पहुंचा था, जहां 600 साल पहले कबीर, नीरू और नीमा रहा करते थे. कबीर चौरा में नीरू और नीमा की समाधि आज इस बात की गवाह है. जुलाहा, मुसलमान बुनकरों के लिए प्रचलित नाम है. कबीर के जमाने में, कपड़ा बुनने वाले ताने-बाने की मद्धिम आवाज़ के बीच नीरू व नीमा के घर कबीर नाम की गूंज रहती थी

कबीर जब बड़े हो रहे थे, तब के हालात की आज सिर्फ कल्पना ही की जा सकती है. हालात तो खराब थे ही, ऐसा मुमकिन है कि कबीर के तेवरों ने ऊपर से उनके परिवार की मुश्किलें बढ़ा दी होंगी. हिंदी कथाकार और नाटककार भीष्म साहनी ने अपने मशहूर नाटक *कबिरा खड़ा बाज़ार* में तब के हालात की तस्वीर खींची है.

नाटक का एक दृश्य खाका खींचता है काशी के जुलाहों की बस्ती का. सामने छोटे-छोटे झोपड़े हैं. कहीं सूत पकाया जा रहा है, कहीं खड्डी चल रही है. ऐसे ही एक झोपड़े के सामने नीरू जुलाहा सूत पका रहा है. तभी उसी बस्ती का दूसरा जुलाहा कंधे पर थान रखे बाहर से चलता हुआ आया और नीरू के पास ठहर गया. नीरू जुलाहा उसे देखकर बोला–बड़ी जल्दी बहुरे बाज़ार से.

नीरू की बात सुनकर दूसरा जुलाहा बोला–अब क्या बताएं नीरू भाई सभी दुकानदार कहते हैं कि अभी पहला ही माल बिका नहीं तो और माल लेकर क्या करेंगे.

ये सुनकर नीरू ने उसकी थोड़ी हिम्मत बढ़ाने के लिहाज से कहा–कोई बात नहीं, कुछ कमाई तो कर लाए ही होंगे?

नीरू की कोशिश का उस जुलाहे पर मानो उल्टा असर हुआ. वो बोला–एक फूटी कौड़ी नहीं मिली. इसरार करो तो कहते हैं, तुम्हारा माल धरा है, उठाकर ले जाओ, हमें नहीं बेचना है. ऐसी मंदी आई है, कुछ पूछो नहीं, बाजार में तो उल्लू बोल रहे हैं.

उसके गुस्से को देखकर नीरू जुलाहे ने तुरंत बात बदल ली, और पूछा–अच्छा छोड़ो, ई बताओ कबीरवा मिला रहा? उसका भी कुछ माल बिका उका या नहीं? घर से तो सवेरे ही निकल गया था.

दूसरे जुलाहे ने एक सांस ली और तुरंत बोला–नीरू भाई, ये थान तुम्हारा ही माल है. ई कबीरवा ही हमें दिए है.

जुलाहे की बात सुनकर नीरू हैरान होकर बोला–कबीरवा दिया है! पर काहे? ये वो तुम्हें क्यों दिया? ऊ तो सवेरे ही तो ई बेचने गया था.

ये सुनकर दूसरा जुलाहा बोला–ऊ कहता था, घर पहुंचा देना और ये भी संदेसा दिया है कि शाम तक घर लौट आएगा.

अब तक नीरू की त्यौरियां चढ़ आई थीं, वो गुस्सा होते हुए बोला–तुमसे कहां मिला था कबीरवा?

जुलाहा आगे का पूरा ब्यौरा सिलसिलेवार बताने लगा. वो बोला–कोतवाली चौक के पास खड़ा था. उसे बहुत से लोग घेरे खड़े थे.

क्यों, फिर कोई बात हुई है? नीरू ने घबराकर, उसे टोकते हुए पूछा.

जुलाहे ने अपनी बात जारी रखी–सर्राफों के बाज़ार में से निकलकर मैं मस्जिद शरीफ़ की तरफ़ जा रहा था तब मैंने कबीर को पहली बार देखा. ऊ तो पूरा मजमा जमा कर रखा था.

क्या कह रहा था वो? नीरू ने पूछा.

नीरू के सवालों से जुलाहा जैसे खीझ गया था. उसने नीरू की तरफ़ अजीब से ढंग से देखा और बोला–अरे वही रोज़ की बक-झक, और क्या? अब नीरू भईया, कुछ लोग उसकी बात सुन सह लेते हैं. कुछ नहीं सह पाते.

लेकिन क्या कह रहा था वो?

जुलाहा नीरू की बात सुनकर चुप रहा. उसकी चुप्पी नीरू से बर्दाश्त नहीं हुई, वो कहने लगा–अरे भई, तुम कुछ छिपा रहे हो. सच सच बताओ न, कि कबीरवा क्या कह रहा था?

एक पिता की उसके बेटे के लिए चिंता देखकर दूसरे जुलाहे ने आगे बताया–नीरू भईया, आज बड़े महंत की झांकी सवारी निकल रही थी. वहां महंत के आदमियों ने किसी लौंडे को बेंत मारे. अब इसी बात पर कबीरवा बीच में कूद पड़ा. अब महंत के आदमी वो बच्चे को तो छोड़ दिए, उल्टे कबीरे पर टूट पड़े. लेकिन तुम्हें बताएं, आज ही इससे थोड़ी देर पहले एक मौलवी के साथ भी उलझ रहा था.

नीरू दांत पीसते हुए, टकटकी लगाए कबीर के कारनामे सुन रहा है, ये देखकर दूसरा जुलाहा बिना सांस लिए आगे बोलने लगा–नीरू भईया कबीरवा कह रहा था कि...

ये कहते-कहते उसने देखा कि कबीर की मां अचानक दरवाज़े पर आकर खड़ी हो गई. उसे देख जुलाहा चुप हो गया.

जुलाहे को अचानक चुप हुए देख, नीरू समझ जाता है और दरवाज़े की ओर पलटकर अपनी पत्नी और कबीर की मां, नीमा से कहता है– तो सुन ली न तुमने भी अपने बेटे की बातें?

नीमा लाचारगी से वापस घर के अंदर चली जाती है. पड़ोस का जुलाहा अब दुआ-सलाम करके अपने घर की ओर चला जाता है. नीरू भी बड़बड़ाते हुए अपने काम में लग जाता है.

उधर इन शिकायतों की परवाह किए बिना, घर से दूर बाज़ार में कबीर ने अपना काम करना जारी रखा है. अपना काम, यानी समाज को अपनी वाणी से नई राह दिखाना. असल में कबीर ने जो समाज देखा था उसमें तरह-तरह की विषमताएं थीं. कौन किस जाति में जन्मा है यही बात उसका भाग्य तय कर देती थी. व्यक्ति के बड़ा या छोटा होने का मापदंड उसका जन्म, उसका कुल ही रह गया था.

ब्राह्मण चाहे जितना दुराचारी हो, ये उसके लिए सामान्य था. दलित चाहे जितना भी सदाचारी हो, वो नीच ही समझा जाता था. कबीर ने इस आधार को नकार दिया. इसके लिए कबीर ने कहा–“ जाति पांति पूछे नहीं कोई, हरि को भजै सो हरि को होई. ” यानी ब्राह्मणों को कबीर की ये सीधी चुनौती थी.

सामाजिक व्यवस्थाओं को ऐसी ही चुनौतियां देते कबीर एक दिन गंगा घाट के करीब एक चौक पर खड़े थे. वे असल में तो यहां कपड़े का गट्ठर बेचने के लिए लाए थे, लेकिन उन्हें देखकर वहां एक मोची और कुछ लोग इकट्ठे हो गए और उनसे बातें करने लगे. तभी कबीर ने देखा कि नदी के किनारे पर कुछ पंडित स्नान कर रहे हैं और कुछ चंदन-टीका लगा रहे हैं. बगल के अखाड़े में उन्हें एक-दो पहलवान पंडित जी दंड पेलते हुए भी दिखे. अब इन ब्राह्मणों को स्नान और चंदन टीका करते देख, जाने कबीर को क्या सूझी कि वो उनसे बोल पड़े–पंडित जी, नहाने-धोने से क्या लाभ, जो मन का मैल नहीं जाए. पानी में मछली तो सदा ही पड़ी रहती है, पर धोने से क्या बास जाती है?

कबीर की ये बात सुनकर अभी नहाकर ठंडे हुए पंडित जी तुरंत जैसे गरमा गए और गुस्से से बोले–अरे जुलाहे. तू क्या जाने शुद्ध होना? हमसे दूर ही रहना, कहीं तुम्हारी छाया भी पड़ गई तो हमें दोबारा नहाना पड़ेगा.

पंडित जी की ये बात सुनकर उनके आस-पास के लोग हंसने लगे.

उन्हें हंसता देख कबीर भी मुस्कुराते हुए अपने साथ खड़े लोगों की ओर मुड़े और कहने लगे:

पढ़ि पढ़ि के पत्थर भया, लिखि लिखि भया जु ईंट

कहै कबीरा प्रेम की, लगी न एकौ छींट.
पोथी पढ़ि पढ़ि जग मुआ, मंडित भया न कोय
ढाई अक्षर प्रेम का, पढ़ै सो पंडित होय.

कबीर की ये बात दूसरे पंडित को भी चुभ गई तो उसने कबीर को मानो ललकारते हुए कहा–अरे जुलाहे क्या बोल रहा जरा हम भी तो सुनें.

कबीर की वाणी लगातार जारी थी. अब ऊंची आवाज़ में अगली चोट पंडितों को और करारी लगी: जो ब्राह्मण तुम बम्हनी का जाया और राह तें काहे न आया.

अब इसका मतलब बताते हुए कबीर बोले– पंडित जी मैं कह रहा हूं जिस तरह से और लोग इस जगत में आते हैं उसी तरह तुम आते हो. इतने बड़े हो तो किसी और तरीके से धरती पर आ जाओ.

इतना सुनना था कि पंडित और उनके साथी कबीर की तरफ दौड़ पड़े.

कबीर ने अपना कहना जारी रखा–

एकै बूंद एकै मलमूतर, एक चाम, एक गूदा
एक जाति है सब उत्तपन्ना, को ब्राह्मण को सूदा.
पंडित होय ते आसन मारै
लंबी माला जपता है.
अंतर तेरे कपट कतरनी
सो भी साहब लखता है
उंचा नीचा महल बनाया
गहरी नींव जमाता है.

कबीर यहीं नहीं रुके बोले–कहे कबीर चेत रे भोदूं. बोलनहारा तुरक न हिंदू. यानी ऊपर वाला न हिंदू है न मुसलमान.

पंडितों से कबीर की झड़प हो गई. पर काशी नगरी के लिए तो यह कोई नई बात नहीं थी. कबीर की कर्मभूमि काशी उस समय भारत का हृदय थी. सब धर्मों के अपने-अपने मठ थे. वहां ठांव-ठांव पर मंदिर थे, मस्जिदें थीं. लेकिन कबीर के पास कुछ नहीं था. केवल शब्द था. और जब शब्द ऐसे जैसे– *पत्थर पूजे हरि मिले तो मैं पूजूं पहाड़, वा तो ये चक्की भली पीस खाए संसार.*

या फिर:

कंकड़ पत्थर जोरि कै मसजिद लई बनाए, ता चढ़ि मुल्ला बांग दे क्या बहरा हुआ खुदाय.

काशी में बैठ कर 14वीं शताब्दी में ऐसे निडर दोहे, ऐसे बेबाक बोल बोलने वाले कबीर अक्सर गुरु की महिमा गाते. तो सवाल उठता है कि आखिर कबीर के गुरु कौन थे? और निडरता की ये सीख उन तक पहुंची कैसे?

लोग इसका जवाब एक नाम से देते हैं. वो नाम स्वामी रामानंद का है. असल में काशी में जिस समय कबीर की वाणी ने हड़कंप पैदा करना शुरू किया, उस समय वहां स्वामी रामानंद की बड़ी पूछ थी. स्वामी रामानंद दक्षिण भारत से काशी आए थे. स्वामी रामानंद के अनुसार भक्ति के पथ में जो आ गया, उसके लिए जाति का बंधन व्यर्थ है. इस तरह सभी भाई-भाई है. सभी एक जाति के हैं. बड़ा छोटा भक्ति से होता है जन्म से नहीं. स्वामी रामानंद के बारह शिष्य बताए जाते हैं, जिनमें कबीर की गिनती भी होती है. कबीर ने अपने एक दोहे में कहा

भी है, "काशी में हम प्रकट भए हैं, रामानंद चेताए."

इस तरह एक बड़ा तबका है जो स्वामी रामानंद को कबीर का गुरु मानता है. लेकिन स्वामी रामानंद, कबीर के गुरु कैसे बने? या कबीर ने स्वामी रामानंद को अपना गुरु कैसे बनाया? इससे जुड़ी कई कहानियां प्रचलित हैं. ये कहानियां दरअसल तब के समाज और कबीर के सामने की चुनौतियों की भी कहानियां हैं. ऐसी ही एक कहानी तब की है, जब कबीर पहली बार गुरु रामानंद के आश्रम पहुंचे.

स्वामी रामानंद अपने आश्रम के बरामदे में शिष्यों को प्रवचन देने अपने कक्ष में बैठे थे. शिष्यों की इस भीड़ की तरफ़ कबीर के पांव बढ़ रहे थे. कबीर को स्वामी रामानंद की तरफ आते देखकर स्वामी रामानंद के शिष्यों में से एक ने पूछा–"कौन है?"

उस शिष्य की ये आवाज़ सुनकर कबीर के बढ़ते हुए कदम रुक गए. लेकिन गुरु जी का दूसरा एक शिष्य शायद उन्हें पहचान चुका था. वो बोला, "अरे ये तो जुलाहा है."

ये सुनकर पहला शिष्य गुस्साते हुए बोला, "अरे जुलाहे, कहां बढ़ा आ रहा है? देखता नहीं, यहां महाराज जी बैठे हैं?"

तब तक दूसरा शिष्य कबीर की मनोस्थिति भांपते हुए कहता है, "महाराज, लगता है ये दास शिष्य बनने आया है."

ये सुनकर वहां मौजूद भीड़ ज़ोर से हंस पड़ती है. भक्तों को ज़ोर से हंसता देख गुरु रामानंद के ध्यान में खलल पड़ा और उन्होंने कबीर तक तरफ देखा, "जो अब तक उनके कक्ष के दरवाज़े पर पहुंच गया था. उन्हें ध्यान से बाहर आया देखकर, कबीर जैसे ही उनके पांव छूने के लिए आगे बढ़े, स्वामी रामानंद ने अपना हाथ उठा कर उन्हें रुकने का

इशारा करते हुए कहा, "रुक जा."

गुरु का रुकने का इशारा पाते ही कबीर ठिठक गए. अबकी बार रामानंद ने उनसे पूछा, "कौन है तू?"

कबीर बोले, "प्रभु मेरा नाम कबीर."

"कबीर," आश्चर्य से रामानंद ने नाम दोहराया. फिर वो बोले, "कौन जात है?"

"जुलाहा हूं प्रभु," कबीर ने जवाब दिया.

ये सुनते ही रामानंद चौंके.

गुरु जी से कबीर की अनुनय-विनय, गुरु रामानंद के चेलों को चुनौती मालूम हुई. उन्होंने अपने गुरु जी की आज्ञा का भी इंतज़ार नहीं किया. और राम पर अपना भी हक़ जताने वाले इस जुलाहे को उठा कर आश्रम से बाहर फेंक दिया.

स्वामी रामानंद के आश्रम में हुए कबीर के अपमान की अगली कड़ी का साक्षी बना काशी का पंचगंगा घाट. पंचगंगा घाट, वह घाट था जहां रोज़ सुबह स्वामी रामानंद स्नान करने आते थे. अगले रोज़ तीसरे पहर कबीर उसी घाट पर पहुंच कर उसकी सीढ़ियों पर लेट गए.

कुछ ही पलों में सीढ़ियों पर शोर मचाती खड़ाउं की खट खट की आवाज से उन्हें पता लग गया कि स्वामी रामानंद वहां पहुंच गए हैं. कबीर वैसे ही लेटे रहे और अंधेरे में स्वामी रामानंद के पांव कबीर के शरीर से टकराते ही स्वामी जी के मुंह से निकला, "राम-राम! राम-राम! राम-राम!"

उन्होंने घबराते हुए पूछा, "कौन है?"

कबीर ने उसी तरह लेटे-लेटे ही जवाब दिया, "मैं कबीर हूं प्रभु."

स्वामी रामानंद ने झुक कर अपने चरणों में गिरे कबीर को गले लगाने के लिए उठाया. उनके मुंह से राम-राम निकलता रहा जिसे सुनकर सुनकर कबीर बोले, "राम-राम. अब यही मेरा गुरु मंत्र है."

कबीर की ये बात सुनकर स्वामी रामानंद एकदम रो पड़े. उन्होंने झट से कबीर को सीने से लगाते हुए कहा, "तू जीत गया कबीर. मुझे तूने अहम, अभिमान, अन्याय और पाप के बंधनों से मुक्त कर दिया. कबीर! मैं अंधा हो गया था. सारा ब्रह्माड राम है वत्स. यह भेद तो मनुष्य के बनाए हुए हैं. उस ईश्वर के लिए तो सब बराबर हैं. वही राम तुम हो. वही गंगा है. और राम, राम तो सबका है."

एक मुस्लिम जुलाहे के गुरु रामानंद का शिष्य बनने की ख़बर जल्द ही पूरे बनारस को लग गई. सबसे पहले कबीर के घर में ही सवाल उठा. बनारस के ही कबीर चौरा मठ के महंत विवेक दास कहते हैं कि कबीर ने गुरु रामानंद की शरण लेने के बाद अपना रूप भी थोड़ा बदला. कबीर के माथे पर तिलक और गले में गुरु रामानंद जैसी कंठी माला देखकर कबीर की मां ने कहा कि कबीर तुमने ये तिलक और ये कंठी माला क्यों पहनी? ये तो हिंदू मूड़ियों, यानी हिंदू साधुओं का रूप है. फिर तुमने ये रूप क्यों बनाया है? तब कबीर ने अपनी मां को बताया कि उन्हें गुरु रामानंद ने दीक्षा दे दी है. कबीर की बात सुनकर मां नीमा हैरान रह गईं. घर में चुप्पी छा गई थी. कुछ देर में ही पूरे बनारस में हल्ला मच गया.

गुरु रामानंद का शिष्य बनने की कबीर की ये कहानी अपनी जगह है. लेकिन कई लोग ऐसे भी हैं जो मानते हैं कि कबीर निगुरा थे यानी उनका कोई गुरु नहीं था. कबीर ने एक जगह कहा भी है, "आपै गुरु,

आपै चेला." इसका अर्थ ये निकाला गया है कि गुरु से उनका एकात्म हो गया है. गुरु और उनमें फर्क नहीं है.

प्रह्लाद सिंह टिपानिया कहते हैं कि कबीर ने तो गुरु किसी शरीर को माना ही नहीं. उन्होंने तो ये कहा–ये सब गुरु हैं हद के, और बे-हद के गुरु नाहीं, बेहद आपे उपजे अनुभव के गुरु माहीं. यानी संसार के अधिकतर गुरु हद यानी एक सीमा, एक दायरे, में रहने वाले हैं, ये गुरु बेहद के गुरु नहीं है. इस तरह अगर आपका गुरु हद में रहनेवाला है, तो फिर आप भी हद में बंध जाते है. इसीलिए जो सही मायनों में बेहद है यानी जिसकी कोई सीमा नहीं वो हमारे खुद के भीतरी अनुभव से उपजता है, हम इसे अंदर महसूस करते हैं.

कबीर को मानने वालों की एक दूसरी परंपरा के मुताबिक, उन्होंने वैष्णव पीताबंर पीर को अपना गुरु बनाया था. इस मत के मुताबिक कबीर उनकी कुटिया पर सत्संग के लिए जाते थे और उसे वे हज करना बताते थे. वो हिंदू-मुसलमान का भेद नहीं मानते थे. जबकि एक और परंपरा के मुताबिक कबीर को शेख तकी का शिष्य बताया गया है.

बहरहाल, ये जानना ज़रूरी नहीं है कि कबीर के गुरु थे या नहीं. या फिर थे तो कौन थे. इसलिए अब इन सवालों को यहीं छोड़ते हुए ये जान लेते हैं कि ज़्यादातर जानकारों में राय में इतना तय माना जाता है कि कबीर ने कभी अक्षर ज्ञान प्राप्त नहीं किया था. और शायद उन्हें कभी इसकी ज़रूरत भी नहीं पड़ी. खुद उन्होंने एक बार कहा था–मैं कहता आंखन की देखी, तू कहता कागद की लेखी. यानी मैं वही कहता हूं जो मेरे सामने घट रहा है, और तुम वो कहते हो जो कागज़ की पोथी में लिखा है. इस तरह कबीर ने जो कहा, वो डंके की चोट पर

कहा. एकदम साफ़-साफ़ कहा. और धर्म से जुडे कर्मकांड, आडंबर और ढकोसलों पर हमला किया. मजहबों की लड़ाई पर हमला किया.

साधो, देखो जग बौराना.

सांची कही तो मारन धावै, झूठे जग पतियाना.

आज के दौर में झूठ का इतना बोलबाला है कि अगर किसी को सच कहो तो वो आपको मारने के लिए दौड़ता है. समाज की यही त्रासदी कबीर के समय भी थी. इतिहास के जानकारों की राय में, 15वीं -16वीं शताब्दी की काशी, यानी कबीर के समय की काशी, धार्मिक संघर्ष का भी साक्षी थी. हिंदुओं और मुसलमानों के बीच धार्मिक वर्चस्वता की आग सुलग रही थी. इसे कबीर और उनके साथियों ने समझ लिया था. कहा जाता है कि कबीर सत्संग किया करते थे, जिसमें समाज के दबे-कुचले शामिल होते थे. कबीर जहां-जहां जाते वहां मजमा लग जाता था. आज कबीर के जीवन से जुड़ी घटनाओं का ऐतिहासिक प्रमाण तो नहीं मिलता लेकिन जनश्रुतियों में वो हमेशा मौजूद रहे हैं. हमारी बोलचाल में, यहां तक की हमारी सोच में भी मौजूद हैं.

हिंदू कहत, राम हमारा, मुसलमान रहमाना.

आपस में दोऊ लड़ै मरत हैं, मरम कोऊ नहिं जाना.

हिंदू कहते हैं कि राम हमारा है, मुसलमान रहमान पर दावा करते हैं. आपस में वो खूब लड़ते हैं लेकिन राम और रहमान का सच कभी जानने की कोशिश नहीं करते.

कबीर की इसी "सबद चोट" को कवि अशोक वाजपेयी, भारत के धार्मिक सामाजिक ताने-बाने का बुनियादी हिस्सा मानते हुए कहते हैं, "भारत देश असल जिन तत्वों को मिलाकर बना है, उनमें से एक तत्व

को हम कबीर तत्व कह सकते हैं. इस अर्थ में, कबीर को जो दी हुई दुनिया है, जो दिया हुआ ढांचा है, उसको मानने को वो कभी तैयार नहीं हुए. इस लिहाज से उन्होंने धार्मिक कट्टरपंथ को हमेशा चुनौती दी और धर्मनिरपेक्षता की झंडाबरदारी की जो भारत की रगों में है."

कबीर के जीवन से जुड़ी कुछ और जनश्रुतियों के मुताबिक पंडित और मौलवियों से उनकी लगातार टक्कर होती रहती थी. कबीर के जीवन पर आधारित रांगेय राघव के उपन्यास *लोई का ताना* में ऐसे ही एक प्रकरण का ज़िक्र आता है, जिसमें शहर के मशहूर चौक पर मजमा लगा है. मजमे के भीतर कबीर अपना तंबूरा लिए बैठे हैं. भीड़ में कुछ मुसलमान, कुछ पंडित और ढेर सारे गरीब दिखने वाले लोग मौजूद हैं. तभी एक दढ़ियल और कट्टर से दिखने वाले मुल्ला जी कबीर के पास पहुंचे और ऊंची आवाज़ में बोले, सुना है तुम मुसलमानों के ख़िलाफ़ लोगों को भड़का रहे हो?

कबीर, मुल्ला जी की बात का जवाब देते उससे पहले ही, उनके सामने बैठा एक आदमी खड़ा होकर मुल्ला जी से बोला, ये हमें भड़का नहीं रहे, ये तो हमें समझा रहे हैं साहब.

मुल्ला जी को शायद इस आदमी के जवाब की ज़रूरत नहीं थी. उन्होंने उसे कोई जवाब न देते हुए अपने साथ आए अपने मुरीद की तरफ देखा. मुल्ला जी का वो चेला, उनकी टेढ़ी निगाहों से ही सकपका गया और हकलाता हुआ बोला, नहीं, नहीं साहब. ये जुलाहा कहता है कि "दिन भर रोज़ा रहत हैं, रात हनत है गाय, यह तो खून वह बंदगी, कैसे खुसी खुदाय." ये क्या हिंदू वाली बात नहीं हुई?

चेले की बात सुनकर मुल्ला जी, फिर कबीर की तरफ मुखातिब

होकर बोले, "तो, तुमने ये कहा था?"

अबकी बार कबीर ने जवाब दिया. वो बोले, तो क्या किसी बेकसूर जानवर की जान की हिफाज़त करना आदमी को हिंदू बना देना है?

ये सुनकर मुल्ला जी से पहले उनका चेला बोला, लेकिन हिंदू गाय को नहीं खाते!

तो न खाएं, कबीर ने जैसे उसकी बात को पूरा किया.

अब मुल्ला जी बीच में टपके. उन्होंने भौंहे टेढ़ी करते हुए कबीर से कहा, तो तू वैष्णव है?

नहीं, कबीर ने जवाब दिया.

मुल्ला जी की झल्ला गए. उन्होंने फिर कबीर से पूछा, तो फिर क्या हो?

कबीर चुप हो गए. उनके चेले भी चुप थे.

मुल्ला जी ने अबकी बार मानो और ऊंची आवाज़ में कहा, तो तू अल्लाह को भी नहीं मानता?

नहीं, कबीर ने सीधा जवाब दिया.

कबीर का जवाब सुनकर, मुल्ला जी क्रोध से तुनक उठे. उन्हें शायद इसी घड़ी का इंतज़ार था. उन्होंने अपने साथ आई भीड़ की तरफ़ रुख किया और बोले, सुना तुम सबने! काजी के पास चलो. यह अपने को न हिंदू कहता है न बौद्ध, पर मुसलमान की बुराई करता है.

मुल्ला की जी हुजूरी करने वाला चेला भी उनकी हां में हां मिलाता हुआ बोला, जी हुजूर तुरंत चलिए. मजाल तो देखिए भाई. ये सबके सब काफिर हैं.

चेले से मिली जी हुजूरी ने मुल्ला जी में और जोश भर दिया वो गुर्राते

हुए कबीर से बोले, जुलाहे. तू आग में हाथ डाल रहा है.

मुल्ला जी की इस चेतावनी पर कबीर के एक और साथी ने बड़ी नरमी से पूछा, अअअ, वो कैसे मुल्ला साहब?

लगता है बात समझानी ही पड़ेगी, मुल्ला जी ने जैसे मन मन में कहा. फिर उन्होंने कबीर की तरफ मुखातिब होकर कहा, बता तू कौन सा मजहब मानता है?

कबीर ने उसे जवाब देने की बजाए नई बात छेड़ दी. वो मुल्ला जी से बोले, तुम भूले हुए हो. अगर भगवान ने तुम्हें सचमुच अलग-अलग बनाया हो, अगर हिंदू और मुसलमान जन्म से अलग हों तो बताओ

दुई जगदीश कहां ते आए, कहु कौने भरमाया
अल्ला राम करिम केशव हरि, हजरत नाम धराया.
गहना एक कनक ते गहना, तामैं भाव न दूजा
कहन सुनन को दुई कर घाते, एक नेवाज एक पूजा.
वही महादेव वही मुहम्मद ब्रम्हा आदम कहिए
कोई हिंदू कोई तुरक कहावै, एक जमीं पर रहिए.
बेद किताब पढ़ै वे कुतबा, वे मौलाना वे पांडे
बिगत-बिगत कै नाम धरायौ, एक माटी के भांडे
कह कबीर ते दोनों भूलें रामहुं किनहुं ना पाया
वे खसिया, वे गाय कटावैं, वादै जनम गंवाया.
कहत कबीर सुनो भई साधो...

कबीर की इस गहरी चोट मारने वाली बात का मर्म समझने वाले आज तक समझते हैं. इसका असर कितना गहरा होता रहा है इस बात से इत्तेफाक रखते हुए कवि अशोक वाजपेयी कहते हैं कि अगर सौभाग्य

या संभवत: दुर्भाग्य से कबीर आज जीवित होते से तो शायद जेलों मे सड़ रहे होते क्योंकि कबीर ने जिस तरह के सवाल उठाए, जिस तरह की गहरी चोट की वैसी बात से तो आज भी, कभी भी किन्हीं दस बारह लोगों की भावना आहत हो जाती है और पुलिस कार्यवाही शुरू हो जाती है. कबीर ने तो एक से एक पंडों और मौलवियों का मखौल बनाया, उनकी जो मुज़्ज़मत की है अगर वो आज करते तो उनके विरुद्ध असंख्य मुकदमे चल रहे होते.

सचमुच ये कबीर के चरित्र की ये निर्भयता ही थी, जो उन्हें समाज के बने-बनाए ताने-बाने और रिवाज़ों के ख़िलाफ़ खड़ी करती रही. कबीर के इस गुण को शास्त्रीय संगीत की जानी-मानी हस्ती कुमार गंधर्व ने इन शब्दों में गाया है:

निर्भय निर्गुण रे गाउंगा

मूल-कमल दृढ़ आसन बांधू जी

उल्टी पवन चढ़ाऊंगा

निर्भय निर्गुण...

कबीर की निडरता के गुण पर रची कबीरवाणी के इस पद को याद करते हुए कुमार गंधर्व की पुत्री और जानी-मानी गायिका कलापिनी कोमकली कहती हैं, कि उनके पिता ने "कबीर के निर्भय होने को लेकर जो कहा है वही असल में कबीर को समझने की पहली शर्त है. कबीर का ये मानना था कि निर्भय होकर ही निर्गुण की उपासना की जा सकती है. अगर आप निर्भय नहीं होंगे तो ये संभव नहीं है. यानी अगर आप हालात से डर गए तो आप कबीर और उनके विचार को नहीं समझ पाएंगे."

यानी चाहे हिंदू हो या मुसलमान, कबीर ने धर्म और उसके कर्मकांड का विरोध तो किया लेकिन भक्ति का साथ कभी नहीं छोड़ा. कबीर ने मानवीय प्रेम और ईश्वर में गहरी आस्था दिखाई.

इस तरह से कबीर भारत में धर्मनिरपेक्षता के पहले पैरोकार बने. उन्होंने कहा हिंदू-मुसलमान नहीं, मानवीय प्रेम सबसे ऊपर है. कबीर ने कहा है–जो राम है, ईश्वर है, अल्लाह है, जो निरंजन है उसे प्रेम के ज़रिए पाया जा सकता है. यह प्रेम ही सबकुछ है. प्रेम तक ही पहुंचना है.

निराकार ईश्वर की उपासना और मानवीय प्रेम के भाव को सबसे ऊपर रखने वाले कबीर की इसी बात को आगे बढ़ाते हुए कवि अशोक वाजपेयी कबीर के शब्दों को दोहराते हुए कहते हैं, "मोको कहां ढूंढ़े रे बंदे मैं तो तेरे पास में, मैं तो सांसों की सांस में. यानी तू मुझे कहां ढूंढ़ रहा है मैं तो तेरे पास में ही हूं. कबीर का ये कहना न सिर्फ कविता में क्रांति है वरन ये तो आध्यात्म में भी क्रांति है. इस लिहाज से ये कबीर ईश्वर के विचार का जनतांत्रिकीकरण करते हुए ये भी समझाते हैं कि ईश्वर तक पहुंचने का अधिकार सबका है. उस ईश्वर तक जाने के लिए किसी ब्राह्मण, किसी अनुष्ठान का, किसी यज्ञ का, किसी वेद पुराण का, किसी हज या कुरान का सहारा लेने की कतई ज़रूरत नहीं है."

"ना मैं जप मैं ना मैं तप में, ना मैं बरत उपास में" कबीरवाणी का ये पद बड़ी तन्मयता से गाते हुए जाने-माने सितारवादक उस्ताद शुजात हुसैन अपने बचपन की यादों में खो जाते हैं. वे कबीर वाणी से अपना पहला परिचय याद करते हुए बताते हैं कि जब वो 10-12 साल की उम्र

के थे, तब उनके माता-पिता अलग हो गए थे. परिवार के लिए वो बड़ा कठिन समय था. ऐसे संकट के समय में उन्होंने पहली बार किसी के मुंह से सुना–दुख में सुमिरन सब करें, सुख में करे ना कोय. तब उन्होंने नेपाल की रहने वाली एक आया से जाकर सुमिरन का मतलब पूछा था. उस आया ने अपने गले से अपनी कंठी माला निकाली और बताया कि उन छोटे-छोटे रुद्राक्षों में भगवान का वास होता है. उसने माला के साथ भगवान का नाम बोलने के लिए कहा. उसने कहा कि ऐसा करने से वे सब ठीक कर देंगे. इस बात का उन पर गहरा असर हुआ और काफी कम उम्र होने के बावजूद वो इतना समझ गए थे कि उन्हें भगवान का नाम लेकर अपने संकटों से खुद ही पार पाना है.

कबीर की कही हुई बात से इस पहले परिचय के बाद धीरे-धीरे कबीर में शुजात हुसैन की दिलचस्पी बढ़ती गई और इसकी बड़ी वजह कबीर की आसान भाषा में कही गई एकदम आसान बातें थीं. उस्ताद शुजात हुसैन कहते हैं, "कबीर मुझे हमेशा से बहुत पसंद आए क्योंकि जब भी मैं उन्हें पढ़ता हूं तो मुझे ऐसा लगता है कि जैसे कोई बहुत आम इंसान मुझसे बातें कर रहा है. मैं कबीर के लेखन की तरफ इसीलिए खिंचा चला आता हूं क्योंकि वो तो मानो मेरे जैसे बिल्कुल साधारण आदमी के लिए ही लिखते हैं. और उनकी लिखी या कही बातों को आम आदमी न सिर्फ़ समझता है बल्कि सादगी से कही गई वो बातें सीधे उसके दिल पर असर करती हैं." सादगी से गूढ़ बातें कहने की कबीर की काबिलियत की मिसाल देते हुए वो उनका एक पद सुनाते हैं:

पत्ता बोला वृक्ष से सुनो वृक्ष वनराय

अबके पतझड़ न मिलें, दूर पड़ेंगे जाये
वृक्ष बोला पत्ते से सुन पत्ते मेरे भाय
यही जगत की रीत है, इक आए इक जाय

कबीर ने जो देखा उसे दो टूक शब्दों में कह दिया. जो समझा उसे समझा दिया.

कबीर की इसी ताकत के बारे में बताते हुए कलापिनी कोमकली कबीर के एक निर्गुण भजन का ज़िक्र करती हैं, "कबीर जी ने कहा– युगन युगन हम योगी. आवे जा जाए, मिटै ना कबहु सबद अनाहद भोगी. युगन–युगन हम योगी. अब आप इसे नई नज़र से देखिए तो ये क्या है? मैं युगों-युगों से योगी हूं. मैं कभी आता नहीं, कभी जाता नहीं, मुझे कोई खत्म नहीं कर सकता. मैं ही हूं जिसने सबकुछ भोग भी लिया है."

इसी तरह कलापिनी कोमकली अक्सर अपने कार्यक्रमों में कबीर का एक और चर्चित निर्गुण भजन गाती हैं:

शून्य गढ़ शहर शहर घर बस्ती कौन सूता कौन जागे है
लाल हमरे हम लालान के तन सोता ब्रह्म जागे है

खाली गढ़, खाली शहर, खाली घर में कौन सोता है कौन जागता है? भगवान मेरे हैं, मैं भगवान का हूं, तन सोता है लेकिन मेरा ब्रह्म, मेरी आत्मा हमेशा जागृत है.

अपने आत्म, अपने ब्रह्म को हमेशा जागृत मानने वाले कबीर साधुओं की संगत में तो रहे लेकिन ज़्यादातर लोग ऐसा नहीं मानते हैं कि वे घर त्याग कर साधु बन गए. कबीरपंथियों की एक धारा उन्हें गृहस्थ मानती है. कहीं-कहीं ये ज़िक्र आता है कि उनकी पत्नियां थीं–लोई और

रामजनियां. लेकिन ज़्यादातर जानकार ये मानते हैं कि लोई और रामजनियां एक ही इंसान के दो नाम हैं. और कबीर ने अपनी रचनाओं में पत्नी को अलग-अलग नामों से संबोधित किया है. उनके दोहों से वैसे ये लगता है कबीर की ज़िंदगी गरीबी में गुज़री. कबीर ने अपनी गरीबी के बारे में कहा है:

जद का भाई जनमिया कभी न पाया सुक्ख.
डाली डाली मैं फिरूं, पातै पातै दुख..

दूसरी तरफ कबीरपंथ की एक धारा परिवार और उनके बच्चों जैसी बातों को बिल्कुल नहीं मानती और इसका विरोध करती हैं. लेकिन कबीर से जुड़ी हर धारा में कबीर की घुमक्कड़ी की बहुत चर्चा है. कहा जाता है कि कबीर ने लंबी-लंबी यात्राएं की थीं. *आइने अकबरी* के अनुसार कबीर देश भर में खूब घूमे और कुछ दिन वे जगन्नाथपुरी में भी रहे. *कबीर मंसूर* नाम के ग्रंथ के मुताबिक उन्होंने बगदाद, समरकंद, बलख-बुखारे आदि स्थानों की लंबी यात्राएं की थीं. कबीर की वाणी में दिखने वाली अलग-अलग भाषाओं के असर को इस संदर्भ में भी देखा जा सकता है.

काल खंड की दृष्टि से कबीर को दिल्ली के सुल्तान सिकंदर लोदी का समकालीन माना जाता है. कहा जाता है कि कबीर की शिकायत सिकंदर लोदी से भी की गई थी. जीएच वेस्टकॉट ने अपनी जानी मानी किताब *कबीर एंड कबीरपंथ* में लिखा है कि कबीर की साफगोई ने उनके लिए चारों तरफ़ दुश्मन खड़े कर दिए थे.

कबीरपंथी मान्यताओं के मुताबिक उस समय के जाने माने मौलवी शेख तकी ने कबीर के ख़िलाफ़ मुसलमानों की भावनाओं को स्वर

दिया. उन्होंने सिकंदर लोदी से ईश निंदा के आरोप में कबीर को सज़ाए मौत देने की फरियाद की. बादशाह ने फरमान निकाल कर कबीर को दरबार में बुलाया गया था. उन्हें दरबार में सुबह हाज़िर होने के लिए कहा गया था, लेकिन वो शाम होने को दरबार में पहुंचे.

काशी के कबीरचौरा मठ से प्रकाशित किताब कबीर जीवन कथा के मुताबिक सिकंदर लोदी के दरबार में जाने के लिए कबीर ने गले में तुलसी की माला पहनी, माथे पर चंदन लगाया और सिर पर पगड़ी बांधकर उस पर मोरपंख की कलगी खोंसी, जबकि ऐसा वेश कबीर कभी नहीं बनाते थे. कबीर के सामने दिल्ली का सुल्तान था. कबीर निर्भय निडर उसके सामने खड़े थे.

जब कबीर, लोदी के दरबार में खड़े थे उस वक्त दरबार के काजी साहब आगे आए और कबीर से बोले, बादशाह सलामत हैं, रहम दिल हैं बादशाह. बादशाह को सलाम करो वो तुम्हें माफ़ कर देंगे.

काजी की बात सुनकर भी कबीर चुप रहे. उन्होंने पूरे दरबार की तरफ़ नज़रें फेरते हुए, आख़िर में तख़्त पर बैठे सिकंदर लोदी की तरफ़ देखा, लेकिन उसे सलाम नहीं किया. कबीर की हिमाकत देखकर काजी ने चिल्लाते हुए कहा, काफिर, तू बादशाह को सलाम क्यों नहीं करता?

कबीर पर उसके चिल्लाने का कोई असर न होना था, न हुआ.

काजी फिर बोला, काफिर तुझे ये हिमाकत महंगी पड़ेगी.

अब कबीर ने बड़े शांत भाव से उसे जवाब दिया, जो दूसरों का दुख दर्द जान सकते हैं वे ही पीर होते हैं बाकी सब काफिर. कबीरा सोई पीर है जो जाने पर पीर, जो पर पीर न जानई सो काफिर बेपीर.

जवाब सुनकर काजी सकपका गया. उसे कोई जवाब नहीं सूझा. अब दरबार में हर चेहरे पर शिकन, हर जुबां पर चुप्पी छा गई. इस चुप्पी को सिकंदर लोदी की भारी आवाज़ ने तोड़ा. बादशाह ने कबीर से कहा, हूं...तो जैसा सुना था वैसे ही हो तुम. पर मैंने तुम्हें सुबह बुलवाया था, तुम शाम को आए क्यों?

सिकंदर के लहजे में गुस्से की हल्की परत साफ़ देखी जा सकती थी. कबीर ने बिना डरे सिकंदर की आंखों में आंखें डालकर कहा, मैंने एक नज़ारा देखा, जिसे देखने में मैं अटक गया.

सिकंदर लोदी ये सुनकर हैरान हुआ. उसने हैरानी से पूछा, ऐसा कौन सा नज़ारा हो सकता है, जो तुम्हें सुल्तान की हुक्मउदूली करने को मजबूर करे?

इसबार कबीर ने और भी हैरान करने वाला जवाब दिया. वो बोले, मैंने सुई की नोक से भी बारीक छेद से एक कारवां गुज़रते हुए देखा.

क्या? तुमने सुई की नोंक से भी बारीक छेद से एक कारवां गुज़रते हुए देखा? सिकंदर लोदी ने कबीर की पूरी बात दोहराते हुए कहा और फिर हंसने लगा.

दरबार में मौजूद लोग भी उसकी ये बात सुनकर भौंचक्के रह गए थे, लेकिन सुल्तान को हंसता देख वो भी हंसने लगे. इस शोर में सिकंदर लोदी की आवाज़ फिर गूंजी. वो ज़ोर से कबीर पर चिल्लाया, काफिर, तुम झूठे हो.

कबीर ने उसकी बात पूरी होने से पहले ही जवाब दिया, ऐ सुल्तान. स्वर्ग और नरक के बीच में कितना बड़ा अंतर है. सूरज और चांद के बीच के अंतरिक्ष में अनगिनत हाथी और ऊंट समाए हैं और ये सब एक

आंख की पुतली की नोक से देखे जा सकते हैं, और ये नोक सुई की नोक से भी बारीक है.

इस कहानी के मुताबिक कबीर के इस जबाव से बादशाह बहुत खुश हुआ और उन्हें छोड़ दिया गया. जबकि दूसरी प्रचलित कहानियों के मुताबिक बादशाह ने उन्हें कभी ज़ंजीरों से बांध कर गंगा नदी में फिंकवाया तो कभी पागल हाथी से कुचलवाने की कोशिश की तो कभी ज़िंदा जलाने की. जब वो अपनी तमाम कोशिशों में असफल रहा तब सुल्तान सिकंदर लोदी को अपनी भूल का अंदाज़ा हुआ. इसके बाद भी कबीर के ख़िलाफ़ साजिश चलती रही.

कबीर साहब की ज़िंदगी को जितना जानने की कोशिश की, उससे कुछ बातें बिल्कुल साफ़ हैं. भारतवर्ष में जो दबे-कुचले थे, दलित थे, उनके लिए आवाज़ देने वाले वो पहले व्यक्ति लगते हैं. आज से 600 साल पहले वो जाति-धर्म को तोड़ कर समाजसुधार की बात कर रहे थे. "तुम कत बाम्हन, हम कत शूद. हम कत लोहू, तुम कत दूध." गरीब चाहे वो किसी भी धर्म का हो वो ईश्वर प्रेम का बराबर का अधिकारी है, हकदार है. ये बात उन्होंने अपने शिष्यों को समझाई. कबीर ने धर्म के बंधे-बंधाए विश्वासों की जकड़न को चुनौती दी. वो धर्मों के कट्टरपन के घोर आलोचक थे. न हिंदू, न मुसलमान होने की घोषणा करने वाले संत कबीर, पहले कवि थे जिन्होंने धर्मनिरपेक्ष समाज की कल्पना की.

कबीर की धर्मनिरपेक्षता की मिसाल तो मगहर भी है. मगहर उत्तर प्रदेश के संत कबीर नगर ज़िले का एक कस्बा है. यहां समाधि और मज़ार दोनों साथ-साथ हैं. समाधि भी कबीर की, मज़ार भी कबीर की.

कबीर काशी से मगहर क्यों आए, यह अपने आपमें बड़ी कहानी है. एक मत ये है कि कबीर अपने आख़िरी दिनों में काज़ी-कोतवाल-पंडितों से परेशान होकर मगहर चले आए. एक जगह कबीर कहते हैं कि "जो कासी तन तजै कबीरा, तो राम हि कवन निहोरा." कबीर की इस बात का मतलब समझाते हुए कबीरचौरा मठ वाराणसी के आचार्य विवेक दास कहते हैं कि कबीर का आशय यह था कि अगर काशी में मरने से ही मोक्ष मिल जाता तो जीवन भर राम-राम करने का क्या फायदा? और यदि काशी में ही मरना था तो प्रभु के नाम को जपने का भी कोई लाभ नहीं. इसी तरह एक जगह वो कहते हैं कि क्या कासी क्या मगहर अखर हृदय राम जो होई. ये दरअसल उन लोगों को चुनौती थी जो ये कहते थे कि काशी में मरने से ही मुक्ति मिलती है.

कबीर के इस फैसले के बारे में कवि अशोक वाजपेयी कहते हैं, "असल में कबीर ने जीवन के अंतिम क्षण तक समाज की रूढ़ियों और चले आ रहे नियमों के ख़िलाफ़ बगावत की. कबीर के समय में भी कहा जाता था कि अगर बनारस में आपकी मृत्यु हुई तो आप भव सागर तर गए. किंतु कबीर तो कबीर थे, वो इस बात को कहां मानने वाले थे. अंत समय नज़दीक आया तो उन्होंने कहा कि मैं तो मगहर में जाकर मरूंगा. अगर मेरे कर्म ऐसे हैं कि जिनसे मुझे मुक्ति नहीं मिल सकती तो फिर गंगा में नहाने से ही कैसे मिल सकती है? अगर मेरे कर्म अच्छे नहीं तो गंगा के तट पर मेरी चिता जलने से ही मुझे मुक्ति कैसे मिल जाएगी? अपने इस निर्णय से कबीर यही कहना चाह रहे थे कि अगर काशी में शरीर त्यागने भर से मुक्ति मिल जाए तो जीवन भर सदाचार या राम का नाम लेने से क्या फायदा. अगर आप नेक इंसान हैं तो मोक्ष

मिलेगा ही, इसमें राम का कोई एहसान नहीं है.

वैसे कुछ लोग अंत समय आने पर कबीर के काशी छोड़कर मगहर आने के फैसले के पीछे मगहर से जुड़ी उस किवदंती को भी ज़िम्मेदार मानते हैं जिसमें कहा जाता था कि मगहर में मरने वाले को मोक्ष नहीं मिलता. इसलिए मगहर में मोक्ष न मिलने, और काशी में निश्चित मोक्ष मिलने की बनी-बनाई बातों के विरोध में ही कबीर काशी छोड़कर मगहर आए. बताया जाता है कि 120 साल की उम्र में कबीर ने शरीर त्यागा या उनके शब्दों में कहें तो चोला उतारा. कबीर की मृत्यु के बाद, ऐसा कहा जाता है कि कबीर के हिंदू और मुसलमान चेलों में इस बात पर झगड़ा हुआ कि कबीर के शव पर किसका हक़ है? हिंदुओं का या मुसलमानों का? जब रात भर लड़ने के बाद भी इस बात का फैसला नहीं हुआ तो अगली सुबह कुछ ऐसा हुआ जिस कबीर का फैसला मानना पड़ा. कहा जाता है कि अगली सुबह जब कबीर के शव के ऊपर से चादर हटाई गई तो वहां शव की जगह बस कुछ फूल बिखरे पड़े थे. उस परमहंस आत्मा का शरीर फूल में बदल चुका था. कबीर के दोनों धर्मों के चेलों ने वो फूल ही आपस में बांट लिए. हिंदुओं ने उन फूलों को रखकर कबीर की समाधि बनाई और मुसलमानों ने उन्हें मज़ार में सजा दिया.

शायद इसी दिन के लिए कबीर ने कहा था:

उड़ जाएगा हंस अकेला, जग दर्शन का मेला
गुरु की करनी गुरु जाएगा, चेले की करनी चेला.

प्रो. पुरुषोत्तम अग्रवाल कबीर के अंत की इस घटना को एक नए नज़रिए से देखते हैं. वो कहते हैं, "अगर कोई समाज ये कल्पना करता

है कि कबीर की मृत्यु के बाद उनकी देह, फूलों में बदल गई तो मेरी दिलचस्पी इस बात में है कि हम इस घटना का अर्थ समझें. मेरा मानना है कि ये किदवंती हमें इस बात की सूचना देती है कि कबीर ने जीवन भर समझाया कि हिंदू और मुसलमान में भेद नहीं है और दोनों धर्मों में भेद की बात ही व्यर्थ है, लेकिन कबीर की मृत्यु के बाद जो हुआ उसे देखकर लगता है कि कबीर के दोनों ही धर्मों के अनुयायी ही एक सीमा के बाद इस बात को पचा नहीं पाए. और इस लिहाज से मुझे ये कहानी कबीर के व्यक्तिगत दुखांत, यानी पर्सनल ट्रेजेडी लगती है."

कबीर का शव नहीं मिला, पर फूलों का ही बंटवारा हो गया. उन फूलों से अब मगहर में मज़ार भी है और समाधि भी है. ये कहानी शत-प्रतिशत सही हो तब भी और काल्पनिक हो तब भी, कबीर की तलाश में हमारी मदद करती है. कबीर हमारे बीच अपने शब्दों के ज़रिए ज़िंदा हैं. इन कहानियों के ज़रिए. कोई उन्हें कवि कहता है तो कोई समाजसुधारक. कोई संत कहता है, तो कोई उन्हें अवतार मानता है. कोई भगवान मानता है, तो कोई उन्हें धर्मनिरपेक्षता का सबसे पहला झंडाबरदार मानता है. यह सारी बातें सही हैं, क्योंकि कबीर होने का मतलब ही महान होना है.

जलालुद्दीन मोहम्मद अकबर

नंवबर 5, सन 1556. सरज़मीन ए हिंदुस्तान के लिए एक तारीखी दिन, जब दिल्ली के बादशाह हुमायूं के बेटे अकबर की शाही सेना के शिविर में भारत का इतिहास करवट लेने जा रहा था. शिविर में 14 साल के अकबर के साथ दूसरे लोगों के अलावा उसका गुरु बैराम खान मौजूद था . तभी अकबर की सेना के दो सिपाही, युद्ध में बुरी तरह घायल एक शख़्स को अपने कंधों पर लटकाकर, लगभग घसीटते हुए अकबर के सामने पेश करते हैं. इस शख़्स के हाथ पीछे की ओर बंधे हैं. इसकी एक आंख भी फूटी हुई है, और उससे खून रिस रहा है. वो लगभग बेहोशी की हालत में है. इसी मरणासन्न हालत में सिपाहियों ने उसे ज़मीन पर पटका. उसे देखकर बैराम खान के चेहरे पर मुस्कान खिली. वो आगे बढ़ा और उस घायल इंसान के करीब जाकर, उसे गुस्साई आंखों से देखते हुए बोला, यही है राजा हेमचंद्र विक्रमादित्य उर्फ हेमू, नमक का व्यापारी जिसने दिल्ली में तैमूरी झंडे को नीचा करने की हिमाकत की थी. वो हेमू जिसने दिल्ली पर कब्ज़ा करने की हिम्मत की थी.

इसके बाद बैराम खान, अकबर की तरफ़ मुड़ा और गरजते हुए बोला, बादशाह सलामत. आप इस काफिर को मौत देकर गाज़ी का मर्तबा हासिल करें.

ये सुनते ही गद्दी पर बैठा 14 साल का अकबर उठा, उसने एक झटके में म्यान से तलवार खींची, और लेकर हेमू की ओर बढ़ा. अकबर के तेवर देख बैराम खान की आंखों में चमक आ गई.

अकबर हेमू के पास गया. वो हेमू को गौर से देखने लगा. अब उसकी आंखों में भी, बैराम खान जैसा गुस्सा तैर रहा था. फिर उसका

ध्यान हेमू के ज़ख़्मों पर गया, उसने देखा कि उसकी दाहिनी आंख से लहू रिस रहा है. उसके दोनों हाथ पीठ पर बंधे हैं. अकबर की आंखों का क्रोध बढ़ता जा रहा था, ऐसा लगा कि बस अब वो तलवार उठाकर हेमू का सिर कलम कर देगा. लेकिन ये क्या?

अकबर ने तो अगले पल, अपनी तलवार एक ओर फेंक दी और बैराम खान की ओर पलट कर बोला, खान बाबा, मैं एक बेहोश और अधमरे आदमी पर तलवार नहीं उठा सकता.

बैराम खान को ये सुनकर झटका लगा. अकबर को गुस्से से देखता हुआ वह खुद आगे बढ़ा, हेमू के पास जाकर तलवार उठाई और आव देखा न ताव, एक ही वार में हेमू का सिर उसके धड़ से अलग कर दिया.

हेमू के खून के छींटे अकबर के पैरों तक भी आए. अकबर सन्न हो गया. शिविर में सन्नाटा छा गया. इस सन्नाटे को बैराम खान की आवाज़ ने चीरा. वो खून से सनी तलवार हवा में उठाकर चिल्लाया– हमारे शहंशाह इस हेमू का काम तमाम करके गाज़ी हुए. मुबारक हो. मुबारक हो.

शिविर में मौजूद बाकी सैनिक भी चिल्लाने लगे–मुबारक हो. मुबारक हो.

अकबर अभी भी अवाक था. लेकिन हेमू का अंत हो चुका था. इस मौत के साथ ही पानीपत की दूसरी लड़ाई ख़त्म हुई. कई इतिहासकारों की राय में राजा हेमचंद्र विक्रमादित्य दिल्ली की गद्दी पर कब्ज़ा करने वाला आखिरी हिंदू राजा था. और उसके अंत के बाद उसकी जगह ली 14 साल के जलालुद्दीन मोहम्मद अकबर ने.

जलालुद्दीन मोहम्मद अकबर

जलालुद्दीन मोहम्मद अकबर का जन्म तब हुआ था जब उसके पिता हुमायूं जान बचाकर हिंदुस्तान से भाग रहे थे. कहा जाता है कि अकबर अमरकोट में एक हिंदू राजा के घर पैदा हुआ, जहां दिल्ली से जान बचाकर भागी उनकी मां और कुछ लोगों को शरण मिली थी. मुश्किलों के दौर में उसके बचपन के शुरूआती दिन कांधार में बीते जहां अकबर के चाचा ने उसे बंधक बना कर रखा था. हिंदुस्तान के सबसे बड़े बादशाहों में से एक अकबर की जब पढ़ाई शुरू हुई तो पढ़ाने वालों की मानों शामत आ गई. बालक अकबर को कबूतरबाज़ी पसंद थी, घुड़सवारी पसंद थी, हाथियों की लड़ाई पसंद थी लेकिन कुछ पसंद नहीं था तो वो था पढ़ना-लिखना. खैर, न पढ़ने की ज़िद के साथ अकबर की ज़िंदगी चल रही थी और इसी दौरान उसके पिता हुमायूं के भी दिन पलटे.

किसी तरह हुमायूं पहले तो आज के अफगानिस्तान, फिर पंजाब और आखिर में दिल्ली की गद्दी पर काबिज़ हुआ. जब हिंदुस्तान में हुमायूं की वापसी हुई तब उसने अपने बेटे अकबर को पंजाब का गवर्नर बनाया दिया. ये बालक अकबर की खुशनसीबी थी कि हूमायूं ने अपने सबसे विश्वस्त सेनापति, बैराम खान को अकबर का गुरु या कहिए अतालिक नियुक्त किया था. बादशाह हुमायूं के लिए ये सही मायनों में उसके अच्छे दिनों की वापसी थी लेकिन, उसे क्या पता था कि उसकी ये बादशाही तो छोड़िए, उसकी ज़िंदगी भी ज़्यादा दिन नहीं चलने वाली थी. जल्दी ही हुमायूं एक दुर्घटना का शिकार हो गया.

बात 27 जनवरी 1556 की है. उन दिनों अकबर आज के पंजाब के गुरदासपुर के पास कलानोर में बैराम खान की देख-रेख में सिंकदर

सुर नाम के अफ़गान सेनापति को हराने में लगा था. यहीं मुग़ल सेना के एक शिविर में एक रात बैराम खान, अपने एक सिपहसालार के साथ उसके पास पहुंचा.

उसने बालक अकबर से कहा, शहज़ादे, आपके लिए एक बुरी ख़बर है.

क्या हुआ खान बाबा? बालक अकबर ने हैरानगी से पूछा.

कुछ देर चुप रहकर, बड़ी हिम्मत के साथ बैराम खान ने जवाब दिया, बादशाह सलामत को सीढ़ियों से उतरते वक्त सिर पर गहरी चोट आई है. अब उनका बचना नामुमकिन है.

बैराम खान की बात सुनते ही बालक अकबर बदहवास होकर रोने लगा. बैराम खान ने उसे सीने से लगा लिया और उसे समझाने की कोशिश करते हुए बोला, शहज़ादे, चुप हो जाओ. ये वक्त रोने का नहीं, खुद को संभालने का है. और हां, जब तक आगे का फैसला नहीं हो जाता, ये ख़बर इस चाहरदीवारी के बाहर नहीं जानी चाहिए. ये कहते-कहते बैराम खान पलटा और अपने साथ आए सिपहसालार से बोला, आप शहज़ादे की ताजपोशी की तैयारियां कीजिए.

जो हुक्म, कह कर सिपहसालार वहां से बाहर चला गया. अकबर का सुबकना अब भी जारी था. बैराम खान फिर से अकबर को सीने से लगाकर उसका हौसला बढ़ाने लगा.

शहज़ादे अकबर को जब अपने पिता के गंभीर रूप से घायल होने की ख़बर मिली तब उसकी उम्र 13 साल कुछ महीने थी. हुमायूं की असमय मौत ने एकाएक उसके हालात बदल दिए थे. वो शहज़ादा से बादशाह होने वाला था. उसकी ताजपोशी का दिन मुकर्रर हो गया था.

लेकिन उसके दिल में एक सवाल था जो उसने बैराम खान से पूछ ही लिया, खान बाबा, मेरी ताजपोशी की तैयारी कलानोर में क्यों हो रही है? हम दिल्ली की तरफ़ क्यों कूच नहीं करते?

बैराम खान ने अकबर के सवाल का जवाब देने से पहले, बड़े प्यार से उसके सिर पर हाथ फेरा, एक गहरी सांस ली और फिर बोला, शहंशाह जहांबानी जन्नत आशियानी नासिरुद्दीन मुहम्मद हुमायूं छह महीने पहले ही सिलसिला-ए-गुरकानिया को दिल्ली-आगरा में दोबारा कायम करने में कामयाब हुए थे. हमें ये समझना होगा कि अभी हिंदुस्तान और दूसरे इलाके में हमारी पकड़ अभी बहुत कमज़ोर है.

यह कहते हुए बैराम खान वहीं ज़मीन पर बैठ गया और उंगलियों से वहां एक नक्शा खींचने लगा. नक्शा पूरा होने के बाद वो अकबर से बोला, शहज़ादे, देखिए, मगरिब में काबुल और कांधार है जहां आपके भाई शहज़ादा मुहम्मद हाकिम अपने अतालिक़ मुनीम खान की देखरेख में गवर्नर हैं. ऐसा आपके वालिद शहंशाह हुमायूं के हुक्म पर ही हुआ था. लेकिन मैं अगर साफ़-साफ़ कहूं तो मुझे मुनीम खान पसंद नहीं हैं और आज नहीं तो कल वो और शहज़ादा मुहम्मद हाकिम आज़ाद होने की कोशिश ज़रूर करेंगे लेकिन फिलहाल तो काबुल महफूज़ है. हालांकि हिंदुस्तान महफ़ूज़ नहीं है.

यही सच था. जिस वक्त बादशाह हुमायूं की मौत हुई मुग़ल सल्तनत कुछ शहरों और फौजी कैंपों तक ही सीमित थी. ये स्थिति किसी भी लिहाज से अकबर के लिए सुरक्षित नहीं थी. पंजाब में मुग़ल सेना ने सिकंदर सुर को हराया ज़रूर था लेकिन सिंकदर सुर अब भी सक्रिय था. बिहार और आज के पूर्वी उत्तर प्रदेश में सुल्तान आदिल शाह था

जो बनारस के पास चुनार में काबिज़ था. बंगाल में मुहम्मद खान सुर था और हुमायूं की मौत की ख़बर लगने के साथ ही वो और जलाल शाह सुर पचास हज़ार की फौज के साथ जौनपुर से दिल्ली पर हमले के लिए तैयार थे.

इन्हीं ख़तरों और चुनौतियों के बीच भारतवर्ष के महानतम शासक, जलालुद्दीन मोहम्मद अकबर की ताजपोशी हुई. तारीख़ थी 14 फरवरी 1556. समय दिन के 12 बजे. बैराम खान के हुमायूं की शाही तलवार अकबर को सौंपते ही बादशाह अकबर सलामत रहें के नारों से आसमान गूंज उठा. उत्साहित अकबर ने भी तलवार म्यान से निकाली, उसे चूमा और आसमान की तरफ़ उठा दी. बादशाह अकबर ज़िंदाबाद के नारों के बीच अकबर ने एक इशारा किया. एक दरबारी सजे हुए थाल में एक चमकीला शॉल लेकर उसके पास आया. अकबर ने शॉल उठाते हुए बैराम खान को अपने पास बुलाया. बैराम खान अकबर के पास आकर घुटनों के बल बैठ गया. अकबर ने वो शॉल अपने कंधे से लगाया और अगले पल ही उसे बैराम खान के कंधों पर रख दिया. बैराम खान के कंधे पर अकबर द्वारा शॉल रखना, नए पहला फरमान था, जिसमें अकबर ने बैराम खान को सल्तनत का वकील मुतलक़ यानी राज्य के सभी राजनीतिक और आर्थिक मामलों का ज़िम्मेदार अधिकारी नियुक्त किया. साथ ही उन्हें खानखाना और सिपहसालार यानी सेनापति भी बना दिया. बैराम खान को सल्तनत का वकील और सिपहसालार बनाने का फैसला बहुत बड़ा था. अबतक हुमायूं और अकबर के लिए बैराम खान की स्वामीभक्ति पर कोई भी सवाल नहीं उठा सका था. हुमायूं के सबसे मुश्किल समय में भी बैराम खान चट्टान

की तरह खड़ा रहा था. अकबर के शासन काल का भी ये सबसे मुश्किल दौर था. इस मुश्किल दौर में अकबर और उससे ज़्यादा भी बैराम खान के लिए परीक्षा की घड़ी बहुत जल्दी आ गई. अकबर अपनी ताजपोशी के बाद भी दिल्ली नहीं गया था. बैराम खान ने तारदी बेग नाम के मुग़ल सेनापति को दिल्ली का गवर्नर बना कर भेजा और खुद पंजाब में अपनी स्थिति को मज़बूत करने के लिए जालंधर में रुक गया. उन्हीं दिनों बिहार और उत्तर प्रदेश में राज कर रहे आदिल शाह के हिंदू सेनापति हेमचंद्र उर्फ हेमू ने दिल्ली का रुख किया. उस दौर में मशहूर था कि हेमू ने हारना सीखा ही नहीं था.

हेमू के बारे में तब तरह-तरह की कहानियां फैली हुई थीं. ये मशहूर था कि हेमू से बड़ा चतुर रणनीतिकार उस वक्त भारत में कोई और नहीं था. उसका परिवार रीवाणी, यानी आज के हरियाणा के रेवाड़ी ज़िले का रहने वाला था. ये कहा जाता है कि अपने जीवन के आरंभ में वह रीवाणी में हांक लगा कर नमक या शोरा बेचा करता था. फिर वो एक सैनिक बना और बाद में अपने समय का एक महान योद्धा. हेमू के बारे में कहा जाता था कि उसने अपने जीवन में कुल 22 युद्ध लड़े हैं और सभी युद्ध जीते हैं, और अब वो अपने जीवन के 23वें युद्ध की तैयारी में लगा था.

7 अक्टूबर 1556 को हेमू ने ग्वालियर से आगरा होते हुए दिल्ली पर हमला कर दिया. हेमू की सेना ने मुग़ल सेना की दुर्गति कर दी. मुग़ल गवर्नर तारदी बेग घबरा गया. वो जैसे-तैसे भाग खड़ा हुआ. हेमू ने दिल्ली में लूटपाट की और खुद सिंहासन पर बैठा. कई इतिहासकार कहते हैं कि उसने खुद को राजा हेमचंद्र विक्रमादित्य की पदवी दी,

और इसी वजह से वो उसे दिल्ली का आखिरी हिंदू राजा भी मानते हैं. कहा जाता है कि हेमू की इस ताजपोशी से घबरा कर बैराम खान ने फिर से उसे ललकारा. एक बार फिर हेमू और उसके साथियों ने बैराम खान के नेतृत्व वाली मुग़ल सेना को बुरी तरह से रौंदना शुरू कर दिया.

पानीपत की दूसरी लड़ाई में अकबर और बैराम खान की फौज हार के कगार पर थी. अपने प्रिय हाथी हवाई पर सवार हेमचंद्र विक्रमादित्य अपनी फौज का नेतृत्व आगे बढ़ कर रहा था. हालात को देखते हुए बैराम खान ने लड़ाई के मैदान से पीछे हटने की तैयारी शुरू कर दी. तभी एक चमत्कार ने मुग़लों के भाग्य को बदल दिया. हुआ यूं कि एक तीर न जाने कहां से आ कर हेमचंद्र की दाहिनी आंख में घुस गया.

आइने अकबरी के लेखक अबुल फज़ल ने कहा है कि वो तीर नहीं था, खुदा से हेमू को मिली सज़ा थी. आंख में तीर लगने से हेमचंद्र बेहोश हो गया. हेमचंद्र को बेहोश देख कर उसकी फौज घबरा गई. हेमचंद्र के हाथी हवाई के महावत ने हेमचंद्र को लड़ाई के मैदान से बाहर ले जाने की कोशिश की. लेकिन वो असफल रहा. हेमचंद्र विक्रमादित्य को बंदी बना लिया गया. और शाम ढलते-ढलते उसे नए बादशाह अकबर के सामने पेश किया गया.

अकबर ने देखा कि हेमू के हाथ पीछे की ओर बंधे हैं. उसकी एक आंख भी फूटी हुई है, और उससे खून रिस रहा है. वो लगभग बेहोशी की हालत में है. इसी मरणासन्न हालत में सिपाहियों उसे ज़मीन पर पटका. उसे देखकर बैराम खान के चेहरे पर मुस्कान खिली. वो आगे बढ़ा और उस घायल इंसान के करीब जाकर, उसे गुस्साई आंखों से देखते हुए बोला, यही है राजा हेमचंद्र विक्रमादित्य उर्फ हेमू, नमक

का व्यापारी जिसने दिल्ली में तैमूरी झंडे को नीचा करने की हिमाकत की थी. दिल्ली पर कब्ज़ा करने की हिम्मत की थी.

अब बैराम खान, अकबर की तरफ़ मुड़ा और गरजते हुए बोला, बादशाह सलामत. आप इस काफिर को मौत देकर गाज़ी का मर्तबा हासिल करें.

ये सुनते ही गद्दी पर बैठा 14 साल का अकबर उठा, उसने एक झटके में म्यान से तलवार खींची, और लेकर हेमू की ओर बढ़ा. अकबर के तेवर देख बैराम खान की आंखों में चमक आ गई.

अकबर हेमू के पास गया. वो हेमू को गौर से देखने लगा. अब उसकी आंखों में भी, बैराम खान की तरह गुस्सा तैर रहा था. उसका ध्यान हेमू के ज़ख़्मों पर गया, उसने देखा कि उसकी दाहिनी आंख से लहू रिस रहा है. उसके दोनों हाथ पीठ पर बंधे हैं. अकबर की आंखों का क्रोध बढ़ता जा रहा था, ऐसा लगा कि बस अब वो तलवार उठाकर हेमू का सिर कलम कर देगा. लेकिन ये क्या?

अकबर ने तो अपनी तलवार एक ओर फेंक दी और बैराम खान की ओर पलट कर बोला, खान बाबा, मैं एक बेहोश और अधमरे आदमी पर तलवार नहीं उठा सकता.

बैराम खान को ये सुनकर झटका लगा. बाद बैराम खान ने आव देखा ना ताव, खुद आगे बढ़ा और हेमू को मौत के घाट उतार दिया.

अकबर द्वारा अधमरे हेमू को मारने से इन्कार करने का ज़िक्र *आइने अकबरी* के लेखक अबुल फज़ल ने किया है. उसका कहना है कि बादशाह अकबर ने अपनी नेकदिली के चलते घायल और अधमरे हेमू को मारने से इन्कार कर दिया. जबकि कई इतिहासकारों का मानना है

कि अकबर को बड़े दिल का दिखाने के लिए अबुल फज़ल ने ये बातें गढ़ीं और उनकी राय ये है कि अकबर ने ही हेमू की गर्दन पर पहला वार किया था. बाद में बैराम खान की तलवार के ताकतवर वार से हेमू का सिर धड़ से अलग हो गया. ये भी कहा जाता है कि पानीपत में मरे हेमू के सिर को काबुल भेजा गया और धड़ को दिल्ली.

इतिहास के पन्नों में दफ्न इस घटना पर जानेमाने इतिहासकार और अलीगढ़ मुस्लिम विश्वविद्यालय के प्रोफेसर एमेरिटस इरफान हबीब कहते हैं कि अबुल फज़ल ने जिस तरह अकबर को फरिश्ता बताते हुए हेमू को कत्ल करने से इन्कार करने की बात की है वो पूरी तरह सही नहीं है. सच शायद यही है कि अकबर ने हेमू पर वार तो किया लेकिन उसके वार से हेमू का कुछ हुआ नहीं, क्योंकि एक बच्चे के लिए किसी की गर्दन काटना आसान काम नहीं था. इसीलिए बाद में बैराम खान ने बहुत ज़ोर से वार किया और उसकी गर्दन काट दी.

हेमू के कत्ल के इस किस्से की एक और कहानी बताते हुए जानेमाने इतिहासकार हरबंस मुखिया कहते हैं कि जब पानीपत की दूसरी लड़ाई में हेमू बैराम खान से हार गया तो अकबर ने उससे कहा कि तुम मुसलमान हो जाओ, तो मैं तुम्हें माफ़ कर दूंगा. ये सुनकर हेमू ने कहा कि अगर मैं जीत जाता तो शायद मैं मुसलमान होने की सोच भी सकता था, क्योंकि तब मैं उसे अल्लाह का शुक्रिया अदा करने का तरीका मानता लेकिन अब मैं हार गया हूं तो अब मैं किसी कीमत पर मुसलमान नहीं हो सकता. उसके इन्कार के बाद उसका मरना तो तय था, लेकिन अकबर ने खुद उसका गला नहीं काटा था. बैराम खान ने उसका सिर कलम कर दिया.

वैसे हेमू के अंत को भारतीय इतिहास का टर्निंग प्वाइंट यानी सबसे अहम मोड़ भी कहा जाता है. ज़्यादातर इतिहासकार मानते हैं कि अगर हेमचंद्र विक्रमादित्य का अंत नहीं होता तो भारत का इतिहास भी कुछ और होता. बहरहाल, नियति को जो मंजूर था वही हुआ, और इस जीत ने मुग़ल सल्तनत में बैराम खान की स्थिति बहुत मज़बूत कर दी.

बैराम खान का ये दबदबा अगले चार साल, 1556 से 1560 तक चला. इस बीच बैराम खान ने मुग़ल सल्तनत को अफगानिस्तान के काबुल से लेकर उतर प्रदेश के जौनपुर तक फैलाया. उसने ग्वालियर के किले पर भी कब्ज़ा कर लिया था. ज़्यादातर वही बड़े फैसले ले रहा था. शायद उसे इस बात का इल्म भी नहीं रहा कि असल बादशाह अकबर अब तेरह साल का बच्चा नहीं रहा था. वो भी अब बड़ा हो रहा था.

मुग़ल सल्तनत में बैराम खान के दबदबे और उसके सब पर नियंत्रण रखने वाले रवैए की एक मिसाल इतिहासकार सतीश चंद्र अपनी किताब में देते हैं. वो कहते हैं कि एक बार जब अकबर ने उसने 17 रुपए मांगे तो उसे मना कर दिया गया. अकबर ने बादशाह होकर भी उस दिन बड़ा असहाय महसूस किया. हालांकि उसकी इज़्ज़त तब बची जब महामंगा ने उसे खर्च के लिए पैसे दिए. महामंगा वो महिला थी जिसने अकबर को बचपन में अपना दूध पिलाया था. अकबर उसे अपनी मां जैसा मान देते थे और इस वजह से महल में उसका बड़ा रसूख था. महल के भीतर चल रहे सत्ता संघर्ष में महामंगा एक तरह से बैराम खान के विरोधी खेमे का नेतृत्व कर रही थी. कहा जाता है कि अब तक अकबर भी सचमुच का बादशाह बनने का फैसला कर

चुका था. इतिहासकार हरबंस मुखिया अकबर की इस ख्वाहिश के पीछे उसके प्रति बैराम खान के व्यवहार को बड़ी वजह मानते हैं. वो कहते हैं कि अकबर के किशोरावस्था से जवानी की दहलीज़ पर कदम रखने यानी 17-18 साल के हो जाने के बावजूद बैराम खान उसके साथ एक बच्चे जैसा ही व्यवहार रखता था. हालांकि वो बादशाह की गद्दी को पूरा सम्मान देता था लेकिन फिर भी अकबर को बच्चा ही माने रखने की भूल उससे हो जाती थी.

बैराम खान के व्यवहार तथा बैराम खान और महामंगा के गुटों के बीच सत्ता की इस खींचतान से अकबर परेशान रहता था. और वो इनसे बचने के लिए शिकार खेलने के बहाने बाहर निकल जाता था. मन ही मन चाहने के बावजूद बैराम खान के ख़िलाफ़ कोई भी सख्त कदम उठाने से भी वो बचता रहा. कहा जाता है कि एक दिन महामंगा अपने बेटे अदहम खान के साथ अकबर से मिलने उसके महल में आई. महामंगा के बेटे ने अकबर के सामने बैराम खान को कत्ल करवा देने का प्रस्ताव रखा. लेकिन अकबर ने इस प्रस्ताव को ठुकराते हुए उसे कहा, अदहम मेरे भाई, तुम्हारे दिल की बात मैं समझता हूं. तुम बहुत बहादुर हो लेकिन मैं बैराम खान का कत्ल करने का हुक्म नहीं दे सकता. जिस आदमी ने मेरे वालिद और मेरी हिफाज़त की है, अगर मैं उसका कत्ल करवाता हूं तो वो भरोसे का कत्ल होगा. मैं फिर किसी के भरोसे के लायक नहीं रह जाऊंगा. ये कहकर अकबर ने दोनों को वहां से चले जाने का आदेश दे दिया. दोनों मां-बेटा अकबर के महल से मन मसोस कर लौट गए.

इतिहासकार कहते हैं कि अकबर, बैराम खान को अपनी सल्तनत

के वकील या प्रधानमंत्री के पद से हटाना तो चाहता था लेकिन बैराम खान की शख्सियत और एहसान उसे रोक रहे थे. हालांकि ऐसा बहुत दिन तक नहीं चला. एक बार शिकार के बहाने, अकबर आगरा से रवाना हुआ. सिकंदरा नाम की जगह रुका और फिर दिल्ली पहुंच गया. दिल्ली पहुंच कर बैराम खान को हटाने का फरमान जारी कर दिया. बैराम खान ने मुलाकात की इजाज़त मांगी लेकिन अकबर नहीं माना. और उसकी इजाज़त मांगने वाली चिट्ठी के बदले उसके पास एक चिट्ठी खुद लिखकर भेजी. इस चिट्ठी में अकबर ने लिखा:

मेरे खान बाबा! आप हमारे प्यार और शुभकामनाओं के इस संदेश को पढ़ें और जान लें कि कुछ तथ्य और हालात को देखकर ही हमने दिल्ली में पड़ाव डाला है. जब हमें पता चला कि आप हमसे मिलने चाहते हैं तो हमने ये कहलवाया कि आपको मेरे पास आने की ज़रूरत नहीं है. हमने आपसे काफी तकलीफ पाई है. आपको फिर से भरोसा देने के लिए मैंने लिखा है कि बाप-बेटे के बीच भी झगड़ा हो सकता है. गैरइत्तेफाकी हो सकती है, लेकिन वो कभी एक दूसरे से अलग नहीं हो सकते. आप हमारे खान बाबा हैं, इसलिए हमारे बीच वही रिश्ता है. आपके गलत और दुखदायी काम के बावजूद हम आपको बहुत प्यार करते हैं. पहले की तरह हम आज भी आपको खान बाबा ही कहते हैं. हम समझते हैं कि इस समय हमारा आपका मिलना ठीक नहीं होगा. इसे अभी कुछ दिन टालना ही उचित होगा. आपने अपने खत में तीर्थ यात्रा पर जाने की बात लिखी है, मैं समझता हूं कि आप हज करने जाएं. किसी को भेज कर सरहिंद और लाहौर से अपना इकट्ठा किया हुआ धन-दौलत मंगवा लें.

अकबर का ये खत मिलने के बाद, बैराम खान आगरा छोड़ कर हज के लिए रवाना हो गया.

इस दौरान बैराम खान का एक विरोधी, पीर मोहम्मद खान, शाही फौज के साथ उसका पीछा कर रहा था . इस बात से नाराज़ होकर बैराम खान और उसके साथियों ने जवाब देने का फैसला किया. और फिर वो हुआ जिसकी कल्पना भी मुश्किल थी. अकबर की शाही फौज अपने ही सेनापति रहे बैराम खान के खिलाफ़ मार्च कर रही थी. बैराम खान के साथियों की संख्या कम थी लेकिन अकबर की सेना उसे हरा नहीं पाई. अंत में खुद बैराम खान, अपने लोगों के ख़िलाफ़ हथियार उठाने से परेशान होकर सबकुछ छोड़ने का फैसला किया. और इस फैसले से अकबर को वाकिफ कराने के लिए वो उससे मिलने जा पहुंचा. अकबर उस वक्त सरहिंद में अपनी फौज के एक शिविर में था.

अकबर के पास आने पर संतरी ने उसे रोका, उससे अपनी तलवार देने को कहा. ये देखकर अकबर ने संतरी को ही वहां से हटने का इशारा कर दिया. संतरी चला गया. अब वहां अकबर और बैराम खान अकेले थे.

बैराम खान जब अकबर के ठीक सामने पहुंचा तो वो आज पहले वाला बैराम खान नहीं था. आज वो कुछ थका हुआ था. उसके चेहरे पर उसकी थकावट साफ़ दिख रही थी. वो अकबर के पास घुटनों के बल बैठ गया. उसने म्यान से तलवार निकाल कर अकबर की तरफ़ बढ़ाई और बोला, बादशाह, इंसाफ के लिए जो सही समझे वो करें.

अकबर ने बैराम खान की तलवार अपने हाथों में तलवार ली. पहले

उसे अपने दिल से लगाया, फिर माथे से, फिर उसे चूमा आखिर में और दोनों हाथों से बैराम खान की तरफ़ वापस बढ़ाते हुए बोला, मच्छीबाड़ा की लड़ाई याद है खान बाबा? ये वही तलवार है ना, जिसने मेरे वालिद जन्नत आशियानी नासिरुद्दीन मुहम्मद हुमायूं बादशाह की हिफाज़त की थी. यही वो तलवार है जिसने पानीपत में हेमू को ख़त्म किया था. इस तलवार को रखने वाला आपसे बेहतर कोई नहीं हो सकता है.

अब तक अपने हाथों में वो तलवार थामे खड़े बैराम खान की आंखें नम हो गईं. उसने तलवार को चूमा, माथे से लगाया. अगले ही पल, पत्थर दिल समझे जाने वाला बैराम खान फफक-फफक कर रोने लगा. अकबर ने उसे संभालते हुए अपने कंधे पर रखे अंगरखे से उसके आंसू से पोंछे और वो बोला, आपकी जगह कदमों में नहीं है.

इसके बाद अकबर ने बैराम खान को अपने साथ गद्दी पर बैठाया और दोनों बातें करने लगे.

कहा जाता है कि अकबर ने बैराम खान को कालपी या चंदेरी की सूबेदारी देने की बात कही. लेकिन बैराम खान ने कोई ओहदा लेने से इन्कार कर दिया और मक्का जाने की बात कही. लेकिन बैराम मक्का न पहुंच पाया. इतिहासकार हरबंस मुखिया का कहना है कि कि बैराम खान जब मक्का की राह पर था तो गुजरात के पाटन के पास ही किसी ने उसका कत्ल कर दिया. ये मुग़ल सल्तनत के एक योद्धा का बेहद दुखद अंत था.

कत्ल के साथ ही बैराम खान का दौर ख़त्म हुआ लेकिन मुग़ल दरबार में खींचतान अभी भी ख़त्म नहीं हुई थी. उल्टे सत्ता की लड़ाई

बढ़ गई. शासन-प्रशासन पर महामंगा का प्रभाव काफी ज़्यादा था. अकबर ने मुनीम खान को अपना प्रधानमंत्री बनाया, जिन पर महामंगा का भी खास प्रभाव था.

इसी वक्त राज्य विस्तार का नया दौर भी शुरू हुआ. महामंगा के बेटे अदहम खान के नेतृत्व में मालवा पर हमला किया गया. यहां बाज बहादुर का शासन था. बाज बहादुर और रानी रूपमती की कहानी उस ज़माने में चर्चा का विषय थी. हमले में बाज बहादुर भागने में सफल रहा लेकिन रानी रूपमती ने ज़हर खा लिया. कहा जाता है कि मुग़ल सेनापति अदहम खान ने इस हमले में क्रूरता की सभी हदें पार कर दीं. राजधानी सारंगपुर में कत्लेआम मचाया गया. लोगों को बुरी तरह लूटा गया. इसके बारे में उसी काल के लेखक अब्दुल कादिर बदायूंनी ने अपनी किताब *मुंतख़बुत तवारीख* में लिखा है कि शाही फौज के सेनापति अदहम खान और पीर मोहम्मद एक जगह पर खड़े थे. झुंड के झुंड बंदियों को उनके सामने लाया जाता रहा और उनका कत्ल होता रहा, जिससे खून की नदियों का बहाव न रुके. पीर मोहम्मद ने कत्लेआम पर सफाई देते हुए कहा, एक रात में ही इन सभी को बंदी बनाया गया था, उनके साथ और क्या किया जा सकता था?

इस जीत के बाद अकबर ने मालवा कूच करने का फैसला किया लेकिन कत्लेआम करने वालों को सज़ा देने नहीं बल्कि वहां हुई लूट पर कब्ज़ा करने.

इस वाकए के बारे में इतिहासकार शीरीं मूसवी का कहना है कि अकबर को जब मालवा फतह की ख़बर मिली तो वो बिना वक्त गवाए और बिना किसी को बताए तुरंत सेना के साथ मालवा पहुंच गया. वहां

उसने अदहम खान को लूट का सारा माल रखने को और बंदी बनाई गई औरतों को छोड़ने को कहा. लेकिन यह बात भी सामने आती है कि अदहम खान ने कुछ मामलों में अकबर की हुक्म उदूली की, जिससे साफ़ था कि अदहम खान, बतौर बादशाह अकबर को महत्व देने के लिए तैयार नहीं था. इधर अकबर ने 1561 के अंत तक अपने प्रभाव का तेज़ी से विस्तार करना शुरू कर दिया. उसने महामंगा और अदहम खान के प्रभाव वाले मुनीम खान को हटा कर शम्सुद्दीन अतका खां को अपना वज़ीर बनाया. इतना ही नहीं, अकबर ने अदहम खान से मालवा की सूबेदारी भी वापस ले ली. हालांकि अदहम खान भी हार मानने वालों में से नहीं था, उसने अकबर से बदला लेने के लिए शम्सुद्दीन अतका को ही मार डाला.

यह बात 16 मई 1556 की है. आगरा के क़िले में शम्सुद्दीन अतका की लाश पड़ी हुई थी. अदहम खान और उसके साथी शम्सुद्दीन अतका की लाश को ठिकाने लगाने के बारे में सोच ही रहे थे कि हल्ला-गुल्ला सुनकर, पास की ही कोठी में मौजूद अकबर जाग गया और तुरंत मौका-ए वारदात पर पहुंचा.

जब अकबर ने औंधी पड़ी हुए लाश देखी तो पूछा, ये लाश किसकी है?

अकबर के नौकर रफीक ने इसका जवाब दिया, हुजूर ये आपके अतका की लाश है.

इसे किसने मारा? अकबर ने गुस्से से पूछा.

अदहम खां ने, रफीक ने डरते-डरते जवाब दिया.

अब तक अदहम खां भी घबरा गया था. उसने बिना पूछे ही

अकबर से हकलाते हुए कहा, बादशाह, ये अतका आपके लिए वफादार नहीं था.

बोलते-बोलते अदहम खान ने अकबर के हाथ पर हाथ रखा, लेकिन गुस्साए अकबर ने अदहम खान के मुंह पर एक ज़ोरदार घूंसा मारा. घूंसा लगते ही अदहम बेहोश हो कर गिर पड़ा.

अकबर ने अदहम खान को उसी वक्त छत से नीचे फेंकने का हुक्म दिया. उसके हुक्म पर नौकरों ने नरमी दिखाई तो अकबर ने चिल्लाते हुए नौकरों से कहा, सुना नहीं तुमने, मैंने क्या कहा?

उसके गुस्से से घबराए हुए नौकरों ने अदहम खान को छत से नीचे फेंक दिया. *अकबरनामा* इस बात का ये भी ज़िक्र है कि इस घटना के कुछ दिन बाद महामंगा की भी मौत हो गई.

अदहम खान के अंत से चार महीने पहले, अकबर ज़ियारत के लिए अजमेर शरीफ़ गए. और यहीं से भारत के महत्वपूर्ण शासक वर्ग राजपूतों के साथ अकबर के संबंधों का नया दौर शुरू हुआ. कहा जाता है कि ज़ियारत से वापस लौटते हुए बादशाह अकबर देवसा, या कहिए कि आज के दौसा के पास आमेर के राजा भारमल से मिले.

राजा भारमल मुग़ल सेना के शाही शिविर में अकबर से मुलाकात करने के लिए पहुंचा. वहां अकबर आसन पर बैठ कर शाही चिट्ठियों को पढ़ने में व्यस्त था. तभी चगताई खां और राजा भारमल उसके सामने आए. चगताई खां ने अकबर को सलाम, और राजा भारमल ने हाथ जोड़कर प्रणाम किया. अकबर बाईं ओर खड़े चगताई खां की ओर देखते हुए बोले, चगताई खां, आपने आंबेर के राजा को हमारे सामने क्यों पेश किया है?

चगताई खां ने राजा भारमल की ओर एक नज़र देखा और फिर बादशाह अकबर से बोला, हुजूर मेरी गुज़ारिश है कि अपनी तकलीफ खुद राजा साहब ही बयान करें तो बेहतर...

राजा भारमल अब दो कदम आगे बढ़ा. उसने एक बार फिर से अकबर को प्रणाम किया और कहा, चक्रवर्ती की सेवा में एक निवेदन है.

अबकी बार अकबर ने उसके प्रणाम का उत्तर भी दिया और उससे कहा, बताएं कछवाहा राज, क्या चाहते हैं आप?

राजा भारमल बोलने में पहले तो ज़रा हिचकिचाया, फिर उसने बड़ी हिम्मत के साथ कहा, हुज़ूर अगर आप बुरा न मानें तो हमारी एक इच्छा है.

जी बेपरवाह कहिए, अकबर ने कहा.

अकबर ने हिम्मत बढ़ाई तो राजा भारमल ने कहा, बादशाह जी, आप हमारे कछवाहा वंश के साथ संबंध बनाएं.

मतलब? अकबर ने ज़रा हैरान होते हुए पूछा.

अकबर की हैरानी से, राजा भारमल को भी आगे कहने में थोड़ा संकोच हुआ. उसने पास खड़े चगताई खान की तरफ़ देखा. चगताई खान ने उसे आगे बोलने का संकेत किया तो राजा भारमल ने दोबारा हाथ जोड़ते हुए, एक झटके में कहा, बादशाह सलामत, आप हमारी बड़ी बेटी के साथ आप ससम्मान विवाह कर लें.

अपने दिल की ये बात कह कर राजा भारमल रोने लगा.

राजा भारमल बेटी के रिश्ते की बात लेकर आया और रोने लगा? ये कैसा व्यवहार है? अकबर ने मन में सोचा. जब हैरानी का जवाब

नहीं मिला तो वो अपनी गद्दी से उठकर राजा भारमल के पास आया . उसने पूरी बात जाननी चाही, तो उसे पता लगा कि उस वक्त राजा भारमल की हालात बहुत ख़राब थी. मेवात के सूबेदार ने आमेर पर हमला करके राजा भारमल को एक बड़ी धनराशि देने को बाध्य कर दिया था. उसने भारमल के बेटे और दो भतीजों को बंधक भी रखा हुआ था. भारमल के पास अकबर जैसे बड़े बादशाह की शरण में जाने के अलावा और कोई रास्ता नहीं रह गया था. बहरहाल अजमेर से लौटते समय सांभर में आमेर की राजकुमारी के साथ अकबर ने विवाह किया. राजा भारमल की बेटी का नाम राजकुमारी हीरा कुंवरी उर्फ हरखा बाई माना गया है. कहा जाता है कि हरखा बाई के बाद भी अकबर ने कई और राजपूत राजकुमारियों से शादी की.

यहां एक और बात बताना बेहद ज़रूरी है कि कुछ फिल्मों और कहानियों में यह बात बताई गई है कि अकबर ने किसी जोधाबाई से शादी की थी. लेकिन इस बात में कोई सच्चाई नहीं है. ये बनावटी बातें हैं. इतिहासकारों के मुताबिक इसका कोई ऐतिहासिक आधार नहीं है. इतिहासकार हरबंस मुखिया की राय में जोधाबाई का नाम बताता है कि वो जोधपुर के राजघराने से रही होंगी, लेकिन सच ये है कि जोधपुर के राजघराने से अकबर के हरम में कोई स्त्री नहीं थी. अकबर के ज़माने और उसके बाद 17वीं शताब्दी के इतिहास में भी ऐसा कोई प्रमाण नहीं है जिससे ये कहा जा सके कि अकबर की जोधाबाई नाम की कोई पत्नी थी.

इसके बजाए, हरबंस मुखिया बताते हैं कि असल में अकबर के बेटे सलीम सुल्तान उर्फ़ जहांगीर की एक पत्नी का नाम जोधाबाई था. और

जहांगीर के काल के बाद 18वीं शताब्दी में आते-आते जनश्रुतियों में जाने कैसे ये बात प्रचलित हो गई कि अकबर की सबसे चहेती पत्नी का नाम जोधाबाई था.

बहरहाल, सच्चाई ये है कि अकबर की पहली पत्नी राजा भारमल की बेटी हरखा बाई ही थी. और हरखा बाई से शादी के बाद अकबर की राजनैतिक दिशा के साथ-साथ उनकी सामाजिक सोच में भी एक बड़ा बदलाव आरंभ हुआ.

हरबंस मुखिया कहते हैं कि राजपूतों के साथ संबंध बनाने के बाद अकबर को ये समझ आया कि राजपूतों के साथ मुग़लों के तीन सौ से भी ज़्यादा बरसों से खूब झगड़े, खूब लड़ाइयां होती आई हैं. उनसे दोनों को ही कुछ हासिल नहीं हुआ है. न तो राजपूत मुग़लों को ख़त्म कर पाए और न ही मुग़ल राजपूतों का नाश कर पाए. तो अकबर ने सोचा कि क्यों न उनके साथ शासन की नीति में बदलाव किया जाए और यहां के राजपूत या जो देसी राजवंश हैं उन्हें अपने साम्राज्य में जगह दी जाए. अब अकबर ने इसी सोच को आगे बढ़ाया और राजपूतों को सत्ता में हिस्सेदारी देनी शुरू की. राजपूत अब अकबर के दोस्तों में शुमार हो गए थे. इस तरह अकबर एक तरफ़ गहरे राजनीतिक फैसले करने में सक्षम हो गया था तो वहीं कभी-कभी वो गुस्से में तो कभी-कभी बेवकूफी में अपनी जान को भी दांव पर लगा देता था. ऐसी ही एक घटना का ज़िक्र इतिहास में आता है. ये बात सन 1573 की है. जब राजपूतों की वीरता की नकल में अकबर ने एक दिन अपनी जान जोखिम में डाल दी. कहा जाता है कि अकबर जब गुजरात विजय के अभियान में सूरत में था और कुछ राजपूत राजाओं के साथ शराब पी

रहा था तो राजा मान सिंह भी वहां मौजूद था. शराब के दौर के बीच बातचीत घूम फिर कर राजपूतों की वीरता पर होने लगी. अकबर के साथ शराब पी रहे सभी राजपूत राजा और राजकुमार नशे के सुरूर में बड़ी-बड़ी हांक भी रहे थे. ऐसे में एक राजपूत राजा ने कहा, जहांपनाह हम राजपूत जान की बिल्कुल परवाह नहीं करते...

अकबर ने नशे में डूबी अपनी आंखों से उसे देखा ही था कि दूसरा राजपूत राजा बोला, बादशाह सलामत, जान देने और लेने का तरीका तो कोई हमसे सीखे. दोधारी तलवार जहांपनाह, दोधारी तलवार हाथ में लेकर दो राजपूत दौड़ते हुए आते हैं और एक दूसरे के सीने के आर-पार कर देते हैं.

ये सुन कर नशे में धुत्त अकबर खड़ा हुआ. उसने म्यान से अपनी तलवार खींची और बगल की दीवार में खोंस दी और तलवार की नोंक पर अपनी छाती लगाना शुरू कर दिया. ये देखकर राजा मान सिंह और उसके दूसरे करीबी राजा परेशान हो गए. तलवार की नोंक अकबर की छाती में धंस रही थी, ये देख लोगों को समझ में आ गया कि अब अकबर नहीं बचेगा. अकबर की इस हरकत को देखकर सभी हक्के-बक्के रह गए, लेकिन उसके गुस्से से डरकर, कोई एक लफ्ज़ नहीं बोला. लेकिन तभी राजा मान सिंह उठा और उसने अकबर से तलवार छीनकर नीचे गिरा दी.

अकबर, मानसिंह पर गुस्से से चिल्लाया, मानसिंह, तुम्हारी हिम्मत कैसे हुई? और उसने मानसिंह को धक्का देकर नीचे गिरा दिया.

दरअसल अकबर अपनी वीरता दिखाने के लिए इतना आतुर था कि उसे इस बात की परवाह ही नहीं रही कि मान सिंह ने तलवार नहीं

हटाई होती तो उसकी जान चली जाती. इतना ही नहीं अकबर ने तो गुस्से में मान सिंह को ज़मीन पर पटक कर मारना शुरू कर दिया. वहां मौजूद दूसरे लोगों ने बड़ी मुश्किल से मान सिंह की जान बचाई.

इन घटनाओं से साफ़ है कि अकबर भारतीय इतिहास के सबसे बड़े शासकों, सम्राटों में एक ज़रूर था लेकिन फिर भी इंसान था. वो भी गलतियां करता था और उन्हें सुधारने की शुरुआत भी करता था. बहरहाल अकबर को जानना हमारे लिए इसलिए ज़रूरी है क्योंकि सम्राट अशोक के बाद वो पहला शासक था जिसने धर्म में सुधार की कोशिशें कीं और धार्मिक कट्टरता का हमेशा विरोध किया.

अकबर के बारे में कहा जाता है कि जो राजपूत राजकुमारियां उसके महल में आईं, उसने उनका धर्म परिवर्तन नहीं कराया. इतना ही नहीं अकबर के महल में रहकर वो हिंदू रीति-रिवाज़ से पूजा पाठ भी करती थीं. तब के मौलवी और इतिहासकार अब्दुल कादिर बदायूंनी ने तो यहां तक लिखा है कि अकबर अपनी राजपूत पत्नियों के साथ "होम" यानी यज्ञ-हवन किया करता था. देश की बहुसंख्यक हिंदू आबादी को खुद से जोड़ने के लिए इसी दौर में अकबर ने दो बड़े फैसले लिए. पहला फैसला था हिंदुओं की तीर्थ यात्रा पर लगने वाला कर हटाना. अकबर के इस फैसले से जुड़ी एक अहम घटना का ज़िक्र अलीगढ़ मुस्लिम विश्वविद्यालय की प्रोफेसर शीरीं मूसवी करती हैं. वो बताती हैं कि अकबर एक बार आगरा से शिकार खेलने के लिए मथुरा की तरफ़ गया था. इस सफ़र में वो पैदल था और रास्ते में काफी रुक-रुक कर उसने शिकार खेला. इस तरह जब वो धार्मिक नगरी मथुरा तक गया तो उसने वहां खुद देखा कि कैसे गरीब से गरीब जनता से

धार्मिक टैक्स के रूप में पैसे लिए जाते हैं. धार्मिक श्रद्धा रखने वाले लोगों पर ऐसा अत्याचार अकबर को अच्छा नहीं लगा और उसने तुरंत ये सरकारी आदेश जारी किया कि ये टैक्स हटा दिया जाए. *अकबरनामा* में अबुल फज़ल ने लिखा है कि ये अकबर के दिल से निकला आदेश था और इसमें किसी राजनीति की कोई जगह नहीं थी. इसी तरह का अकबर का दूसरा फैसला जज़िया कर हटाने का था. जज़िया वो टैक्स था जो सभी वयस्क हिंदुओं को अपनी हैसियत के हिसाब से देना पड़ता था. यह टैक्स एक तरह से मुग़लों से पराजित हिंदू जनता को धर्म परिवर्तन के लिए विवश करता था. इस टैक्स से मुग़ल सल्तनत को अच्छी आमदनी होती थी. ये फैसले बहुसंख्यक हिंदू आबादी के लिए बड़ी राहत लेकर आए थे.

लेकिन ये फैसले अकबर ने ऐसे ही नहीं लिए थे. कहा जाता है कि इन फैसलों से पहले उसकी ज़िंदगी कुछ अलग ही तरह के प्रभाव में थी. कहते हैं कि दरअसल ये अकबर महान की ज़िंदगी का वो दौर था जब उस पर कट्टरवादी सुन्नी मुस्लिम उलेमाओं का प्रभाव हुआ करता था. उनमें से दो मुख्य थे: शेख अब्दुल नबी और अब्दुल्लाह सुल्तानपुरी. अब्दुल नबी तो इतना कट्टर था कि उसने अकबर को एक बार केसरिया रंग का कपड़ा पहनने के लिए भरे दरबार में डांटा ही नहीं बल्कि डंडे से मारने तक बात कही थी. खैर ये अकबर के जीवन का बिल्कुल पहला दौर था जबकि दूसरे दौर में उसने एक इबादत खाना बनवाया जहां वो अलग-अलग धर्मों के जानकारों के बीच बहस को सुनता था और धर्म के आधार पर लड़ाई झगड़ों को बेमानी समझने लगा था. कहा ये भी जाता है कि इस इबादत खाने में होने वाली बहस

से अकबर बहुत परेशान भी हो गया था. छोटी-छोटी बातों पर झगड़े ने उसे धार्मिक गुरुओं के निजी स्वार्थ को समझने में मदद की. 1581-82 में तो उसने ये इबादत खाना ही बंद करवा दिया.

अबुल फ़ज़ल ने लिखा है कि एक बार खुद अकबर ने उससे कहा था, "अबुल, काश कि मैंने मौलना-उलेमाओं के बीच के ये मतभेद न सुने होते, मैंने कुरान शरीफ की आयत और पैगंबर मोहम्मद की ज़िंदगी से जुड़ी घटनाओं के अलग-अलग मायने न सुने होते. काश कि ऐसा ही हुआ होता..."

अपने बनवाए इबादत खाने की बहस से अकबर परेशान तो था, लेकिन धर्म को लेकर उसकी समझ बिल्कुल साफ़ हो गई थी. वो समझ गया था कि सभी धर्मों में सच्चाई के कुछ तत्व मौजूद है और सभी धर्म आखिरकार परम सत्ता तक ले जा सकते हैं. यही आगे चलकर से सुल्ह-ए-कुल यानी सभी धर्मों के बीच शांति की उसकी नीति का आधार बना. सुल्ह-ए-कुल ही अकबर को अकबर महान बनाता है. अकबर के दिल में उपजी इस धार्मिक सद्भावना की नीति की व्याख्या करते हुए इतिहासकार हरबंस मुखिया का कहना है कि जब भारत में इस्लाम का प्रवेश हुआ उस समय वो धर्म की एक नई अवधारणा लेकर आया था कि केवल एक ही ईश्वर है और उसकी इबादत का केवल एक ही तरीका है. दूसरी तरफ़ हिंदुओं के तो करोड़ों देवी-देवता हैं और उनकी पूजा के करोड़ों तरीके भी हैं. ऐसे में ज़ाहिर तौर पर जब दोनों अवधारणाओं, ईश्वर की दोनों परिकल्पनाओं में आमना-सामना हुआ तो कभी उनमें टकराव भी हुआ, और कभी सामंजस्य करने की कोशिशें भी की गईं. फिर आखिरकार एक नई अवधारणा ये उभरी कि हमें दोनों,

यानी ईश्वर और अल्लाह में कोई फर्क नहीं करना चाहिए. हमारे लिए एक ही ईश्वर है. मुसलमानों के लिए वो अल्लाह है, हिंदुओं के लिए वो उनके देवी-देवता हैं. और यहीं से अकबर के सुल्ह-ए-कुल यानी धार्मिक सद्भाव और शांति का विचार आगे बढ़ा.

धर्म के आधार पर लोगों से भेदभाव न करने के विचार पर इतिहासकार इरफ़ान हबीब कहते हैं कि बादशाह अकबर को यह समझ में आ गया था कि जब ऊपर वाला बारिश और प्रकृति से मिलने वाली चीज़ों में किसी के लिए कोई फर्क नहीं करता है तो आप कैसे कर सकते हैं?

लेकिन अकबर की इस नई राजनीति से अकबर और कट्टर उलेमाओं के बीच टक्कर की भी शुरुआत हो गई. उनके बीच की दूरी बहुत बढ़ गई. कट्टरवादियों ने अकबर को परेशान करने का कोई मौक़ा नहीं छोड़ा. कहा जाता है कि 1580 में कुछ मुग़ल ओहदेदारों ने अकबर के ख़िलाफ़ बग़ावत कर दी और छोटे भाई मिर्ज़ा हाकिम को बादशाह घोषित कर दिया. इस बग़ावत को उलेमाओं ने अपना समर्थन दिया. जौनपुर के प्रभावशाली काज़ी मुल्ला मुहम्मद यज़दी ने फतवा निकाल कर कहा कि अकबर के ख़िलाफ़ बग़ावत जायज़ है. वहीं बंगाल के काज़ी ने कहा कि ये बग़ावत उलेमाओं की आर्थिक मदद को बंद करने के ख़िलाफ़ ऊपर वाले का गुस्सा है. बहरहाल अकबर ने बग़ावत को शांत कर दिया, लेकिन उसने अपने कदम पीछे नहीं खींचे.

एक दिन अपने दीवाने आम में अकबर ने इसके संबंध में एक बात कही–एक बादशाह की सल्तनत के लिए ये बुरी बात है कि उसके लोग आपस में बंटे हों और एक दूसरे के ख़िलाफ़ हों. हमारी सल्तनत

में हिंदू है, मुसलमान हैं, क्रिस्तान है, जैन हैं. ये न सिर्फ़ अलग-अलग ख्याल रखते हैं बल्कि कई बार एक दूसरे के ख़िलाफ़ दुश्मनों की तरह पेश भी आते हैं. इसलिए अमन की खातिर हमें इन सबको एक करना है. लेकिन इस ढंग से कि वो एक भी हों और सब अपना-अपना वजूद कायम भी रखें. हरेक मजहब में जो अच्छाइयां हैं, हमें उन्हें छोड़ना नहीं हैं, हमें उन अच्छी बातों को आगे बढ़ाना है. इस तरह ही खुदा की इज्ज़त होगी. जब खुदा की इज्ज़त होगी, वहां लोगों में अमन होगा, जब अमन होगा तो वहां सल्तनत महफूज़ होगी.

अकबर ये कहते हुए किसी दार्शनिक की तरह बातें कर रहा था. उसने आगे कहा, अपने इन ख्यालात पर मैं यहां मौजूद आप सभी लोगों से अपनी अपनी राय देने को कहता हूं. जब तक आप लोग अपनी बात नहीं कह नहीं देते, मैं आगे कुछ नहीं करूंगा.

इतना कहकर उसने सभा समाप्त कर दी.

अकबर को अलग-अलग धर्मावलंबियों ने अपनी राय पेश की. इन सबके आधार पर बनी अकबर की नीतियों को आगे चल कर दीन-ए-इलाही नाम दिया गया. कहीं-कहीं इसको तौहीद-ए-इलाही भी कहा गया है. लेकिन खास बात ये है कि अकबर ने खुद कहीं भी, कभी भी ये नहीं कहा कि वो किसी नए धर्म या दीन की शुरुआत कर रहा है.

दीन-ए-इलाही के बारे में इतिहासकार हरबंस मुखिया कहते हैं कि इन नए विचारों के लिए दीन-ए-इलाही शब्द का इस्तेमाल अकबर के ज़माने में सिर्फ़ एक इतिहासकार मुल्ला अब्दुल कादिर बदायूंनी ने किया. बाकी लोगों में इसका औपचारिक नाम तौहीद-ए-इलाही है, जिसके मुताबिक अकबर ने एक नई राजनीतिक विचारधारा की

स्थापना की जो कहती थी कि आपको बादशाह अकबर की तरफ़ वफादार होना चाहिए. आपकी धार्मिक आस्था क्या है, आपकी वैचारिक आस्था क्या है, आप किस जाति से हैं, इन सबसे ऊपर उठकर आपकी वफादारी बादशाह की तरफ़ होनी चाहिए. यह धार्मिक बंटवारे को ख़त्म करने की एक राजनीतिक कोशिश थी.

इस तरह, अकबर के बारे में अक्सर कही जाने वाली यह बात इतिहासकारों की नजर में खयाली और बेबुनियाद है कि उसने दीन-ए-इलाही नाम के धर्म की शुरुआत की. प्रोफेसर शीरीं मूसवी का तो यहां तक कहना है कि अकबर के समकालीन किसी ऐतिहासिक स्रोत में धर्म के तौर पर न तो दीन-ए-इलाही का ज़िक्र है और न ही तौहीद-ए-इलाही का. ये बातें वैसे ही थीं जैसे सूफियों के आदेश होते हैं कि अकबर को आप अपना पीरो-मुर्शिद मानें, उसे ही अपना गुरु मानें.

माना जाता है कि इन विचारों को फैलाने के पीछे अकबर की ये सोच थी कि धर्मगुरुओं की अंधी नकल की जगह अक्ल का इस्तेमाल होना चाहिए. ज़ाहिर तौर पर अकबर की इन उदारवादी नीतियों का विरोध भी खूब हुआ. इतिहासकार बताते हैं कि 1591 के आसपास अकबर के बेटे मुराद ने उससे चिट्ठी लिख कर पूछा कि अगर फौज के शिविर में कोई शख़्स, धर्म के बड़े जानकारों की तरह नमाज़ या पूजा-पाठ करता हुआ पाया गया तो उसे क्या रोका जाना चाहिए?

इसके जवाब में अकबर ने कहा कि उस सैनिक को उसके अधिकारी नसीहत दें, उसे समझाएं जिससे कि वो राह-ए-अक्ल पर चल सके. यहीं अकबर ने ये साफ़ किया कि उस व्यक्ति को जबरन पूजा-पाठ से कतई न रोका जाए क्योंकि ऐसा करना सुलह-ए-कुल के ख़िलाफ़

होगा. इन बातों की वजह से अकबर के विरोधियों ने उस पर इस्लाम छोड़ने तक का आरोप लगाया.

हालांकि इस बारे में प्रोफेसर इरफान हबीब का कहना है कि अकबर के दौर में भी इतिहासकार मुल्ला अब्दुल कादिर बदायूंनी ने यह सवाल उठाया था. पर उनका सवाल अकबर के इस्लाम छोड़ने या न छोड़ने का कम और इस बात का ज़्यादा था कि एक बादशाह का धर्म से कितना ताल्लुक होना चाहिए. क्योंकि अकबर सिर्फ़ एक व्यक्ति नहीं, एक बादशाह भी था.

प्रोफेसर शीरीं मूसवी का कहना है कि 1580 के बाद अकबर के धार्मिक विचार जब सुलह-ए-कुल की तरफ़ बढ़ रहे थे तो न तो उसने इस बात का बहुत शोर मचाया कि मैं मुसलमान हूं और न ही कभी ये कहा कि मैं इस्लाम को छोड़ रहा हूं या मैं इस्लाम के ख़िलाफ़ हो गया हूं. उसका तो ये कहना था कि हर मजहब के विचारों की, हर मजहब के बड़े लोगों की इज़्ज़त की जाए. और उनके दौर में तो खुद एक जगह इबादत खाना होती थी जहां वो खुदा की लौ लगा कर बैठ जाते थे, फिर वहां न कोई जाता था न वहां किसी को कुछ करने की इजाज़त थी.

यानी अकबर, दरअसल ये मानता था कि सभी धर्म अपनी-अपनी जगह सही हैं. लेकिन बाहरी कर्मकांड और गुलामों की तरह उलेमा और पंडित जैसे लोगों की नकल से वो सच्चाई छुप जाती है. इसलिए अकबर किसी एक धर्म के कर्मकांड और मान्यताओं को मानने के लिए तैयार नहीं था. लेकिन साथ ही वह सभी धर्मों को आदर देना चाहता था. इसलिए अकबर ने गौ हत्या पर रोक लगाई, दशहरा मनाया, पारसी पर्व नवरोज़ में हिस्सा लिया.

अकबर ने इस बारे में अपने विचार कई दफा स्पष्ट रूप से सामने रखे. अपने दीवाने आम में उसने कई बार कहा, ये मेरा फर्ज़ है कि मैं हर मजहब को मानने वाले इंसान को समझूं. अगर कोई खुदा के बताए रास्ते पर चलता है तो उसमें दखलंदाज़ी गलत है. अगर वो खुदा के बताए रास्ते पर नहीं चलता है तो ज़हालत और नादानी के कब्ज़े में है और वो मेरे रहम का हक़दार है.

अकबर धर्म में सुलह की बात कर रहा था, लेकिन उसने कभी भी राज्य विस्तार के अभियान में ढील नहीं दी. उसके सैनिक अभियान लगातार जारी रहे.

अकबर के झंडे के नीचे दिल्ली, संभल, मुल्तान, गुरदास पुर में मऊ, मानकोट, जोधपुर का जैतारण दुर्ग, अजमेर, ग्वालियर, आगरा के पास हतकंत, मालवा का सरोज प्रदेश, जम्मू, जौनपुर, मालवा, मेड़ता, भथा, कालिंजर, गुजरात, कांगड़ा, बंगाल, बिहार, कूचबिहार, उड़ीसा, खानदेश, अहमद नगर, गोंडवाना, बलूचिस्तान, मकरान, सिंध, काबुल के कबायली प्रदेश, बदख्शां जैसे अनेक राज्य शामिल थे. उत्तर, दक्षिण, पूरब, पश्चिम, पूरे भारत में उसके सैनिक अभियान चल रहे थे. इन्हीं में चित्तौड़ पर अकबर का आक्रमण और महाराणा प्रताप से उसकी लड़ाई भी शामिल है.

अकबर ने लड़ाइयों के ज़रिए एक बड़ा साम्राज्य कायम किया. लेकिन इसके साथ ही उसका महत्व इसलिए भी है क्योंकि 16वीं शताब्दी में वह जो बदलाव कर रहा था, उसकी आज भी ज़रूरत है. उसने कहा कि इल्म और सवाल बेहद ज़रूरी हैं. अकबर ने अंग्रेज़ों से बहुत पहले हिंदू धर्म में चली आ रही सती प्रथा पर रोक लगा दी.

फरमान जारी कर एक से ज़्यादा शादी करने पर रोक लगाई. विधवा विवाह की अनुमति दी. शादी की उम्र लड़कों के लिए 16 साल और लड़कियों के लिए 14 साल तय की. हां, इस बात पर ज़रूर बहस हो सकती है कि अकबर के इन फरमानों का किस हद तक पालन हुआ. इसके अलावा अकबर ने पराजित लोगों को गुलाम न बनाने तथा धर्मांतरित लोगों को पुराने धर्म में लौटने का अवसर दिया. उसने तमाम महान ग्रंथों के अरबी-फारसी अनुवाद करवाए. इनमें *महाभारत* का *रज़्मनामा* के नाम से किया अनुवाद ऐतिहासिक महत्व रखता है. दूसरे अनुवादों में *पंचतंत्र, राजतरंगणी* और *भगवत पुराण* भी शामिल थे.

बादशाह अकबर के इस योगदान के बारे में प्रोफेसर शीरीं मूसवी का कहना है कि अकबर की ये बात नहीं भूलनी चाहिए कि अकबर का भारत का विचार, बहुत हद तक एक सांस्कृतिक विचार था. वो पहला ऐसा बादशाह था जिसने शासनकाल में पूरी प्राचीन भारतीय सभ्यता का लेखा-जोखा रखा. उसका ये मानना था कि ये पूरा भारत मेरा मुल्क है. यहां रहने वाले सब मेरे लोग हैं. इसीलिए यहां के लिए, इन सब लोगों के लिए एक ऐसी नीति होनी चाहिए जो सबको साथ लेकर चले.

अकबर ने अपने सलाहकारों के साथ मिल कर भारत का एक भविष्य बनाने की भरपूर कोशिश की, एक ठोस प्रशासनिक व्यवस्था तैयार की. हालांकि अकबर के चर्चित नौरत्नों या नवरत्नों की बात को इतिहासकार जोधाबाई और दीन-ए-इलाही की तरह ही काल्पनिक मानते हैं. प्रो. इरफान हबीब कहते हैं कि नवरत्न की बात बिल्कुल बनावटी है. अक़बर के कोई नवरत्न नहीं थे. जिन लोगों के नाम इन नवरत्नों के तौर पर गिनाए जाते हैं वो ज़रूर उसके अहम लोग थे.

खासकर बीरबल उसके अहम सलाहकार थे, लेकिन उसके प्रशासन से उसके इन नवरत्नों का कोई ताल्लुक नहीं था.

अकबर ने अपना शासनतंत्र बहुत मजबूत बनाया था और कई इतिहासकार तो यहां तक मानते हैं कि अपने शासन में अकबर ने मुग़ल सल्तनत का एक पूरा संविधान बना दिया था जो औरंगज़ेब के शासनकाल तक चला.

अकबर के आखिरी दिनों में उसका पारिवारिक जीवन परेशानी में गुज़रा. उसके दो बेटे मुराद और सान्याल नशाखोरी की वजह से अकबर के शासन काल में ही मर गए. सलीम सुल्तान, यानी जहांगीर अकबर का उत्तराधिकारी बना. लेकिन अकबर के जीवनकाल में ही उसने गद्दी के लिए बग़ावत कर दी. यहां तक कि वो अकबर के सबसे करीबी सलाहकार अबुल फज़ल की हत्या भी करवाने से नहीं हिचका.

अपनी नज़रों के सामने यही सब देखते हुए 27 अक्टूबर 1605 की आधी रात को भारत के भाग्य का जलाल अस्त हो गया. अकबर महान की मृत्यु हो गई. भारत के हज़ारों साल के इतिहास में न जाने कितने राजा-महाराजा हुए, लेकिन महान शब्द का इस्तेमाल केवल दो शासकों के लिए ही किया जाता है. एक तो अशोक और दूसरा अकबर. दोनों ही सम्राट, साम्राज्य से ज़्यादा शांति की बात करते थे, सुलह की बात करते थे, अमन की बात करते थे. ये शायद अपने दौर के वो अकेले शासक रहे होंगे जिन्होंने इंसानियत को दुनिया के लिए इतना अहम माना. आज के दौर में यह गौर करने वाली बात है कि आईएसआईएस, अलक़ायदा और आतंकवाद के समय में अकबर का सुलह-ए-कुल कितना ज़रूरी है.

महाराणा प्रताप

ये कहानी मेवाड़ की धरती की है, जहां एक अंधेरी रात में तेज़ बारिश हो रही थी. बीच-बीच में तेज़ हवा के थपेड़े, और बिजली की कड़कड़ाहट आम इंसान के हौसले पस्त कर देने के लिए काफी थे. लेकिन इन सबके बीच एक मज़बूत कद-काठी की शख़्सियत अपने पांव जमाए ऊंची चट्टान पर खड़ी थी. यह शख़्सियत भारतीय इतिहास के सबसे महान योद्धाओं में से एक, महाराणा प्रताप है. उनके सामने उनके सेनापति और कुछ सैनिक खड़े हैं, जिन्हें देखकर महाराणा प्रताप बादलों से भी तेज़ गरजते हुए कहते हैं—वीर सैनिको- मृत्यु एक ही बार होती है. अपने धर्म के लिए, अपनी मातृभूमि के लिए जीवन बलिदान करने का गौरव एक ही बार मिलता है. मुग़लों की फौज को कुचल डालो. आज एक-एक राजपूत पांच-पांच शत्रुओं को मारेगा. हर हर महादेव. हर हर महादेव.

हर हर महादेव के नारों से आसमान गूंजने लगा.

और आखिर में महाराणा प्रताप की ये रणभेरी-सी हुंकार इन सैनिकों ने महाराणा की जय-जयकार में बदल गई.

महाराणा प्रताप की जय. महाराणा प्रताप की जय.

देखते ही देखते सभी घोड़े पर बैठकर भागते हुए रणभूमि की तरफ़ बढ़ गए. अगले कुछ पलों में इतिहास हल्दीघाटी की लड़ाई का गवाह बनने जा रहा था, जहां महायोद्धा महाराणा प्रताप के रणबांकुरों ने दिल्ली के तख्त पर बैठे मुग़ल बादशाह अकबर को चुनौती दी थी.

इतिहास में बहुत कम किरदार ऐसे मिलते हैं जिनका संघर्ष, जिनकी लड़ाई, हार और जीत के पैमाने पर नहीं तौली जाती है. उन किरदारों

का संघर्ष, स्वाभिमान और लड़ाई आने वाली पीढ़ियों के लिए मिसाल बन जाती है. उनकी ज़िंदगी असली महागाथा बन जाती है. ये महागाथा, ये गौरव गाथा महाराणा प्रताप की है. जिन्होंने अपने आन-बान और स्वाभिमान की खातिर जान देने और लेने की ठानी थी. कहते हैं मेवाड़ के महाराणा प्रताप की वीरता ऐसी थी कि जब उनकी मौत हुई तो उनके सबसे बड़े विरोधी, अकबर की आंखें नम हो गई थीं.

महाराणा प्रताप की कहानी की शुरुआत होती है 1560 के भारत में. जब दिल्ली के तख्त पर नौजवान मुग़ल बादशाह अकबर बैठा था और दिल्ली से तक़रीबन 600 मील दूर चित्तौड़गढ़ के जंगलों में उसका लगभग हम उम्र लड़का, कीका, भाले और तलवार से खेल रहा था.

पंद्रह साल का वो नौजवान कीका एक बरछे यानी भाले को दूर हवा में फेंकता और इसके बाद वो भील जनजाति के चार-पांच युवकों के साथ वो उस भाले की दिशा में भागता. कीका सबसे आगे तेज़ी से भाग रहा था. पत्थरों को लांघते, पहाड़ों से कूदते हुए कीका उस पेड़ के पास जा रुकता है जहां वो भाला एक पेड़ में धंसा है. कीका के पीछे-पीछे उसके साथ खेल रहे बाकी लड़के भी पहुंच गए.

सबसे पहले भाले तक पहुंचकर, कीका मुस्कराते हुए बोला—तुम लोगों ने पहुंचने में देर कर दी मित्रो.

तभी कीका का एक भील साथी उससे बोला—लेकिन कीका, खेल अभी खत्म नहीं हुआ है.

और ये कहते ही उस साथी ने कीका की तरफ़ तलवार फेंक दी. और उसके साथ आए बाकी युवक भी तलवार निकालकर कीका

से लड़ने लगे. अकेला कीका, बड़ी बहादुरी के साथ सबसे लड़ने लगा, एक-एक कर वो सबको हराता जा रहा था कि तभी दूर से कीका के एक साथी ने उसे आवाज़ दी–कीका सुनो.

आवाज़ सुनकर कीका और उसके साथी रुक गए. दूर से कीका को आवाज़ देता वो लड़का अब और करीब आ चुका था. अब उसकी बात लगभग साफ़ सुनाई देने लगी. वो कह रहा था–कीका सुनो, तुम्हारी मां तुम्हें बुला रही है.

मां का नाम सुनकर, कीका तुरंत सबकुछ छोड़ चल दिया. शायद कीका के लिए मां के आदेश से ज़रूरी कुछ और नहीं था.

कीका नाम का ये नौजवान था मेवाड़ के राजा, राणा उदय सिंह का बेटा था. इसी कीका को आगे चल कर महाराणा प्रताप के नाम से जाना गया. वही महाराणा प्रताप जो आगे चल कर अकबर का महान प्रतिद्वंद्वी बना. दरअसल मेवाड़ के पहाड़ी इलाकों में रहनेवाले भील समुदाय में लड़कों को प्यार से कीका कहकर बुलाया जाता है. कई फारसी ग्रंथों में भी महाराणा प्रताप का नाम राणा कीका लिखा गया है. कहते हैं कि महाराणा प्रताप का शुरुआती जीवन भील समुदाय के बीच बीता था. यह तथ्य दिलचस्प है क्योंकि अगर कीका के पिता एक राजा थे, तो फिर इसकी वजह क्या थी कि उसे अपना शुरुआती जीवन भीलों के बीच जंगलों में गुज़ारना पड़ा? इस सवाल का जवाब जानने के लिए इतिहास के पन्ने पलटने होंगे.

इन पन्नों में पहली दास्तान मेवाड़ की है. राजस्थान में आज जहां उदयपुर, भीलवाड़ा, राजसमंद और चित्तौड़गढ़ ज़िले हैं, पहले यह पूरा इलाक़ा मेवाड़ कहलाता था. गुजरात और मध्यप्रदेश की सीमा

से लगे कुछ और इलाके भी मेवाड़ का ही हिस्सा थे. मेवाड़ के बड़े हिस्से पर सिसोदिया वंश के राजपूतों का शासन था. बताया जाता है कि मेवाड़ की राजधानी पहले कुंभलगढ़ हुआ करती थी. इसी कुंभलगढ़ के किले में 9 मई 1540 को महाराणा प्रताप का जन्म हुआ था. उनके पिता राणा उदय सिंह थे और मां थीं रानी जयवंता बाई. कहा जाता है कि बचपन से ही महाराणा प्रताप अपने भाइयों में सबसे सक्षम माने जाते थे. लेकिन उनके पिता की राय कुछ और थी. दरअसल उदय सिंह ने कई शादियां की थीं और उनका लगाव सबसे ज़्यादा अपनी छोटी रानी से था.

एक शाम अघोषित रूप से महारानी का दर्ज़ा प्राप्त छोटी रानी अपने कमरे में बैठी थी, तभी राणा उदय सिंह कमरे में आए. रानी ने बड़े बेमन से उनका अभिवादन किया. हमेशा से अलग वो बड़े अनमने ढंग से महाराज के मुकुट और अंगवस्त्र को करीने से रखने लगी. महारानी थोड़ी चिंतित दिखीं तो राणा उदय सिंह ने मुस्कराते हुए पूछा–महारानी आप चुप क्यों हैं? आपके चेहेरे पर ये चिंता की लकीरें क्यों दिखाई दे रही हैं?

राणा की बात सुनकर, पहले तो महारानी ने अनसुना किया, फिर बोली–नहीं राणा जी, ऐसी कोई बात नहीं है. ये कहकर वो राणा उदय सिंह के पांव दबाने लगी. पर अब तक महारानी की मन की बात राणा उदय सिंह ने पकड़ ली . वो बोले बताइए भी क्या बात है? राणा ने ज़ोर दिया तो रानी के दिल की बात ज़ुबां पर आ ही गई. वो बोली–राणा जी दरअसल मैं अपने पुत्र जगमाल के बारे में सोच रही थी.

जगमाल के बारे में? राणा ने हैरानी के भाव से कहा और पूछा– क्यों क्या हुआ जगमाल को? सब ठीक तो है न रानी?

महारानी ने तुरंत गहरी सांस छोड़ते हुए कहा–हां राणा जी, जगमाल तो ठीक है लेकिन उसके भविष्य का क्या होगा ये चिंता मुझे खाए जा रही है.

राणा उदय सिंह अपनी रानी के मन का भाव भांप चुके थे वो हंसते हुए वही बोले जो रानी सुनना चाह रही थी. अरे आप उसकी चिंता क्यों कर रही हो? वो तो मेरा उत्तराधिकारी है. मेरे बाद तो उसी को तो सब कुछ संभालना है.

इस तरह छोटी रानी के प्रेम में राणा उदय सिंह ने पुत्र जगमाल को अपना उत्तराधिकारी बनाने का मन बना लिया था. वो अपनी छोटी रानी की बातों में आ गए थे. दूसरी तरफ़, रणछोड़ भट्ट रचित *अमरकाव्य* ग्रंथ के मुताबिक राजा उदय सिंह ने राणा प्रताप के रहने की व्यवस्था चित्तौड़गढ़ से बाहर दूर एक गांव में कर दी थी.

मेवाड़ का इतिहास बदलने वाले इस ऐतिहासिक फैसले की पुष्टि करते हुए इतिहास के जानकार प्रोफेसर कृष्ण स्वरूप गुप्ता इस बारे में कहते हैं कि राणा उदय सिंह ने जगमाल को मेवाड़ का राजा बनाने की खातिर ही अपने सबसे काबिल बेटे प्रताप को अपने महल में नहीं रहने दिया. राजा ने किले से दूर तलहटी में अपने पुत्र और उसकी मां यानी अपनी दूसरी रानी को रखा. और यहीं कई गुरुओं ने उसे शस्त्र और शास्त्र विद्या का ज्ञान कराया था जिसने प्रताप की प्रतिभा को और निखारा.

इधर प्रताप को वनवास देते ही, चित्तौड़ में सिंहासन के

उत्तराधिकार को लेकर सुगबुगाहट शुरू हो गई थी. इससे पहले कि राजा उदय सिंह इस बारे में कोई घोषणा करते, मेवाड़ पर एक बड़ा संकट मंडराने लगा. ये संकट अकबर की अगुवाई में मुग़लों के आक्रमण का था. दिल्ली का बादशाह मेवाड़ पर सैनिक अभियान के लिए कमर कस चुका था. दरअसल दिल्ली के तख्त पर बैठने के बाद अकबर पहले पश्चिम और फिर दक्षिण भारत में साम्राज्य विस्तार करना चाहता था. उन दिनों उत्तर और पश्चिम भारत के ज़्यादातर राज्यों पर राजपूत राजाओं का शासन था. उन पर जीत या उनका सहयोग हासिल किए बगैर मुग़ल सल्तनत का विस्तार नामुमकिन था. इसलिए अकबर ने पूरी तैयारी के साथ एक बड़ी फौज को मेवाड़ की ओर भेजा.

इतिहासकार शशि अरोड़ा देवड़ा अकबर के इस फैसले के महत्व को समझाती हुई कहती हैं कि मेवाड़ के इलाक़े पर अकबर की नज़र इसीलिए थी कि सामरिक के साथ साथ उस क्षेत्र का व्यावसायिक दृष्टि से भी काफी महत्व था. उस ज़माने में मध्य एशिया से होने वाले व्यापार के सारे कारवां वहीं से गुज़रते थे. इसके अलावा राज्य विस्तार के लिए अकबर की नज़र दक्षिण भारत पर थी और उसे ये मालूम था कि अगर उसे दक्षिण जीतना है और वहां उसे अपना स्थायी शासन जमाना है तो उसके लिए उसे रास्ते में आने वाले सभी इलाक़ों को जीतना ज़रूरी था. और मेवाड़ इसमें सबसे अहम था इसीलिए वो इसे किसी भी कीमत पर जीतना चाहता था.

इसी वजह से मेवाड़ को पाने के लिए अकबर की अगुवाई में एक बड़ी फौज आगे बढ़ी. मुग़ल सेना की रणनीति सबसे पहले

मेवाड़ की राजधानी चित्तौड़ पर आक्रमण करने की थी. इस हमले की ख़बर चित्तौड़ के राजा राणा उदय सिंह को मिलती, तब तक देर हो चुकी थी. चित्तौड़ पर आक्रमण से ठीक पहले की उस अंधेरी रात में राणा उदय सिंह अपने करीबी सिपहसालारों के साथ मंत्रणा करने एक गुप्त जगह पर पहुंच गए. वहां मौजूद राणा के एक सलाहकार ने उन्हें बताया–महाराज, हमें ये भी सूचना मिली है कि मुग़लों की फौज ने कई गांवों को खाली करवा दिया है. कई जगह आग लगा दी है. कुछ बस्तियों को भी उजाड़ दिया गया है.

चिंता की लकीरें राणा उदय सिंह के चेहरे पर और गहरी हो गईं. तभी घोड़े पर सवार एक तेज़ी से उनके पास पहुंचा. वो बहुत बुरी तरह घबराया हुआ था. घोड़े से उतरकर उसने महाराज का अभिवादन किया और थोड़ा संभलता हुआ बोला–महाराज मुग़लों की फौज चित्तौड़गढ़ किले की तरफ़ बढ़ती आ रही है.

ये सुनकर पहले से चिंतित महाराज उदय सिंह और उनके सहयोगियों की परेशानी और बढ़ती मालूम हुई. तभी सभा में छाए सन्नाटे को राणा के मुख्य सलाहकार की बात ने भंग किया. वो राणा से बोला–महाराज, इससे पहले कि मुग़लों की सेना चित्तौड़गढ़ के किले को घेर ले, हमें कुछ करना होगा.

राणा उदय सिंह, अब तक गंभीरता से चुपचाप सब कुछ सुन रहा था कि तभी अचानक उसे गुस्सा आया. और वो चिल्लाते हुए बोला– सिसोदिया वंश का कोई शासक अब तक मुग़लों के सामने न झुका है, न झुकेगा. हम वो नहीं जिन्होंने मुग़लों से रिश्ता बनाकर राजूपतों के स्वाभिमान को कलंकित किया है. हम अकबर के मंसूबे को

कभी पूरा नहीं होने देंगे.

गुस्से में बोलते बोलते राणा ने अपने दांत भींच लिए थे. हर सिपहसालार प्रश्नवाचक मुद्रा में राणा उदय सिंह की तरफ़ देख रहा था, राणा ने भी तुरंत हर नज़र में उठते सवाल का जवाब भी दे दिया– हम अरावली की घाटी में छिप कर उन पर हमला करेंगे. राजमहल के सभी लोगों को उदयपुर भेजने की तैयारी करो. ये कहकर राणा उदय सिंह गुप्त सभा से बाहर निकल गए.

इस घोषणा से साफ था कि राणा उदय सिंह चित्तौड़ को छोड़ उदयपुर जाने का फैसला कर चुके थे. इससे पहले कि मुग़लों की सेना चित्तौड़गढ़ के किले में घुसती राणा उदय सिंह परिवार समेत वहां से उदयपुर भी चले गए. कहा जाता है राणा उदय सिंह के चित्तौड़गढ छोड़कर जाने के फैसले से उनका काबिल बेटा प्रताप खुश नहीं था. मेवाड़ के इतिहास को जानने वाले प्रोफेसर कृष्ण स्वरूप गुप्ता का कहना है कि कहते हैं कि राणा उदय सिंह के बेटे राणा प्रताप ने इसका विरोध किया. प्रताप का कहना था कि भले ही पिता महाराणा उदय सिंह चितौड़गढ़ से चले जाएं लेकिन मैं यहीं रहूंगा. लेकिन चित्तौड़ के शासन की जो युद्ध परिषद थी उसने एक मत से ये निर्णय लिया था कि राज परिवार का चित्तौड़ में रहना ज़रूरी नहीं है. ज़रूरी ये है कि मुग़लों से संघर्ष चलता रहे और संघर्ष के चलते रहने के लिए ये ज़रूरी था कि महाराणा और उनका परिवार ज़िंदा रहे.

ज़ाहिर है कि मजबूरी में प्रताप को भी राणा उदय सिंह का फैसला मानना पड़ा. राज परिवार के उदयपुर जाते ही मुग़ल सेना ने चित्तौड़

पर हमला बोल दिया. बताया जाता है कि मुग़लों की सेना जब चित्तौड़ में घुसी तो उन्होंने आम निवासियों पर भी हमला करना शुरू कर दिया. उनके घरों में आग लगा दी और करीब तीस हज़ार लोगों को मौत के घाट उतार दिया.

इतिहासकार मानते हैं कि चित्तौड़ में अकबर के नेतृत्व में उसकी सेना जो कुछ किया वैसी क्रूरता की मिसाल कम ही मिलती है. इतिहास के पन्नों में दर्ज़ अकबर की अगुवाई वाली सेना के इस नरसंहार के बारे में इतिहासकार डॉ विघ्नेश कुमार त्यागी के मुताबिक ज़्यादातर ऐतिहासिक स्रोत इस बात की पुष्टि करते हैं कि मुग़ल सेना ने चितौड़गढ़ में तकरीबन 30 हज़ार की आबादी का खून किया गया. चित्तौड़ के किले में घुसते ही अकबर की सेना बेकाबू हो गई. हथियार बंद सैनिकों के दम पर अकबर ने निर्दोष लोगों को कत्लेआम कराया. वो भी तब जब वो जीत गया था, उसका विरोध करने वाला चित्तौड़गढ़ में कोई बचा नहीं था, बावजूद इसके ऐसी निर्ममता के साथ ऐसा अमानवीय फैसला लेना महान कहलाने वाले अकबर के चेहरे पर एक बदनुमा दाग है.

युद्ध में मेवाड़ के कई इलाकों पर मुग़लों का कब्ज़ा हो गया. राणा उदय सिंह मुग़लों से लड़ाई में अकेले पड़ चुके थे. आसपास के राजा एक के बाद एक अकबर से हाथ मिला रहे थे. दूसरी तरफ़ उदय सिंह बीमार भी रहने लगे थे. मेवाड़ में इस बात की चर्चा ज़ोर पकड़ने लगी कि अब मेवाड़ का भविष्य किसके हाथ में होगा. कौन राजा बनेगा. और फिर एक दिन वो भी आया जब बिस्तर पकड़ चुके राणा उदय प्रताप ने अपनी ऐतिहासिक भूल कर दी.

कहा जाता है कि उदयपुर के अपने राजमहल में राजा राणा उदय सिंह अपनी अंतिम सांसें गिन रहे थे. उनके चारों तरफ़ उनके सेवकों का मजमा था, उनकी सबसे प्रिय छोटी रानी राणा का सिर सहला रही है. और वहीं थोड़ी दूरी पर उसका बेटा जगमाल भी खड़ा था. राणा का चेहरा बता रहा था कि कि वो बिस्तर पर लेटे हुए, किसी तरह प्राणों की डोर थामे हैं.

बड़ी हिम्मत के साथ राणा उदय सिंह खांसते हुए रानी से पूछने लगे–जगमाल कहां है?

भटियाणी रानी ने, राणा जगमाल को राणा उदय सिंह के सामने जाने का इशारा किया. तो अगले ही पल जगमाल, अपने पिता के सामने आया और बोला–जी पिताजी.

जगमाल को अपने पास देखकर, राणा उदय सिंह ने पहले रानी की तरफ़ देखा और फिर जगमाल से बोले–पुत्र, मेरे बाद राज्य को संभालने को ज़िम्मेदारी तुम्हारी है.

जैसी आपकी इच्छा पिताजी–जगमाल ने दबी मुस्कान के साथ जवाब दिया. लेकिन जगमाल की मां, छोटी रानी अपने के चेहरे पर मुस्कान नहीं छिपा पाई. इस तरह अपने अंतिम वक्त में राणा उदय सिंह ने अपने पुत्र जगमाल को अपना उत्तराधिकारी घोषित कर दिया.

राणा उदय सिंह की घोषणा के बाद जगमाल के करीबियों ने कुंभलगढ़ में उसका राज्याभिषेक कर दिया. मेवाड़ के पुराने वफादार सामंतों और राणा प्रताप के शुभचिंतकों को जब इस बात का पता चला तो वो नाराज़ हो गए. वो जगमाल को मेवाड़ का राजा बनाए जाने के ख़िलाफ़ थे. कहा जाता है कि जगमाल के राजा बनने के

बाद गुस्साए सामंतों और सरदारों की बैठकें हुईं, जिनका मुद्दा जगमाल को गद्दी से उतारकर मेवाड़ की गद्दी के सबसे काबिल दावेदार प्रताप को गद्दी पर बैठाना हुआ करता.

ऐसी ही एक बैठक की बानगी देखिए जिसका ज़िक्र करते हुए इतिहासकार, राणा प्रताप के प्रति जनभावनाओं का बयान करते हैं. कहा जाता है कि राजा तंवर राम साह के घर हुई इस बैठक में इलाके के कई सामंत शामिल हुए. मेवाड़ के बदलते हालात से परेशान पहला सामंत बोला–अब तो चित्तौड़ हाथ से निकल गया. मेवाड़ उजड़ रहा है. हमारा शत्रु बादशाह अकबर सिर पर है. इस हालत में अगर जगमाल को राजगद्दी पर बिठाया गया तो समस्या और बढ़ जाएगी. राणा प्रताप से योग्य कोई दूसरा नहीं है जो हमारा नेतृत्व कर सके.

ऐसे ही एक-एक करके कई सामंतों ने अपनी परेशानी और चिंता ज़ाहिर की. सब चाहते थे कि इन हालात से बचने के लिए मेवाड़ की कमान प्रताप को सौंपकर उसे ही महाराणा बनाया जाए. सबकी बातें सुनने के बाद राजा तंवर राम साह आखिर में बोले–तो फिर सर्वसम्मति ये है कि राजगद्दी पर जगमाल की जगह राणा प्रताप को बिठाना चाहिए. और अगर हम सब की राय यही है तो फिर ऐसा ही होगा.

सामंतों, सरदारों के ये बयान बताते हैं कि मेवाड़ के कई सामंतों को लगता था कि राणा प्रताप मुग़लों के ख़िलाफ़ मेवाड़ को फिर से खड़ा कर सकते हैं. राणा प्रताप ने कई कुछ सफल सैन्य अभियानों की अगुवाई कर अपनी वीरता, युद्ध कौशल और नेतृत्व क्षमता का

परिचय दे दिया था. राणा के बारे में बनी सामंतों की इस सर्वसम्मति के पीछे कुछ और भी कारण थे जिनके बारे में इतिहासकर जीएसएल देवड़ा कहते हैं कि महाराणा प्रताप को राजा बनना चाहिए, इसके पीछे लोगों ने जो बातें और तर्क सामने रखे उससे ये ही सामने आता था कि अपने बाल और किशोरावस्था में राणा प्रताप ने ज़रूर ऐसे उल्लेखनीय कार्य किए थे जिससे उनकी परिपक्वता सामने आई. और सरदारों को लगने लगा कि उन्हें ही मेवाड़ का नेतृत्व करना चाहिए. अन्यथा जो मेवाड़ के सामंत या सरदार हैं, वो उनके पक्ष में इस तरह की बातें करते नहीं. . दूसरा ये है कि महाराणा प्रताप को भीलों का बहुत सहयोग मिला. क्योंकि प्रताप के पिता महाराणा उदय सिंह के भीलों ने साथ उतने अच्छे संबंध नहीं थे, लेकिन प्रताप का भीलों ने बहुत सहयोग किया था. इसका मतलब ये है कि प्रताप ने महाराणा बनने से पहले ही इन स्थानीय जातियों के साथ मिलकर ऐसा कुछ उल्लेखनीय कार्य किया था, जिसने उन्हें उनके करीब ला दिया.

अब तक ये साफ हो गया था कि प्रताप को मेवाड़ की जनता और मेवाड़ को महाराणा प्रताप की ज़रूरत थी. मेवाड़ के पुराने सामंत और आम लोग जगमाल की जगह राणा प्रताप को राजसिंहासन पर देखना चाहते थे. जबकि पिता राणा उदय सिंह जगमाल को पहले ही राजा घोषित कर चुके थे. कहते हैं कि जिस दिन राणा उदय सिंह की मृत्यु हुई और उसी दिन सामंतों ने गोगुंदा में महाराणा प्रताप का राज्याभिषेक कर दिया.

गोगुंदा आज के उदयपुर से करीब 35 किलोमीटर अरावली की चोटी पर बसी वो जगह है जहां महाराणा प्रताप का राजतिलक हुआ.

28 फरवरी 1572 का दिन था .

इसके बाद राणा प्रताप ने गोगुंदा में मौजूद अपने समर्थको को कहा–ये मेवाड़ के लिए, हमारे लिए बहुत कठिन घड़ी है. आज मेवाड़ के उत्तर में पूर्व और पश्चिम दिशा में मुग़लों का साम्राज्य है. सिर्फ दक्षिण की सीमा ही उनके के कब्ज़े से बाहर है. हमारे आस पड़ोस के कई क्षत्रिय राजाओं ने अकबर की अधीनता स्वीकार कर ली है. एक ने तो अपनी पुत्री ही मुग़ल बादशाह को दे दी है. लेकिन हम उनकी तरह नहीं है. मेवाड़ और सिसोदिया वंश ने कभी अपनी स्वाधीनता और स्वाभिमान से समझौता नहीं किया है.

अपने राणा की बातें सुनकर सभी सामंत और सैनिक जोश में आकर चिल्ला पड़े–महाराज हम मुग़लों के सामने नहीं झुकेंगे. हम उनसे मुकाबला करेंगे.

अपने लोगों के इस हौंसले का राणा प्रताप ने मुस्कुराकर स्वागत किया. वो आगे बोले–ये सच है कि मुग़लों से हुई अबतक की लड़ाई में हमने कई वीर योद्धा खो दिए. चित्तौड़ और मेवाड़ का एक बड़ा इलाका उनके कब्ज़े में है. लेकिन हम मुग़ल साम्राज्य के साथ मिलकर या झुककर अपनी स्वतंत्रता नहीं खो सकते. हम स्वाधीन थे. स्वाधीन हैं और स्वाधीन रहेंगे.

राणा प्रताप की जोशीली बातें सुनकर हर सामंत, सैनिक और आम जन की रगों में जोश का संचार हो गया था. सभी सामंत राणा प्रताप के लिए जयघोष करने लगे.

राणा कीका की जय. महाराणा प्रताप की जय.

राजा राणा उदय सिंह की आखिरी इच्छा के ख़िलाफ़ प्रताप को

महाराणा बनाना, उनका इस तरह राज्याभिषेक करने की घटना मेवाड़ के लिए कोई छोटी घटना नहीं थी. मेवाड़ राज्य के प्रति वफादार लोगों ने ही प्रताप को महाराणा चुना था, इसके पीछे की वजह का विश्लेषण करते हुए इतिहासकार विघ्नेश कुमार त्यागी कहते हैं कि प्रताप की छवि और उनके कामों से वो मेवाड़ के सामंतों और आम जनमानस को ये विश्वास दिलाने में कामयाब हो गए कि ये व्यक्ति अपनी वैयक्तिक, अपने क्षेत्र की स्वतंत्रता के लिए अपना सर्वस्व समर्पण करने के लिए प्रस्तुत है, संकल्पबद्ध है और उसने अपने आपको हर लिहाज से क्रियाशील भी किया है. अपनी स्वतंत्रता के इस यज्ञ के लिए अपने आपको बर्बाद तक कर दिया था. अपने राज्य के लिए वो हमेशा मरने मिटने को तैयार था. वैसे भी महाराणा प्रताप चाहते तो अकबर से हाथ मिलाकर ना जाने कितने सूबों की सूबेदारी जैसे मलाईदार पद पा सकते थे लेकिन उन्होंने हर सुख के बदले, दुश्मन से लड़ना ही बेहतर समझा.

ज़ाहिर है महाराणा प्रताप की हुंकार ने मेवाड़ के सामंतों और सैनिकों में नया जोश भर दिया. उन्होंने राणा प्रताप के भाई जगमाल को राजगद्दी छोड़ने को मजबूर कर दिया. कहा जाता है कि इस घटना के बाद जगमाल मेवाड़ छोड़कर परिवार समेत बादशाह अकबर की शरण में चला गया. अकबर ने जगमाल को न सिर्फ पनाह दी बल्कि उसे उसे जहाजपुर की जागीर भी दी गई. जहाजपुर अब भीलवाड़ा ज़िले का एक शहर है. जगमाल की तरह कई राजपूत राजा और सामंत ने मुग़ल शहंशाह के खेमे में चले गए थे. लेकिन अकबर की नज़र अब भी मेवाड़ पर थी. इस बारे में इतिहासकार शशि अरोड़ा

देवड़ा का कहना है कि राणा जगमाल का अकबर के खेमे में जाना उसके लिए एक बड़ी उपलब्धि थी. उसे अपनी रणनीति कामयाब होती लग रही थी. वैसे भी आमेर की राजकुमारी से विवाह के बाद अकबर उत्साहित हो चुका था उसे लगने लगा था कि हर राजपूत राजा अपनी राजकुमारी की शादी या ऐसे पारिवारिक संबंधों के ज़रिये उससे शांति रखेगा और वो अपने राज में स्थायित्व को प्राप्त कर लेगा. इस तरह वो चाहता था कि महाराणा भी किसी तरह उससे साथ एलायंस में आ जाएं. जब उसने देखा कि महाराणा राजकुमारी देने को तैयार नहीं है तो उसने कहा कि अपना कोई राजकुमार ही उसके दरबार में सेवा में भेज दिया जाए. इस तरह मेवाड़ की गद्दी पर महाराणा प्रताप के बैठते ही अकबर ने एक बार फिर मेवाड़ को हासिल करने की कोशिश तेज़ कर दी. कहते हैं कि अकबर ने महाराणा प्रताप के पास एक बाद एक चार दूत भेजे थे. अकबर हर हाल में मेवाड़ को मुग़ल सल्तनत का हिस्सा बनना चाहता था. सबसे आखिर में अकबर ने सबसे पहले अपने भरोसेमंद दरबारी जलाल खान को महाराणा प्रताप के पास भेजा. बाकियों की तरह जलाल खान को भी महाराणा प्रताप के यहां से खाली हाथ लौटना पड़ा.

जलाल खान ने बड़े डरते डरते अकबर से कहा–आलमपनाह, महाराणा मुग़ल सल्तनत से किसी तरह का समझौता नहीं चाहता. वो आपके दरबार में आना तो दूर आपसे मिलना भी नहीं चाहता है.

अकबर ये बात सुनकर बड़ा हैरान हुआ. फिर उसने कुछ देर सोचने के बाद, अपने नये तुरूप के इक्के का ऐलान कर दिया. वो अजीब सी मुस्कुराहट के साथ जलाल खान से बोला–जलाल खान

तुम नाकामयाब रहे इसका मतलब ये नहीं कि हम अपनी कोशिश छोड़ दें. मानसिंह.

अकबर ने दरबार में मौजूद दरबारी मानसिंह को आवाज़ दी.

दरबार में बैठे मानसिंह ने तुरंत हाज़िरी लगाई–जी महाराज

अकबर ने अब मानसिंह की तरफ़ देखा और बोला–मानसिंह अबकी बार तुम महाराणा के पास जाओ. मुझे उम्मीद है कि तुम हमारे लिए अच्छी खबर लेकर लौटोगे.

जी महाराज. जैसी आपकी आज्ञा.

अकबर के ये दरबारी मानसिंह आमेर के कुंअर थे. मानसिंह की उम्र सिर्फ इक्कीस बाइस साल की थी. मानसिंह तेज़ दिमाग और बलशाली योद्धा था लेकिन उसकी एक बड़ी खूबी ये भी थी कि वो अब शहंशाह अकबर का वफादार था. अकबर को उम्मीद थी कि क्षत्रिय मानसिंह महाराणा प्रताप को किसी सुलह या समझौते के लिए राज़ी कर लेगा. मान सिंह को एक बड़े दल के साथ महाराणा प्रताप के पास भेजा गया.

मानसिंह को अकबर का तुरुप का इक्का कहने के पीछे की वजह का खुलासा करते हुए प्रोफेसर कृष्ण स्वरुप गुप्ता कहते है कि मान सिंह जो पहले आमेर और बाद में जयपुर कहलाया उसके राजकुमार थे और अकबर ने दो कारणों से उन्हें भेजा पहला कारण था कि अगर वो सफल हो तो उसका मकसद सीधे सीधे पूरा होगा और अगर वो असफल हुआ तो राजपूतों में भी एक दूसरे से लड़ने की तत्परता पैदा होगी जिससे भी उसका मकसद पूरा हो जाएगा.

बादशाह अकबर के यही मंसूबे लिए मानसिंह जून 1573 में अपने

दलबल से साथ उदयपुर पहुंचा.

महाराणा प्रताप के एक सामंत ने मानसिंह का स्वागत करते हुए कहा–मेवाड़ में आपका स्वागत है मानसिंह जी.

मानसिंह को महाराणा के सामंतों का ये सत्कार अच्छा लगा. वो उससे बोला–हम आपके आतिथ्य से अति प्रसन्न हैं.

तभी दूसरा सामंत मानसिंह से बोला–मानसिंह जी, ये तो कुछ भी नहीं. मेवाड़ के राजा महाराणा ने आपके सम्मान में उदयसागर झील पर एक विशेष भोज के आयोजन का प्रबंध किया है.

मानसिंह ने कहा, "ये तो महाराणा का बड़प्पन है. लगता है उदयसागर झील की शीलतता में ही शांति से बात होगी. हम महाराणा से वहीं मिलेंगे.

कई ग्रंथों में ये कहानी है मानसिंह के मेवाड़ पहुंचने पर महाराणा प्रताप ने उसकी आगवानी की थी. इसके बाद महाराणा ने मेवाड़ को लेकर मानसिंह से कोई बातचीत नहीं की. लेकिन उदयपुर के उदयसागर झील पर आयोजित भव्य भोज में जो कुछ हुआ वो कहानी एकमत से कई ग्रंथों में है.

इतिहास में दर्ज है कि उस दिन मानसिंह अपने दल के साथ, उदयसागर झील पर आयोजित भोज में पहुंचा वो बेसब्री से महाराणा का इंतज़ार करने लगा. तभी एक राज युवक वहां पहुंचा. मानसिंह को बताया गया कि वो युवक महाराणा प्रताप का बेटा अमर सिंह है.

अमर सिंह ने मानसिंह के पास आकर उसका अभिवादन किया.

मानसिंह ने अभिवादन स्वीकार करते हुए कहा–अमर सिंह जी आपसे मिलकर प्रसन्नता हुई लेकिन महाराणा स्वयं कहां हैं. हम तो

बड़ी बेसब्री से उनकी प्रतीक्षा कर रहे हैं.

अमर सिंह ने मानसिंह को जवाब दिया, जिसे सुनकर मानसिंह को अटपटा लगा. अमर सिंह बोला–मानसिंह जी, माफ कीजिएगा. महाराणा किसी कारणवश यहां नहीं आ रहे हैं. आपको जो भी बात करनी है आप मुझसे कीजिए.

ये सुनकर मानसिंह बड़ी हैरानी और गुस्से से बोला–ये कैसा भोज है. हमें बुलाकर महाराणा खुद नहीं आए. ये मेरा ही नहीं शहंशाह अकबर का भी अपमान है ...

अमर सिंह ने मानसिंह को बीच में टोकते हुए कुछ समझाने की कोशिश की लेकिन मानसिंह का पारा चढ़ चुका था.

वो बेहद गुस्से में बोला–आप चुप रहिए. मैं जानता हूं कि महाराणा ने जानबूझकर ये सब किया है. इस अपमान का फैसला अब युद्ध भूमि में ही होगा.

अब अमर सिंह का सब्र भी जवाब दे गया. वो मानसिंह को चुनौती देते हुए बोला–ठीक है मानसिंह जी. अगर ऐसा है तो आप अपने शहंशाह अकबर को भी युद्ध भूमि ले आइएगा.

मानसिंह, अमर सिंह की तरफ़ देखते हुए गुस्से से तलवार निकलाने के लिए हाथ बढ़ाता, उससे पहले ही उसके साथियों ने उसे रोक दिया और वो गुस्से में पांव पटकता हुआ उस भोज से बाहर निकल गया.

गुस्से से बौखलाए मानसिंह को मेवाड़ से लौटना पड़ा. मानसिंह से मिले बिना ही महाराणा ने अपना रुख साफ कर दिया था. लेकिन इसके बाद भी अकबर ने कुछ महीने बाद ही अहमदाबाद के राजा

भगवंतदास को मेवाड़ भेजा. भगवंतदास को भी कोई सफलता नहीं मिली. आखिर में अकबर के ज्ञानी और अनुभवी सलाहकार टोडरमल महाराणा प्रताप के पास गए.

महाराणा प्रताप ने अकबर का संदेश सुना और हमेशा की तरह इन्कार कर दिया. महाराणा ने बड़ी विनम्रता से टोडरमल से कहा–टोडरमल जी, मैं आपकी विद्वत्ता का सम्मान करता हूं. मै आपको एक विशेष उपहार देना चाहता हूं. मेरी इच्छा है कि मेरे प्रिय हाथी को उपहार स्वरूप अपने साथ ले जाएं.

टोडरमल–क्षमा करें महाराज. मैं शहंशाह अकबर का दूत बनकर आपसे वचन लेने आया था. लेकिन अब आपसे कोई उपहार लेना मेरे लिए उचित नहीं होगा.

टोडरमल इस इरादे से आए थे कि महाराणा बिना किसी युद्ध के शहंशाह अकबर की अधीनता स्वीकार कर लें. मेवाड़ को मुग़ल सल्तनत का हिस्सा मान लें. अकबर की इस नीति के सामने कई राजपूत राजाओं ने हथियार डाल दिए थे लेकिन महाराणा को ये मंज़ूर नहीं था. महाराणा प्रताप को तो अकबर से अपना वो चित्तौड़ भी फिर से हासिल करना था जिसकी ज़मीन पर बादशाह अकबर की सेना ने तीस हज़ार लोगों को मौत के घाट उतार दिया था.

बादशाह के हर पैगाम को बैरंग लौटाकर महाराणा भी समझ चुके थे कि अब रणभेरी बजने में देर नहीं इसलिए उन्होंने अपने सैनिकों को अपना ऐतिहासिक संबोधन देते के लिए अपनी छावनी में इकट्ठा किया और कहा–आज मैंने आपलोगों को एक बहुत ही महत्वपूर्ण उद्देश्य के लिए बुलाया है. ये उद्देश्य हिमालय से भी महान और समुद्र से भी

ज्यादा गंभीर है. भाइयो, आंख उठाकर देखो. क्या हम आदर्श से भ्रष्ट, धर्म से पतित, मातृभूमि के हित से विमुख हो रहे लोगों को देख चुप बैठे रहेंगे. ऐसे समय में क्या हम अपने हाथ बांधे बैठे रहें.

महाराणा के सैनिक चिल्ला उठे–कभी नहीं, कभी नहीं...

महाराणा ने उनमें और जोश भरते हुए आगे कहा–भाइयो, जिस तरह प्रलय की अग्नि से पहाड़ घिर जाते हैं, आज हम उसी तरह मुग़लों के साम्राज्य से घिरे हुए हैं. हमारा अस्तित्व तभी तक है जब तक हम स्वतंत्र हैं. मुग़ल हमें भी गुलाम बना लेना चाहते हैं. क्या हमें भी उनकी गुलामी स्वीकार कर लेना चाहिए?

सैनिकों ने आसमान चीरती आवाज़ में जवाब दिया–नहीं महाराणा, कभी नहीं.

महाराणा एक पल रुका और फिर बोला–तो फिर तैयार हो जाइए. हम मुग़लों को अपनी चमकती हुई तलवार का पानी दिखाएंगे. मेवाड़ का बच्चा बच्चा मेवाड़ की रक्षा के लिए बलि वेदी पर चढ़ने को तैयार है. और हां जब तक चित्तौड़ को हम मुग़लों से वापस छीन नहीं लेते तब तक हम न किसी प्रकार का उत्सव-त्योहार नहीं मनाएंगे. मेरा ये प्रण है कि चित्तौड़ लिए बिना न तो मैं अपने नख, बाल कटवाऊंगा, न सोने-चांदी के बरतन में खाऊंगा. जिन लोगों ने चित्तौड़ के लिए खून बहाया है, जब तक उस खून का प्रतिशोध पूरा नहीं होता, मैं महल में भी नहीं रहूंगा. मैं हर सुख और आनंद से दूर रहूंगा. क्या मेरी प्रतिज्ञा पर आपको कोई संदेह है? महाराणा ने चिल्लाते हुए पूछा. सैनिक महाराणा की इस प्रतिज्ञा में खुद को भी शामिल मानते हुए और ज़ोर से चिल्ला उठे–नहीं, नहीं. हम मेवाड़ की रक्षा आपके हाथ

में सौंपते हैं.

आसमान महाराणा प्रताप के जय घोष से गूंजने लगा.

महाराणा प्रताप की जय. महाराणा प्रताप की जय.

महाराणा की इस प्रतिज्ञा के बारे में प्रोफेसर कृष्ण स्वरूप गुप्ता का कहना है कि मेवाड़ की रक्षा और चित्तौड़ को वापस पाने की महाराणा की इस प्रतिज्ञा को उनके सैनिकों का ही नहीं, बल्कि उनके आम जनमानस का भी भरपूर साथ मिला था क्योंकि महाराणा प्रताप मेवाड़ की स्वतंत्रता के लिए संघर्ष कर रहा था और उसके संघर्ष का आधार बड़ा व्यापक था, वो केवल अपने राज्य को वापस पाने के लिए नहीं लड़ रहा था, अपने लिए या अपने राजवंश के लिए नहीं लड़ रहा था बल्कि अपने राज्य को, अपने समाज को, उसने जो आदर्श दिए थे, वो उनके लिए लड़ रहा था. अपनी सभ्यता, अपनी संस्कृति की सुरक्षा के लिए लड़ रहा था और उसका ये उद्देश्य बड़ा महत्वपूर्ण था.

ज़ाहिर है महाराणा की हुंकार ने मेवाड़ के लोगों में एक नई जान फूंक दी. उधर बादशाह अकबर मेवाड़ पर आक्रमण की तैयारी के लिए अजमेर पहुंच गया. साल 1576 के अप्रैल महीने में बादशाह अकबर ने अपनी शाही सेना को अजमेर से मांडलगढ़ लिए भेजा. उस शाही सेना का नेतृत्व कर रहा था बाइस साल का सेनापति मानसिंह.

यानी अपनी पुरानी सोच के मुताबिक अकबर ने क्षत्रिय राजा महाराणा प्रताप के ख़िलाफ़ एक क्षत्रिय को ही युद्ध के मैदान में उतारा था. यही नहीं अकबर की शाही सेना में बड़ी संख्या में राजपूत

सैनिक और मनसबदार थे. कहते हैं कि मांडलगढ़ में मानसिंह करीब दो महीने तक इस उम्मीद में डेरा डाले रहा कि महाराणा शाही सेना के दबाव में आकर बादशाह अकबर की अधीनता स्वीकार कर लेगा. लेकिन जब ऐसा नहीं हुआ तो मानसिंह शाही सेना के साथ मांडलगढ़ से गोगुंदा की तरफ़ बढ़ने लगा.

उधर अपने युद्ध शिविर में महाराणा अपने सलाहकारों से युद्ध नीति पर चर्चा करने में जुटे थे.

उनके पहले सलाहकार ने उन्हें कहा–महाराज हमें सूचना मिली है कि मानसिंह शाही सेना को लेकर मांडलगढ़ से चलता हुआ बनास नदी के किनारे खमनोर गांव के पास पहुंच चुका है.

तभी महाराणा का दूसरा सलाहकार बोला–महाराज खबर ये भी है कि मानसिंह पड़ोस के जंगलों में शिकार भी खेलने गया था. मानसिंह ने फिर ऐसा किया तो उसे जंगल में ही घेरकर मार गिराया जा सकता है.

सलाहकार के इस सुझाव पर महाराणा बोले–नहीं, धोखे से शत्रु पर प्रहार करना हमारी परंपरा नहीं है. हम मुग़ल सेना का सामना करेंगे. हम अपने योद्धाओं के साथ कुंभलगढ़ की पहाड़ी से उतरकर लोहसिह गांव में पड़ाव डालेंगे.

ये सुनकर पहला सलाहकार कहने लगा–महाराज ये जगह तो हल्दी घाटी के पास है. वो भी सिर्फ सात-आठ मील दूर. यहां तो पहाड़ी सिकुड़कर जाती है और आने जाने के लिए सिर्फ एक संकरा सा दर्रा है. यहां से सिर्फ दस-बारह मील की दूरी पर ही तो मुग़लों की सेना खड़ी है.

महाराणा के मन में इन सवालों का जवाब तैयार ही था. वो एक

पल कुछ सोचकर बोले–हां, हल्दी घाटी. हम घाटी के दर्रे के पास पहुंचेंगे. वहां हमारी सेना चार हिस्से में बंट जाएगी और हल्दी घाटी की अलग-अलग दिशाओं से आगे बढ़ेंगे. हमारा आक्रमण तीर कमान और तलवार से तो होगा ही. हमारी सेना पास की पहाड़ियों से दुश्मनों पर पत्थर भी बरसाएगी.

दरअसल महाराणा की रणनीति मुग़ल सेना को हल्दी घाटी के संकरे दर्रे में घेरकर उनपर आक्रमण करने की थी. इस समय मुग़ल और मेवाड़ सेना की क्षमता क्या थी, इस बारे में इतिहासकारों की अलग-अलग राय है. मुग़लकालीन इतिहासकार अब्दुल कादिर बदायूंनी ने दोनों तरफ़ की सेना पूरा ब्यौरा दिया है. बदायूंनी खुद वहां मुग़लों की तरफ़ से युद्ध के लिए आया था.

दोनों तरफ़ की सैन्य शक्ति के आकलन के बारे में प्रोफेसर कृष्ण स्वरुप गुप्ता का मानना है कि साहित्य या दूसरी जगहों पर तो दोनों तरफ़ से 80 हज़ार तक का आंकड़ा मिल जाता है. हालांकि कई अलग-अलग जगहों के स्रोत अलग आंकड़े बताते हैं. खुद वहां मौजूद बदायूंनी ने जो लिखा है उसके आंकड़ों के हिसाब से दोनों तरफ़ की सेना का अनुपात आठ हज़ार और पांच हज़ार था. यानी अकबर की सेना यदि आठ हज़ार सैनिकों से लैस थी तो राणा की सेना पांच हजार सैनिकों से ज़्यादा नहीं थी.

और इस सैन्य बल के साथ 18 जून 1576 की सुबह मेवाड़ की सेना का एक हाथी मेवाड़ के झंडे के साथ अचानक हल्दी घाटी के उत्तरी पूर्वी मुहाने से बाहर निकला. दूसरी ओर सेना के एक बड़े हिस्से का नेतृत्व स्वयं महाराणा प्रताप कर रहे थे.

राणा प्रताप अपने सफेद घोड़े चेतक पर सवार होकर मैदान में आए. ऐसा कहा जाता है कि महाराणा प्रताप सात फुट दो इंच लंबे थे. युद्ध के दौरान उनके हाथ में 62 किलो का भाला था, और सीने पर 90 किलो का कवच. कमर पर इक्कीस-इक्कीस किलो की दो तलवारें बंधी थीं और सिर पर लोहे का बड़ा वाला टोप. पांवों में पहने थे, युद्ध वाले भारी जूते. इस सबसे खास राणा प्रताप के चेहरे का तेज़ ऐसा था कि देखकर बड़े बड़े योद्धाओं के पसीने छूट गए. इससे पहले कि मुग़ल सेना आक्रमण के लिए मोर्चा संभालती. महाराणा के योद्धा उनपर टूट पड़े.

हल्दी घाटी के संकरे दर्रे में किया गया ये आक्रमण इतना भयानक था कि मुग़लों की सेना में हड़कंप मच गया. मुग़ल सेना के कुछ दस्ते तो ऐसे भागे कि वो बनास नदी के तट से दस बारह मील आगे चले गए. लगभग तीन घंटे की लड़ाई में महाराणा के योद्धाओं ने मुग़ल सेना के हरावल दस्ते यानी अग्रिम पंक्ति को ध्वस्त कर दिया.

प्रोफेसर कृष्ण स्वरूप गुप्ता बताते हैं कि इतिहासकार बदायूंनी के मुताबिक युद्ध का पहला हमला इतना तेज़ी से हुआ कि मुग़लों की सेना छिन्न-भिन्न हो गई और वो बनास नदी के 10-15 किलोमीटर के इलाके में भागती हुई फैल गई. मुग़लों की सेना के लिए सबसे बड़ी मुश्किल ये थी कि उनके सैनिकों को ये भी नहीं पता चल पा रहा था कि दोस्त राजपूत कौन है और दुश्मन राजपूत कौन हैं क्योंकि दोनों ही राजपूत सेनाओं की वेशभूषा एक जैसी थी.

बनास नदी के तट पर खमनोर और भागल गांव के बीच में रक्त तलाई नाम की एक जगह है. कहते हैं यहां भागती हुई मुग़ल सेना

फिर से लौटी और उनका मेवाड़ के योद्धाओं से ऐसा भीषण युद्ध हुआ कि वहां की ज़मीन खून से लाल हो गई थी. दोनों ही तरफ़ की सेना में राजपूत सैनिक बड़ी संख्या में थे. ज़ाहिर है कि इस युद्ध की कहानी राजपूत सैनिकों के लहू से ही लिखी जा रही थी.

इस बारे में इतिहासकार विघ्नेश कुमार त्यागी का कहना है कि युद्ध में मुग़लों से ज़्यादा राजपूतों का नुकसान हो रहा था. क्योंकि इस युद्ध में दोनों ही तरफ़ से कछवाहे बड़ी वीरता और तूफानी तरीके से लड़ रहे थे, मुग़लों को समझ ही नहीं आ रहा था कछवाहों की कौन सी सेना हमारे साथ है और कौन सी ख़िलाफ़ है. तो वो पूछने लगे कि भई किस तरफ़ तीर चलाएं? तो उनके आकाओं ने उन्हें कहा कि तुम बस तीर चलाओ. जहां दिखे, जिधर मन करे वहां चलाओ, क्योंकि तुम्हारे तीर से मरेगा तो काफिर ही.

युद्ध के दौरान एक वक्त ऐसा भी आया जब महाराणा प्रताप का सामना मानसिंह से हो गया. मानसिंह एक हाथी पर सवार था, जबकि महाराणा के साथ था उनका प्रिय घोड़ा चेतक. कहते हैं कि जैसे मानसिंह सामने आया चेतक ने अचानक अपने अगले दो पैर हवा में उठा दिए और मानसिंह के हाथी के सिर पर वार किया. अगले ही पल महाराणा ने अपने भाले से मानसिंह पर आक्रमण किया. मानसिंह ने झुककर किसी तरह खुद को बचाया लेकिन उसकी तलवार के वार से चेतक का पैर बुरी तरह जख्मी हो गया. चेतक के घायल होने से महाराणा के सामने एक बड़ी मुश्किल खड़ी हो गई. दुश्मनों से घिरे महाराणा अब क्या करते? इसी बीच महाराणा की सेना का झाला बीदा नाम का एक योद्धा महाराणा की मदद के लिए आगे आया.

झाला बीदा ने घायल महाराणा से कहा–महाराज आपका घोड़ा चेतक बुरी तरह घायल हो चुका है. पर आप चिंता न करें, आप बस चेतक को लेकर चले जाएं. हम मुग़लों की सेना से आखिरी दम तक लोहा लेंगे.

महाराणा अब भी तैयार नहीं थे. उन्होंने कुछ कहना चाहा, लेकिन झाला ने उन्हें बोलने ही नहीं दिया. वो उन्हें टोकते हुए बोला–महाराज, आप निश्चिंत होकर अपना ये राजकीय छत्र मुझे दे दीजिए. मैं आपका रूप लेकर आखिरी सांस तक इसके लिए युद्ध करता रहूंगा. आप यहां से जाइए महाराज.

झाला बीदा के निवेदन ने महाराणा को उसका कहा मानने के लिए मजबूर कर दिया. महाराणा अपने घायल चेतक को लेकर आगे बढ़ गए.

झाला बीदा ने मुग़ल सैनिकों को भ्रम में रखने के लिए महाराणा का राजकीय छत्र ले लिया था. ऐसा करने से मुग़ल सैनिक झाला को ही महाराणा समझने लगे. झाला काफी देर तक बहादुरी से लड़ता रहा और आखिर में उसने अपने महाराणा और मेवाड़ के लिए बलिदान दे दिया.

बलिदान तो चेतक घोड़े ने भी दिया जो घायल अवस्था में भी महाराणा का अंतिम क्षण तक साथ देता रहा, और जब सांसें नहीं बचीं तो ज़मीन पर लेट गया. चेतक की मौत से महाराणा की भी हिम्मत टूट गई थी. वो बलिदानी चेतक के पास बैठ गए. कहते हैं इसी मुश्किल घड़ी में ही महाराणा की मुलाकात अपने भाई शक्ति सिंह से हुई. शक्ति सिंह मुग़लों की ओर से युद्ध में शामिल था.

शक्ति सिंह को वहां देखकर महाराणा ने आश्चर्य से पूछा–शक्ति सिंह! तुम यहां?

शक्ति सिंह ने हाथ जोड़कर कहा–महाराणा, आप मुझे क्षमा कर दें. आज मेवाड़ के लिए सैकड़ों लोगों ने स्वयं को बलिदान कर दिया. यहां तक कि आपके घोड़े चेतक ने भी मृत्यु का वरण कर अपना कर्तव्य निभाया. और एक मैं हूं जो मुग़लों की सेना में शामिल होकर मेवाड़ के लोगों का ही वध करता रहा. मैं अपनी मातृभूमि, अपने कर्तव्य को भूल गया था महाराणा. मुझे क्षमा कर दीजिए.

और इस तरह पश्चाताप करता हुआ, शक्ति सिंह महाराणा के सामने घुटने पर बैठ गया. शक्ति सिंह घर लौट गया और राणा के लिए उनकी वीर गाथाओं में उसने बढ़ोत्तरी की.

कहते हैं हल्दी घाटी के युद्ध में महाराणा के शौर्य, साहस और उनके तलवार की चमक ने पूरे भारत को चकाचौंध कर दिया. मुग़ल बादशाह अकबर की फौज को भारत में पहली बार कड़ी टक्कर मिली थी. एक छोटे से मेवाड़ राज्य ने पहली बार विशाल मुग़ल साम्राज्य को आईना दिखा दिया था. मुग़ल सेना न तो महाराणा को मार पाई, न ही उन्हें बंदी बना सकी. बादशाह अकबर मेवाड़ की शक्ति को भी पूरी तरह नष्ट नहीं कर पाया. कहा जाता है कि हल्दी घाटी के युद्ध के परिणाम से अकबर बेहद निराश था. वो इतने गुस्से में था कि उसने मानसिंह के अपने दरबार में आने पर पाबंदी लगा दी.

शशि अरोड़ा देवड़ा कहती हैं कि महाराणा को निश्चित तौर पर सरदारों और स्थानीय लोगों को बहुत विश्वास प्राप्त था. इनमें इलाके के भीलों, और सेठ-साहूकारों ने उनका विशेष सहयोग किया. इसी

सहयोग के बूते उन्होंने अपने आप को दोबारा खड़ा किया और और इस सबकी वजह से ही राणा, अकबर को ये संदेश देने में कामयाब रहे कि मैं अब भी तुम्हारे अधीन नहीं हूं.

हालांकि इतिहासकार बताते हैं कि एक सच ये भी है कि हल्दी घाटी के युद्ध के बाद महाराणा प्रताप को कई दिनों तक जंगल और पहाड़ों के बीच रहना पड़ा. महाराणा और उनके परिवार के लिए ये समय बहुत कठिन था. कई जगह ये कहानियां मिलती हैं कि उन्होंने महाराणा और उनके बच्चों को घास की रोटी तक खानी पड़ी. मुग़ल सैनिक कई दिनों तक जंगलों में महाराणा का पीछा करते रहे. उन्हें खोजते रहे लेकिन वो कामयाब नहीं हो सके. वहीं महाराणा के भील सैनिक पहाड़ों में छिपकर मुग़ल सेना के ख़िलाफ़ लड़ते रहे. वो अचानक मुग़ल सैनिकों पर हमला कर देते थे. इस गुरिल्ला युद्ध से अकबर की सेना इतनी भयभीत हो गई कि उन्होंने कई जगह रास्ते बंद कर दिए. कई नगरों में ऊंची दीवारें खड़ी कर दीं. हालत ऐसे हो गए मानसिंह को मेवाड़ छोड़कर वापस जाना पड़ा.

इस बीच महाराणा ने सामंतों की मदद से मेवाड़ की बिखरी हुई ताकत को फिर से एकजुट करना शुरू कर दिया. इस दौरान मुग़ल सैनिकों ने मेवाड़ में जगह जगह कई आक्रमण किए लेकिन महाराणा ने उन्हें कोई बड़ी सफलता हाथ नहीं लगी. साल 1585 के बाद किसी मुग़ल सेनापति के मेवाड़ जाने का उल्लेख नहीं मिलता है. इस समय बादशाह अकबर उत्तर पश्चिमी सीमा के प्रांतों की रक्षा में उलझा हुआ था. इस दौरान महाराणा ने मेवाड़ की मुग़ल चौकियों पर आक्रमण कर मोही, गोगुंदा, उदयपुर, पिंडवारा समेत मेवाड़ के

अधिकांश हिस्से पर फिर से अधिकार कर लिया. महाराणा ने चावंड को नई राजधानी बनाया जो उनके बाद भी साल 1615 तक मेवाड़ की राजधानी बना रहा. महाराणा प्रताप के जीवन के अंतिम 12 साल शांतिपूर्ण रहे. इस दौरान उन्होंने मेवाड़ के लोगों की सुख शांति के लिए काम किया. सेना को संगठित किया. कहा जाता है कि महान योद्धा महाराणा कला और साहित्य के भी पारखी थे. उनके शासन में स्थापत्य कला और राजस्थानी साहित्य भी खूब फले-फूले. मेवाड़ी चित्रकला की शुरुआत महाराणा के समय में ही हुई.

इतना महान जीवन जीने वाले महाराणा प्रताप की मृत्यु कैसे हुई, इसको लेकर इतिहास दो रायों में बंटा नज़र आता है. एक राय में कहा जाता है कि चावंड में धनुष को झुकाते हुए महाराणा को चोट लगी और उसके ज़ख्म से ही महाराणा का देहांत हो गया. उधर *अकबरनामा* के लेखक अबुल फज़ल ने लिखा है कि महाराणा को उनके पुत्र ने ही विष दिया था जिससे उनकी मौत हो गई. इतिहासकार कर्नल टॉड लिखते हैं कि उनकी मृत्यु पिछोला झील के किनारे एक झोपड़ी में हुई थी. कहानियां कई तरह की हैं. कहते हैं कि बादशाह अकबर को जब महाराणा के मौत की खबर मिली तो वो कुछ देर के लिए खामोश हो गए. अकबर की आंखों में आंसू आ गए.

महाराणा प्रताप के जीवन पर आधारित पुस्तक, *महाराणा यशप्रकाश* के मुताबिक 1597 की उस तारीख को अकबर लाहौर के अपने राजभवन के दरबार में मौजूद था. अकबर का दरबारी गायक दुरसा आढ़ा भी वहीं मौजूद था. उसके साथ अबुल फज़ल भी था. वो बताता है कि अकबर ने दुरसा आढा से कहा–दुरसा, हमें

पृथ्वीराज चौहान के बारे में कुछ सुनाओ.

अकबर के कहने पर दुरसा अपनी सारंगी साधकर पृथ्वीराज का शब्द भेदी बाण प्रसंग गाने लगा.

यही बाण चौहान राम-रावण उत्थप्यो
यही बाण चौहान करण सिर अनजुन कप्यो
यही बाण चौहान शंभु त्रिपुरासुर संध्यों
यही बाण चौहान भ्रमर लक्ष्मण कर बंध्यो
सो बाण आज तव कर चलो विरद सच्चो चवे
चौहान राज संभर धनी मत चूके माटे तवे

दुरसा पृथ्वीराज रासो के छंद गाने में लीन था कि मानसिंह हड़बड़ाया हुआ वहां पहुंचा. उसने आते ही कहा–बादशाह सलामत सुनिए.

दुरसा ने गाना रोक दिया. अकबर ने मान सिंह से पूछा–क्या हुआ मानसिंह? कोई खास बात है? बताओ.

जी आलम पनाह. चावंड, मेवाड़ से एक खास खबर है सरकार. मेवाड़ के महाराणा प्रताप का इंतकाल हो गया है.

ये सुनकर अकबर एकदम चुप हो गया.

बादशाह को यूं एकदम सन्न देखकर बाकी सभी मौन हो गए. दुरसा की भी आंखें भर आईं, वो निवेदन करते हुए अकबर से बोला– एक और छंद गावन की मंजूरी मिले सरकार?

अकबर ने दुरसा की दरख्वास्त पर बड़े अनमने भाव से कहा– अब कुछ सुनने का मन नहीं है दुरसा, लेकिन सुनाओ क्या सुनाना चाहते हो.

दुरसा की वाणी पर अब जो था, जो मुग़ल सल्तनत के दरबार की कल्पना का भी हिस्सा नहीं था. ये पंक्तियां थीं:

अस लैगो अणदाग, पाग लैगो अणनामी
गौ आड़ा गवड़ाय, जीको बहतो धुर कामी. .
नवरोजे नह गयो, न गौ आंसतां नवल्ली
न गौ झरोखां हेठ, जेठ दुनियाण दहल्ली
गहलोत राण जीती गयो, दसण मूंद रसणा डसी
निसास मूक भरिया, नयन तो मृत शाह प्रतापसी. .

पंक्तियां अनजानी थीं तो अकबर ने दुरसा से उनका मतलब पूछा.

दुरसा ने अकबर को अपने गीत का मतलब बताया–हे गहिलोत राणा प्रतापसिंह तेरी मृत्यु पर शाह यानी सम्राट ने दांतों के बीच जीभ दबाई और सांस छोड़ कर आंसू टपकाए. क्योंकि तूने कभी भी अपने घोड़ों पर मुग़लिया दाग नहीं लगने दिया. न ही तूने अपनी पगड़ी को किसी के आगे झुकाया. तूने अपना आड़ा यानी यश या राज्य तो गंवा गया लेकिन फिर भी तू अपने राज्य के धुरे को बाएं कंधे से ही चलाता रहा. तेरी रानियां कभी नवरोजों में नहीं गईं और ना ही तू खुद आसतों यानी बादशाही डेरों में गया. तू कभी शाही झरोखे के नीचे नहीं खड़ा रहा और तेरा रौब दुनिया पर गालिब रहा. इसलिए मैं कहता हूं कि तू सब तरह से जीत गया और बादशाह हार गया.

इस कहानी के मुताबिक अपने ही दरबारी गायक की ज़ुबानी, महाराणा प्रताप के इस यशगान को सुनकर प्रशंसा को सुन कर अकबर क्रोधित नहीं हुआ. बल्कि उसने उसे इनाम दिया. यह भी कहा जाता है अकबर के चेहरे पर दुख के भाव और गहरे हो गए.

महाराणा प्रताप की मृत्यु पर अकबर की आंखें नम हुई हों या न हुई हों, लेकिन इतना तो तय है कि अकबर को चुनौती देने वालों में महाराणा प्रताप अव्वल थे. और यही वजह है कि आज हम उन्हें याद करते हैं. उनके बारे में बच्चों को बताते हैं, पढ़ाते हैं. क्योंकि महाराणा की ज़िंदगी हमें सीख देती है कि स्वाभिमान से भरी छोटी ज़िंदगी, कायरता से गुज़ारी हुई लंबी ज़िंदगी से कहीं बेहतर है.

दारा शुकोह

हिंदुस्तान पर राज करने वाले मुग़लिया सल्तनत के बादशाहों की फेहरिस्त लंबी है. लेकिन इस फेहरिस्त से अलग एक ऐसे शख्स की कहानी जानना बेहद ज़रूरी है, जो बादशाह तो नहीं हुआ, लेकिन उसके बादशाह न होने से हिंदुस्तान को होने वाले नुकसान पर बहस आज भी जारी है. लेकिन इस शहज़ादे की कहानी की शुरुआत वहां से होती है, जब इस शहज़ादे का हक़ छीनकर बादशाह बनने वाले इसके भाई के सामने इसकी मौत की सज़ा पर तकरीर हो रही थी. उस दिन मुग़ल बादशाह की गद्दी पर बैठे औरंगज़ेब के दीवाने खास में एक इमाम, बड़ी रुखाई से इस शहज़ादे पर इल्ज़ाम लगाते हुए बोला– आलमपनाह. शहज़ादा दारा शुकोह सिर्फ आपका गुनहगार ही नहीं, वो काफिर भी हैं. दारा ने खुद हिंदुओं के उपनिषदों का तर्जुमा किया है. शहज़ादे ने अपनी किताब में इस्लाम और हिंदू मजहब को बराबर का दर्ज़ा दिया है जो कि इस्लाम की तौहीन है. शहज़ादे ने हिंदू मंदिरों को दान दिया है. इन बातों से साबित होता है शहज़ादे बुतपरस्त भी हैं. दारा ने तो अपनी अंगूठी पर काफिरों का प्रभु शब्द लिखवाया है. और तो और दारा कहते हैं कि जन्नत वहीं है जहां मुल्लाओं का शोर नहीं होता. मैं तो कहूंगा कि शहज़ादे दारा शुकोह का कत्ल करने में कोई हर्ज़ नहीं है.

ये इल्ज़ाम वही थे, जो शायद औरंगज़ेब सुनना चाहता था. बड़े ध्यान से इन्हें सुनने के बाद, उसने वो फैसला सुनाया, जिसने हिंदुस्तान का इतिहास बदल दिया. नया-नया बादशाह बना औरंगज़ेब बड़ी कठोरता से बोला–काफिर दारा शुकोह पर लगाए गए तमाम इल्ज़ामात साबित पाए गए हैं. हम शहज़ादे दारा शुकोह को सज़ा-ए-मौत का

हुक्म सुनाते हैं. उसका सिर कलम हो.

एक झटके में ये फैसला सुनाकर औरंगज़ेब गद्दी से उठकर चल दिया. सबने उसे सलाम किया, अपने सामने झुके हुए दरबारियों के बीच से गुज़रते हुए वो अपनी आरामगाह में पहुंचा जहां कुछ वक्त बाद चादर से ढकी एक थाली उसके सामने पेश की गई. औरंगज़ेब ने चादर हटाई देखा, चादर के नीचे रखा, शहज़ादे दारा शुकोह का धड़ से अलग हुआ सिर देखा और बड़ी घिनौनी शक्ल बनाकर बोला–मैंने इस काफिर का मुंह तब भी नहीं देखा था जब ये ज़िंदा था.

बद-बख्त.

जी, बद-बख्त. औरंगज़ेब ने अपने भाई दारा शुकोह का सिर कटवाया. उसे धुलवाया. और फिर कटे हुए सिर को देख कर बोला: बद-बख्त. यानी बद किस्मत.

लेकिन औरंगज़ेब के हुक्म पर दारा शुकोह का सिर कलम करने की उस घटना के तकरीबन चार सौ साल बाद ये हिंदुस्तान ये तय नहीं कर पा रहा है कि उसके लिए बद-बख्त, यानी बद किस्मत कौन साबित हुआ?

हिंदुस्तान का आने वाला वक्त? या फिर बेवक्त मारा गया शहज़ादा दारा शुकोह? वो दारा शुकोह जिसे उसके पिता शाहजहां ने अपना उत्तराधिकारी बनाया था. वो दारा शुकोह जिसके एक हाथ में पवित्र कुरान थी तो, दूसरे हाथ में उपनिषद. वो मानता था कि हिंदू और इस्लाम धर्म की बुनियाद एक है. वो नमाज़ भी पढ़ता था और प्रभु नाम की अंगूठी भी पहनता था. मस्जिद भी जाता था और मंदिर में भी उसकी आस्था थी. लेकिन सत्ता की लड़ाई में वो काफिर, धर्म को

त्यागने वाला बता कर मार दिया गया. और तभी से ये सवाल आज भी बना हुआ है कि अगर औरगंज़ेब की जगह दारा शुकोह भारत का बादशाह बनता तो क्या भारतीय उपमहाद्वीप का इतिहास अलग होता?

जवाब है, शायद हां. और ये जवाब यों ही नहीं है. असल में तो इस जवाब की नींव भी तब पड़ी थी जब हिंदुस्तान की शान ताजमहल की नींव पड़ रही थी.

सन 1628 से 1658 का दौर था. पांचवे मुग़ल बादशाह, शाहजहां का काल. इसी कालखंड में दिल्ली में लाल किला बना और आगरा में अपनी बेगम मुमताज़ महल की याद में शाहजहां ने विश्वप्रसिद्ध ताजमहल बनवाया. ये वो दौर था जब शाहजहां ने अकबर की धार्मिक उदारता और मज़हबों के बीच बराबरी की नीति को बदलना शुरू किया. लेकिन उसी दरबार और महल में बैठ कर शाहजहां का बेटा, भारत के लिए बिल्कुल अलग किस्म की राजनीति की बात कर रहा था. वो शहज़ादा था, सुल्तान मुहम्मद दारा शुकोह. दारा शुकोह का जन्म 20 मार्च, 1615 को हुआ था. इसके दूसरे छोटे भाई शुज़ा, औरंगज़ेब और मुराद की तरह दारा शुकोह की परवरिश भी मुग़लिया तौर-तरीके से ही हुई. लेकिन, इन सबसे अलग दारा शुकोह का मिज़ाज कुछ जुदा था.

इस्लामी परंपरा के मुताबिक मुग़ल शहज़ादों को बचपन से ही शिकार, तलवारबाज़ी, घुड़सवारी, पहलवानी से लेकर हाथियों की लड़ाई तक का प्रशिक्षण दिया जाता था. दारा शुकोह ने भी ये सब कुछ देखा और सीखा. लेकिन उसका झुकाव पढ़ाई की तरफ ज़्यादा था. आगे चलकर दारा को पढ़ाई की ऐसी लत लगी कि वो कभी धार्मिक

पुस्तकों के ज्ञान में डूबा रहता तो कभी जामी और रूमी जैसे महान सूफी संतों के शेर और रूबाइयों में खो जाता.

वो अक्सर गुनगुनाता फिरता:

वो पल मेरी हस्ती जब बन गया दरया
चमक उठ्ठा हर ज़र्रा होके रोशन मेरा
बन के शमा जलता हूं रहे इश्क पर मैं
बस लम्हा एक बन गया सफरे उम्र मेरा

यूं तो दारा शुकोह, बादशाह शाहजहां का सबसे बड़ा और चहेता बेटा था. उसने हमेशा यही चाहा कि दारा शुकोह ही मुग़ल सल्तनत का बादशाह बने. लेकिन दारा शुकोह का रुझान सल्तनत से ज़्यादा, शायरी की ओर था. उसकी ख्वाहिशें अलग थीं, जिनकी वजह से ही कई सवाल शाहजहां के वक्त से ही पूछे जाने लगे थे. सवाल ये कि क्या दारा शुकोह बादशाह बनने के लायक था. लोग कहते हैं कि दारा का मन तो धर्म अध्यात्म में रमा रहता था. वो एक संन्यासी या फकीर तो बन सकता था लेकिन बादशाह नहीं.

हालांकि तब भी इन सवालों से बेफ्रिक, दारा शुकोह अपने लिए, और शायद हिंदुस्तान के लिए एक नया रास्ता खोजने में लगा था. वो इस्लाम के साथ-साथ दूसरे धर्मों और महान चिंतकों की किताबें पढ़ रहा था. उसने गीता, उपनिषद से लेकर सूफी संतों की रचनाओं का अध्ययन किया. दारा शुकोह प्राचीन दार्शनिक प्लेटो और अरस्तू से प्रभावित था. दारा तुर्की, यूनान और मिस्त्र तक से किताबें मंगवा कर पढ़ता था.

दूसरे शहज़ादों से अलग दारा शुकोह के इस शौक की वजह उसकी

तालीम थी. इस बारे में दिल्ली विश्वविद्यालय के उर्दू विभाग के पूर्व प्रोफेसर सादिक कहते हैं कि दारा शुकोह की तालीम का जो इंतज़ाम शाहजहां ने करवाया था उसमें मीर मेदक साहब उसके उस्ताद बने. मीर मेदक सूफी परंपरा के थे. इसके अलावा शहज़ादा दारा शुकोह कई जोगियों की संगत में भी रहा. ये सभी लोग उदारवादी थे और इंसानियत के नज़दीक ऐसा नज़रिया रखते थे जो वेदांत दर्शन और इस्लामी सूफीवाद से मिलकर बना था. ऐसी तमाम सोहबतों का ही असर था कि दारा शुकोह उदारवादी बना और हर धर्म के लिए उसके दिल में मुहब्बत थी.

दारा शुकोह पढ़ने लिखने में इतना रमा था कि वो कभी-कभी पूरी रात किताबों के बीच गुज़ार देता. इसी हाल में उसका निकाह नादिरा बेगम से हुआ. शादी के एक साल बाद ही दारा एक बेटी का पिता बना, लेकिन वो नहीं बची. कहते हैं इससे दारा को बड़ा आघात लगा. इस सदमे से उबरने के लिए दारा ने सूफी संत मियां मीर के संदेशों का सहारा लिया. मियां मीर क़ादिरिया सिलसिले के सूफी संत थे. दारा शुकोह ने अपनी रचना सकीनतुल औलिया में मियां मीर से लाहौर में हुई मुलाकात की चर्चा की है. कहते हैं दारा शुकोह ने मियां मीर को अपना अध्यात्मिक गुरु बनाया था.

प्रोफेसर सादिक के मुताबिक, मियां मीर सूफियों के चार सिलसिलों में से एक अहम कादिरिया सिलसिले के बुज़ुर्ग थे. उनकी राय में भी धर्म और उसके नाम पर पाबंदियों की दीवारें खड़ा करना सही नहीं था. वो हमेशा ऐसी पाबंदियों की दीवारें गिराने में ही यकीन रखते थे. दारा शुकोह मीर साहब से बेहद प्रभावित था. इतना कि जब उसने

अपनी दूसरी किताब सकीनतुल औलिया लिखी तो उसमें मियां मीर साहब के बारे से मुलाकातों और उनसे मिली सीख के बारे में ही ज़्यादा लिखा.

मियां मीर साहब से इन मुलाकातों ने दारा शुकोह के मन-मतिष्क को हमेशा के लिए बदल दिया. वैसे कहा ये भी जाता है कि लाहौर में ही आगे चल कर, दारा शुकोह की मुलाकात एक हिंदू संन्यासी से हुई, जिनका नाम था लाल बैरागी. दारा ने उनसे काफी कुछ सीखा. कहा जाता है कि दारा के मन में इतने सवाल थे कि वो लगातार नौ दिन बाबा लाल बैरागी से सवाल पूछता रहा. दारा ने लाल बैरागी से पूछा–बाबा, जीवात्मा और परमात्मा में क्या अंतर है?

बाब ने इसका जवाब दिया–मूल रूप से कोई अंतर नहीं है.

दारा की तरफ़ से अगला सवाल हुआ–मूर्ति की पूजा का क्या महत्व है? किसने इस प्रथा का आदेश दिया?

बाबा लाल ने उसे बताया–मूर्ति पूजा का उद्देश्य मस्तिष्क को ध्यान में लगाना है. जिसे आत्मा का ज्ञान है, उसे इसकी आवश्यकता नहीं होती.

फिर दारा ने पूछा–फारसी ग्रंथों में कहा गया है कि ईश्वर ने चार तत्वों से मनुष्य को बनाया–धरती,जल, अग्नि और वायु. लेकिन भारतीय विचारों में मनुष्य की रचना पांच तत्वों से बताई गई है. पांचवां तत्व क्या है?

इसके जवाब में बाबा लाल बोले–आकाश, जिसका नाम श्रवण शक्ति है, जिसके ज़रिए मनुष्य भले-बुरे का अनुभव करता है.

नौ दिन में घंटों तक चले दारा के ऐसे सवालों का जवाब देने वाले

बाबा लाल बैरागी के बारे में अलीगढ़ मुस्लिम विश्वविद्यालय में प्रोफेसर शीरीं मूसवी कहती हैं कि कुछ लोगों की राय में बाबा लाल बैरागी कबीरपंथी थे, लेकिन कई इतिहासकारों की राय में वो वैष्णव उपदेशक थे. उनके बारे में माना जाता है कि बादशाह शाहजहां के दरबार में जो मुंशी थे उनके साथ बाबा लाल बैरागी के बहुत अच्छे संबंध थे. इन्ही मुंशी ने दारा शुकोह को बाबा लाल बैरागी से मिलवाया था. और दारा ने उनसे जो 60 अहम सवाल किए उनका बाल कृष्ण ब्रह्मणी नाम के लेखक ने अनुवाद किया और उस किताब को नादिरे-नुक़ात का नाम दिया जाता है.

नादिरे नुक़ात में ही ज़िक्र है कि दारा शुकोह, बाबा से एक के बाद एक धर्म चिंतन से जुड़े सवाल करता रहा और बाबा उसका जवाब देते रहे. उसने बाबा लाल के विचारों को जाना समझा और विश्लेषण किया. ये दारा शुकोह की दरअसल खुद की खोज थी. वो धर्म के सच्चे अर्थों को समझना चाहता था. ये सिलसिला उसने रोका नहीं. सूफी संत मियां मीर के देहांत के बाद वो छह साल तक गुरु की तलाश करता रहा. इस खोज में उसकी भेंट मियां मीर के शिष्य मुल्ला शाह से हुई. बदख़शां के रहनेवाले मुल्ला शाह भी बड़े सूफी संत माने जाते थे. सकीनतुल औलिया में मुल्ला शाह से दारा की मुलाकात का ज़िक्र आता है. दारा, मुल्ला शाह के पास पहुंचा. मुल्ला ने उसे देखा और पूछा–तुम कौन हो?

शाही वेश में मौजूद दारा शुकोह ने पहली ही नज़र में झूठ लगने वाला जवाब दिया. वो मुल्ला से बोला–मैं एक फ़कीर हूं.

मुल्ला शाह ने उसे गौर से देखा और बोले–अच्छा, फक़ीर का

नाम होता है.

दारा शुकोह बोला–आपसे कुछ नहीं छिपा है?

दारा का जवाब सुनकर मुल्ला शाह मुस्कराए. उन्होंने हाथ पकड़कर उसे अपने पास बैठाया अब तक वो समझ गए थे कि दारा के इन जवाबों के पीछे भी कुछ गंभीर अर्थ थे. उसकी बातों के कुछ खास मायने थे. वैसे उसकी बातों के इस अर्थ को समझने के लिए मज्म उल बहरैन किताब में मौजूद दारा शुकोह की ही लिखी चार पंक्तियों को समझना ज़रूरी है. दारा ने लिखा है–हमने एक ज़र्रे को भी सूरज से अलग नहीं देखा है. पानी का हर कण अपने आप में समुद्र है. सत्य को चाहे जिस नाम से पुकारो. हर नाम ख़ुदा के नामों में से एक है.

इन पंक्तियों से दारा जो कहना चाह रहा था वो वेदांत या उपनिषद का ज्ञान है. एक ईश्वर है. एक ब्रह्म है. जो सृष्टि के कण कण में मौजूद है. दारा शुकोह से हज़ार साल पहले इसी ब्रह्म ज्ञान का प्रचार प्रसार जगतगुरु आदि शंकराचार्य ने किया था.

शंकराचार्य ने कहा था–ब्रह्म सत्यं जगन्मिथ्या जीवो ब्रह्मैव नापर:. यानी ब्रह्म ही सत्य है. जगत मिथ्या है. जीव ही ब्रह्म है. जीव और ब्रह्म में कोई भेद नहीं है. क्या घड़ा मिट्टी को छोड़कर एक क्षण के लिए भी टिक सकता है? ये जगत भी मिट्टी के घड़े की तरह है. कोई ब्रह्म से अलग नहीं है. हर जीव में ब्रह्म है.

अपनी पहली ही मुलाकात में दारा ने सूफी संत मुल्ला शाह की प्रेरणा से उपनिषदों का फारसी में अनुवाद करने का फैसला किया. कुछ ग्रंथों में ये चर्चा भी है कि इस अनुवाद के लिए दारा वाराणसी में रहा और डेढ़ सौ संस्कृत विद्वानों की मदद ली. उपनिषदों के इस

अनुवाद को दारा ने सीर ए अकबर नाम दिया जिसका मतलब है महान रहस्य. ये एक बहुत बड़ा कदम था. फारसी में अनुवाद के बाद ये ग्रंथ पश्चिमी देशों तक पहुंचे. इसके बाद ही पश्चिम के कई विद्वानों ने प्राचीन संस्कृत ग्रंथों के अध्ययन के लिए भारत की ओर रुख किया और भारतीय चिंतन परंपरा और विचार की गहराई को पूरी दुनिया ने जाना.

प्रोफेसर इरफान हबीब के मुताबिक उपनिषदों का अनुवाद इस दुनिया को दारा शुकोह की एक अहम देन थी. वे कहते हैं कि दारा ने जिन 52 उपनिषदों का फारसी भाषा में अनुवाद कराया, उनका आगे चलकर सन 1800 में फारसी से लैटिन भाषा में अनुवाद हुआ. और चूंकि लैटिन भाषा ज़्यादा लोग जानते थे, इस तरह से उपनिषद ज़्यादा लोगों तक पहुंचे और यूरोपीय दर्शन पर भी उनका बहुत असर हुआ.

वाकई मानना होगा कि ये सब न होता, अगर दारा शुकोह ने उपनिषदों का फारसी में अनुवाद न कराया होता. सीर ए अकबर के ज़रिए उपनिषद का ज्ञान पूरी दुनिया भर में फैला. दारा ने कुछ विद्वानों की सहायता से भगवद्गीता का भी फारसी में अनुवाद किया. लेकिन दारा की जो रचना सबसे अद्भुत है, वो है मज्म उल बहरैन .

मज्म उल बहरैन का मतलब है महासागरों का मिलन. यानी हिंदू और इस्लाम धर्म नाम के दो महासागरों का एक होना. दारा की ये किताब हिंदू और इस्लाम धर्म में समानता खोजने की पहली बड़ी कोशिश थी. मज्म उल बहरैन पहला ऐसा ग्रंथ है जो हिंदू और इस्लाम धर्म के बुनियादी दर्शन को जोड़कर देखता है. दारा का मानना था कि इस्लाम का एक ईश्वरवाद, हिंदू धर्म के वेदांत दर्शन के निकट है. दारा

ने उपनिषदों के ज्ञान को गहराई से जाना समझा. दारा, इस्लाम और सूफी दर्शन को उपनिषद से जोड़ कर देखने लगा. वो समझ गया था कि हिंदू-मुस्लिम अलग-अलग मजहब ज़रूर हैं, लेकिन उनकी बुनियाद एक ही है.

इसीलिए दारा ने लिखा:

तुम ही रहते हो काबा और सोमनाथ के मंदिर में
और प्रेमी के हृदय में...
तुम गुलाब हो और प्रेमी बुलबुल हो...
तुम अपने ही हुस्न के चिराग पर परवाना हो.

अपनी इन बातों के ज़रिए दारा शुकोह शंकराचार्य के ही गढ़े वेदांत दर्शन को फिर से दुनिया के सामने ला रहा था. वो मानता था कि यही तो इस्लाम के एकेश्वरवाद का भी मूल है. दारा की इस सोच के बारे में प्रोफेसर सादिक का कहना है कि वेदांत दर्शन में भी एकेश्वरवाद की बड़ी अहमियत है और इसीलिए उर्दू और फारसी के बड़े लेखक जैसे अमीर खुसरो और मिर्ज़ा ग़ालिब तक ये सभी लोग ये मानते रहे कि हिंदू धर्म में एकेश्वरवाद का विचार मौजूद है. दारा शुकोह का ये ईमान था, ये ख्याल था कि हिंदू भी एकेश्वरवाद को मानते हैं और मुसलमान भी उसके अनुयायी हैं. जब दोनों ही एक ईश्वर ने पैदा किया है. दोनों ही एक ईश्वर को मानते हैं तो फिर दोनों में अलगाव नहीं होना चाहिए.

दारा शुकोह के परदादा अकबर ने सुलह-ए-कुल का विचार दिया, जिसमें सभी धर्मों के आदर की बात थी. लेकिन दारा की सोच अकबर से कहीं आगे थी. वो हिंदू और मुस्लिम धर्म की आध्यात्मिक एकता

की बात करता था. वो कहता था कि दोनों धर्म की बुनियाद एक है. दारा अपने इस विचार से कट्टरपंथियों के निशाने पर आ गया. उन कट्टरपंथियों में उसका अपना भाई औरंगज़ेब भी था. दारा के विचारों से अलग, औरंगज़ेब की चिंता मुग़ल सल्तनत की बादशाहत थी. जब दारा और उसके भाई बालिग हुए तो शाहजहां ने रियासत के चार सूबों का की सूबेदारी उन्हें सौपीं. शुज़ा को बंगाल, औरंगज़ेब को दक्कन और मुराद को गुजरात की सूबेदारी सौंपी गई.

इतिहासकार बताते हैं कि शाहजहां, दारा को अपना उत्तराधिकारी बनाना चाहता था और ये बात जगज़ाहिर करने में उसने कोई कोर-कसर भी नहीं छोड़ी. शाहजहां ने दारा को पंजाब की बड़ी जागीर दे दी थी. लेकिन दिल्ली-आगरा से उसे दूर जाने नहीं दिया. शाहजहां उसे अपने दरबार में ही रखता था. और अपनी गद्दी के पास एक सोने की कुर्सी दारा शुकोह के लिए लगवा दी गई. 1654 में दारा को सुल्तान बुलंद इकबाल की पदवी दे दी गई.

इसी बीच सल्तनत के उत्तर पश्चिमी इलाके में तब के फारस और आज के ईरान की सेना ने कांधार पर कब्ज़ा कर लिया. इस कब्ज़े को छुड़ाने के लिए पहले औरंगज़ेब ने दो बार कोशिशें कीं, लेकिन वो नाकाम रहा. ऐसे में दारा शुकोह ने कांधार को वापस लेने के लिए सेना का नेतृत्व करने का प्रस्ताव दिया, जिसे शाहजहां ने मान लिया. ये फैसला बहुत हैरत में डालने वाला था, क्योंकि दारा शुकोह को सैनिक अभियान का कोई अनुभव नहीं था उल्टे उसकी फौज में सिपाहियों के अलावा अनेक संन्यासी, फकीर और तांत्रिक भी थे, जिनके उटपटांग दावों को दारा मान लेता था.

इतिहासकार ऐसे ही उटपटांग दावे करने वाले एक मुसलमान तांत्रिक की शुकोह के सैन्य शिविर में मौजूदगी का ज़िक्र करते हुए बताते हैं कि उसने किस तरह दारा शुकोह को अपनी बातों में फंसाकर फौज का अहम वक्त बर्बाद कराया. कहा जाता है कि तांत्रिक ने दारा से कहा–मेरी दुआ से दुश्मन की तोपें तीन घंटे के लिए गोले बरसाना बंद कर देंगी. वो जैसे ही बंद करें, आपकी फौज कांधार किले पर कब्ज़ा कर लेगी.

वो कैसे? उस तांत्रिक पर अटूट भरोसा करने वाले दारा ने उससे पूछा. हाजी बोला–मैं इसके लिए दुआ करूंगा. इसके लिए मेरी कुछ ज़रूरत है. मुझे खाने के लिए मुफ्त रसद और रोज़ के 20 रुपए दिए जाएं.

दारा को क्या दिक्कत थी? उसने ये मंजूर कर लिया. कहा जाता है दारा शुकोह के पास इससे पहले भी कांधार में कई फकीर और जोगी आ चुके थे. लेकिन दारा शुकोह इस तांत्रिक की बातों में आ गया. उसे कैंप के भीतर एक दुआ करने के लिए शांत जगह दी गई और उसकी बातों में आकर कांधार पर हमला करने का फैसला टाल दिया गया.

वहां तांत्रिक ने दुश्मन सेना का आक्रमण बंद कराने के लिए तरह-तरह के करतब किए और फिर दारा से कहा–मेरी दुआओं का असर कल से दिखाई देगा.

तांत्रिक की बात मानते हुए दारा की सेना ने अगले दिन किले पर हमले की तैयारी शुरू कर दी. अगले दिन दोपहर को तांत्रिक आया और फिर गायब हो गया. दिन ढलने पर वह फिर सामने आया और बोला–मैं किले के भीतर गया था. अगले मंगलवार को दोपहर मैं

अपने साथ सैनिकों को ले जाऊंगा. तब तक आप हमला न करें.

दारा क्या करता? अगले मंगलवार तक हमला फिर टाल दिया. सोमवार को उस फकीर ने शिविर के भीतर एक जगह आग जलाई और उड़द के कुछ दाने उस पर छोड़े. इसके बाद वो फकीर ज़ोर-ज़ोर से कूदने-फांदने लगा. और फिर दारा से बोला–हमला कल रात होगा.

कहा जाता है कि अगली रात दारा शुकोह का मुख्य तोपची मिर्ज़ा ज़फर, उस मुसलमान तांत्रिक के कैंप में पहुंचा. तब वो तांत्रिक सो रहा था.

तोपची ने उसे जगाया तो वो बड़ी बेदिली से उठा और उससे बोला– मिर्ज़ा जफर, किले की हिफाज़त तीन फरिश्ते कर रहे हैं. उनसे कल रात मेरी ज़बरदस्त लड़ाई हुई. लड़ाई के दौरान कई बार मुझे आसमान में जाना और उतरना पड़ा. मैंने दो फरिश्तों को तो काबू में कर लिया है और वो मेरी गिरफ़्त में हैं. लेकिन तीसरा बहुत ही शैतान और खतरनाक है. हमले को अगले सोमवार तक के लिए टाल दो. तब तक मैं उसे भी काबू में कर लूंगा.

इसके बाद तय समय पर दारा शुकोह का मुख्य तोपची मिर्ज़ा ज़फ़र फिर उस तांत्रिक के पास पहुंचा. उसने पूछा कि क्या आपने तीसरे फरिश्ते को काबू में कर लिया? क्या अब हमला कर दें?

तांत्रिक उससे बोला–मैं तीसरे फरिश्ते को नहीं काबू कर पाया. अगर मैं गिरफ़्त में आए दो और फरिश्तों को आज़ाद नहीं करता हूं तो वो मेरी जान ले सकते हैं. इसलिए मेरी यही गुज़ारिश है कि मुग़ल सेना कांधार पर हमला ही न करे.

हमले में पहले ही बहुत देर हो चुकी थी. जब दारा के नेतृत्व में जब

हमला हुआ तो मुग़ल सेना को खासा नुक़सान उठाना पड़ा. ईरानियों की युद्ध नीति ज़्यादा कारगर साबित हुई. कांधार में मुग़लों को सफलता नहीं मिली. इसकी एक वजह निश्चित तौर पर दारा शुकोह खुद था. दारा शुकोह कोई युद्ध कौशल नहीं दिखा पाया. उल्टे कुछ मुंहलगे सरदारों को बढ़ावा देकर शाही सेना के वरिष्ठ अधिकारियों को नाराज़ कर दिया. लेकिन जब वो दिल्ली पहुंचा तो दारा का स्वागत शाहजहां ने ऐसे किया जैसे उसने एक बड़ी जंग जीत ली हो.

शाहजहां के इस दारा-प्रेम ने हालात को बहुत पेचीदा बना दिया. हालांकि शाहजहां के दूसरे बेटे औरंगज़ेब ने हुकूमत चलाने और सैन्य अभियानों में खुद को साबित किया था, लेकिन दारा शुकोह की नज़र में औरंगज़ेब धूर्त और मक्कार नमाज़ी था. उधर, औरंगज़ेब दारा को मज़हब को छोड़ने वाला कहता था. दोनों भाइयों के बीच ये दीवार तो थी ही, दारा के प्रति शाहजहां के नरम रुख ने हालात और खराब कर दिए. धीरे-धीरे मुग़ल ओहदेदार भी खेमों में बंटने लगे.

एक तरफ दारा शुकोह से शाहजहां को बेहद लगाव था दूसरी तरफ़ औरगंज़ेब को वो बिल्कुल पसंद नहीं करता था. शाहजहां छोटी-छोटी बातों पर औरंगज़ेब को झिड़क देता था.

शाहजहां, औरगंज़ेब को पसंद नहीं करता था. कांधार में मुग़ल सेना की असफलता के बाद सिंध और मुल्तान की सूबेदारी, उससे छीन कर उसे दक्कन भेज दिया गया. इतना ही नहीं उस पर उपजाऊ ज़मीनों पर ग़लत तरीके से कब्ज़ा करने का आरोप लगाया. एक बार तो बुरहानपुर में शाहजहां के पसंदीदा आम के बाग के फल खाने के आरोप में औरंगज़ेब को फरमान भेजा गया. प्रोफेसर शीरीं मूसवी

बताती हैं कि औरंगज़ेब को बाकायदा अपने बाप और बादशाह को उस फरमान का जवाब देना पड़ा. उस जवाब में औरंगज़ेब ने लिखा कि जिस बाग का आप ज़िक्र कर रहे हैं, उस बाग में इस बार आम हुए ही नहीं. मैंने बाकी जगहों के आम आपको भिजवा दिए हैं, लेकिन जब इस बाग में आम हुए ही नहीं तो फिर मैं भिजवाऊं कहां से.

इस तरह बहुत छोटी-छोटी बातों को लेकर बाप-बेटे में विवाद होते रहते थे. शाहजहां को हर बात पर औरंगज़ेब पर शक़ रहता था. लेकिन किसी को अंदाज़ा नहीं था कि हालात इतनी जल्दी बदल जाएंगे.

1657 में शाहजहां गंभीर रूप से बीमार पड़ा. शाहजहां की बीमारी की ख़बर जैसे ही फैली अफ़वाहों का बाज़ार गर्म होने लगा था. हालांकि कुछ हफ्तों की तीमारदारी से शाहजहां ठीक हुआ, लेकिन दारा के दूसरे भाई ये आरोप लगाने लगे कि शाहजहां की मृत्यु हो चुकी है और दारा शुकोह उनकी बीमारी की बात कह कर बरगला रहा है. तबीयत सुधरी तो शाहजहां ने दिल्ली के लाल किले से झरोखा दर्शन दिए. ये सुनकर औरगंज़ेब और उसके दूसरे भाइयों को झटका लगा, लेकिन अब भी उनकी नज़र शाही गद्दी पर थी. बादशाह की बीमारी ने उसके चारों बेटों के बीच उत्तराधिकार की लड़ाई को तेज़ कर दिया. दारा के तीनों भाइयों ने पहले खुद को बादशाह घोषित कर दिया और पिता शाहजहां को देखने के बहाने अपनी सेना के साथ दिल्ली की तरफ़ कूच करने लगे. इसी बीच शाहजहां अपनी बीमारी से ठीक हुआ तो उसने आगरा जाने का फैसला किया. लेकिन आगरा जाने से पहले उसने एक बड़ी भूल कर दी. उसने मुग़ल ओहदेदारों के सामने ये ऐलान कर दिया कि दारा शुकोह के साथ बादशाह की तरह ही व्यवहार

करें. बादशाह के इस ऐलान की ख़बर मिलते ही शाहजहां के तीनों बेटों के बीच दिल्ली के तख्त के लिए होड़ शुरू हो गई. दक्षिण से औरंगज़ेब, गुजरात से मुराद और बंगाल से शुज़ा, तीनों शहज़ादे सेना लेकर दिल्ली की ओर बढ़े. भाइयों में औरंगज़ेब का पलड़ा भारी था क्योंकि वो दक्षिण के सैनिक अभियान में अपनी एक मज़बूत फौज तैयार कर चुका था.

उत्तराधिकार की ये लड़ाई करीब दो साल चली. इसमें धर्मट और सामूगढ़ की जंग सबसे बड़ी थी. उज्जैन के पास धर्मट की जंग में शाही सेना की हार हुई. जबकि आगरा से दस मील पूर्व में सामूगढ़ नाम की जगह पर दारा ने खुद शाही सेना का नेतृत्व किया. सामूगढ़ की जंग में दारा, औरंगज़ेब की सेना के सामने टिक नहीं पाया. युद्ध की एक शाम, घायल, थका-मांदा दारा जब अपने घोड़े से उतरा तो ऐसा महसूस हुआ कि वो अब शायद वो कभी लड़ने के लिए घोड़े पर सवार ही नहीं होगा. उसने अपने साथियों से कहा–मैं थक चुका हूं. अब मैं और आगे नहीं जा सकता. अब तो जो होना है, वो जल्द हो जाए.

ये कहकर दारा ने अपनी तलवार रख दी, और अपना कवच उतार कर रख दिया. कहते हैं मन के हारे हार है, मन के जीते जीत. दारा मन से हार चुका था, इसलिए वो मैदान-ए-जंग छोड़कर निकल गया. ये ख़बर औरंगज़ेब तक भी पहुंचनी ही थी.

प्रोफेसर सादिक कहते हैं कि युद्ध में दारा के हार मानना इस बात का संकेत था कि औरंगज़ेब अब बड़ी सैन्य ताकत बन चुका था. हालांकि शुकोह भी पहले कई जंग लड़ चुका था, उसे भी युद्ध का अनुभव था, लेकिन इस बात में कोई दो राय नहीं है कि दारा शुकोह

के मुकाबले औरंगज़ेब युद्ध के अनुभव और ताकत में इक्कीस ही था. औरंगज़ेब लड़ाई की बेहतरीन और अपराजेय रणनीति बनाता था. इसीलिए सामूगढ़ की लड़ाई में औरंगज़ेब के सामने दारा की हार हुई और उसे शिकस्त खाकर फरार होना पड़ा.

सामूगढ़ की लड़ाई भारत के इतिहास की सबसे महत्वपूर्ण लड़ाई मानी जाती है. इसमें जीत औरंगज़ेब की हुई. और ये भी तय हो गया कि भारतवर्ष का अगला बादशाह, देर-सबेर औरंगज़ेब ही होगा. वैसे इस लड़ाई से सिर्फ ये बात तय नहीं हुई कि शाहजहां के एक बेटे ने दूसरे बेटे से तख्तो-ताज छीन लिया. दरअसल इस लड़ाई ने धार्मिक कट्टरता को छोड़ कर, सभी धर्मों को एक मान कर राज करने की अकबर की नीति को पूरी तरह खत्म किया. साहित्य, कला, विज्ञान के पुनरुत्थान को खत्म किया.

बहरहाल, सामूगढ़ की हार के बाद दारा कई दिनों तक औरंगज़ेब की नज़रों से छिपता और भाग्य के भरोसे भागता रहा . लेकिन बड़ा सवाल था कि आखिर कब तक?

आगरा के किले पर कुछ दिनों की घेरेबंदी के बाद औरंगज़ेब का कब्ज़ा हो गया, शाहजहां को नज़रबंद कर दिया गया. इसके बाद 15 जून 1659 को औरंगज़ेब ने दिल्ली के लाल किले में खुद की ताजपोशी करवाई. उस रोज़ औरंगज़ेब आलमगीर की उपाधि पाकर मुग़ल सल्तनत का अगला बादशाह बनने जा रहा था. लाल किले के दीवाने-आम में उसे शाहजहां का शाही मुकुट पहनाया गया, उसके हाथ में मुग़लिया सल्तनत की शाही तलवार सौंपी गई. जब औरंगज़ेब ने वो तलवार म्यान से खींचकर हवा में लहराई तो लोग नारे लगाने लगे–

आलमपनाह का इकबाल बुलंद हो.

अबुल मुज़फ़्फ़र मोहियुद्दीन मुहम्मद औरंगज़ेब ज़िंदाबाद

बादशाह औरंगज़ेब ज़िंदाबाद

दूसरी तरफ उसका भाई दारा शुकोह, अपने बेटे सिपिहर शुकोह के साथ भागता-भागता दिल्ली से हज़ारों मील दूर अफ़गानिस्तान जा पहुंचा. यहां उसके साथ एक बड़ा धोखा हुआ. कहा जाता है कि वहां मलिक जीवन नाम के व्यक्ति ने पहले तो दारा और उसके बेटे की आवभगत की और फिर उसे पकड़ लिया.

उसकी गिरफ़्त में दारा मजबूर हो गया था, दारा ने उसे अपनी पुरानी मदद का हवाला भी दिया लेकिन मलिक जीवन कहां मानने वाला था. भारत के भाग्य के चमकते सितारे को उस गद्दार ने औरंगज़ेब को सौंप दिया. दारा शुकोह और उसका बेटा जब दिल्ली पहुंचे तो औरंगज़ेब ने उसकी बेइज़्ज़ती का पूरा इंतज़ाम करने का हुक्म दिया. वो अपने सिपहसालारों से बोला–उस काफिर के पैरों में बेड़ियां डाल दो. उसको गंदे कपड़े पहनाओ और किसी मरियल हाथी पर बिठाकर पूरी दिल्ली घुमाओ. दिल्ली के लोग भी देख लें कि उसका शहज़ादा किस हाल में है और दिल्ली का बादशाह कौन है.

ऐसा ही हुआ. फटेहाल दारा को हाथी पर बिठाकर दिल्ली में घुमाया गया. लेकिन तब बड़ी संख्या में लोग घर से बाहर निकल आए. दारा की हालत देखकर कोई फूटफूट कर रो रहा था, तो कोई उसकी मदद के लिए चीख रहा था. कुछ लोग गुस्से में आकर औरंगज़ेब के सैनिकों पर पत्थर और अंडे फेंकने लगे. ऐसा लग रहा था कि दारा मुग़ल शहज़ादा नहीं बल्कि उनके घर का सदस्य हो. रास्ते में ही एक भिखारी

ने दारा से खैरात मांगी तो दारा ने अपनी चादर उतार कर उसे दे दी. दारा किसी नायक की तरह दिख रहा था. औरंगज़ेब को जब ये खबर लगी तो वो झल्ला उठा. दारा को लोगों का समर्थन देखकर वो परेशान भी हो गया. अब उसने दारा को सज़ा देने के लिए अपने दरबार में बुलाया और उसपर ये आरोप लगाया कि वो काफिर है. औरंगज़ेब ने अपने दरबारियों से पूछा कि दारा के साथ क्या करना चाहिए. बादशाह के दरबारियों ने दारा को सज़ा देने के अलग-अलग तरीके बताए. किसी ने कहा कि उसे ग्वालियर के किले में क़ैद कर दिया जाए. किसी ने उसे दिल्ली में ही क़ैद रखने का मशविरा दिया. किसी ने कहा कि दिल्ली में उसके बहुत हमदर्द हैं जो उसे ही दिल्ली की गद्दी का हक़दार मानते हैं, इसलिए उसे दिल्ली में रखना ठीक नहीं. किसी ने उसे बादशाह के लिए खतरा मानते हुए उसे सज़ा-ए-मौत देने को कहा. ये सलाह औरंगज़ेब के लिए सबसे मुफीद थी.

औरंगज़ेब ने भरे दरबार में कहा—हम नहीं चाहते कि कल कोई कहे कि हमने जानबूझकर दारा शुकोह का कत्ल करवाया है. इसलिए उलेमा हज़रात का मशविरा लेना भी ज़रूरी है. जनाब पेश-ए-इमाम, शरीयत के मुताबिक आपकी क्या सलाह है?

इमाम के लिए भी ये अपने बादशाह को खुश करने का शायद अच्छा मौका था. वो बादशाह का हुक्म सुनकर इमाम खड़ा हुआ और उसने दारा को काफिर ठहराते हुए सज़ा-ए-मौत की मांग की. औरंगज़ेब तो शायद यही सुनना चाहता था. उसने हुक्म दिया कि दारा का सिर कलम कर दिया जाए. फैसला सुनाकर औरंगज़ेब गद्दी से उठकर चल दिया. अब वो अपने सैनिकों के साथ महल के गलियारे

की तरफ़ जाने लगा. कुछ सैनिक भी उसके पीछे पीछे हो लिए.

दारा शुकोह को भी शायद पता था इस लड़ाई के अंत में उसे या तो तख्त मिलना था या ताबूत. उसने अपने भाई औरंगज़ेब से जान बख्शने की गुहार लगाते हुए एक चिट्ठी लिखी. दारा ने औरंगज़ेब को लिखा–मेरे भाई और बादशाह, मुझे सल्तनत की ख्वाहिश नहीं है. मैं चाहता हूं कि ये सल्तनत तुम्हारे और तुम्हारी आने वाली नस्लों के लिए बरकत वाली साबित हो. मुझे मौत के घाट उतारने का तुम्हारा इरादा गैर-ज़रूरी है. अगर मुझे रहने के लिए एक जगह और मेरी तीमारदारी के लिए मेरी कनीज़ों में से कोई भी एक दे दी जाए तो मैं सुकून से अपने घर के किसी कोने में आपके लिए दुआ करूंगा.

औरंगज़ेब ने ये चिट्ठी पढ़कर जो चेहरा बनाया, वो साफ़ कर रहा था कि उसके दिल में अपने भाई के लिए रहम की कोई गुंजाइश नहीं है. उधर औरंगज़ेब की क़ैद में दारा और उसके बेटा सिपिहर शुकोह को पता नहीं था कि आगे क्या होनेवाला है. दारा को तो यहां तक शक़ था कि औरंगज़ेब के सैनिक उसे ज़हर देकर मार सकते हैं. इसलिए उनकी क़ैद में वो अपना खाना भी खुद ही पकाता.

10 सितंबर 1659 की रात भी वो लाल किले की एक बंद कोठरी में एक चूल्हे पर हांडी चढ़ाकर दाल पकाने में जुटा था. सिपिहर चूल्हे की लकड़ी जलाने में दारा की मदद कर रहा था. तभी अचानक कोठरी का दरवाज़ा खुला. दारा ने देखा कि औरंगज़ेब का खास सिपहसालार नज़र बेग और कुछ सैनिक हाथ में तलवार लिए अंदर घुस आए. उनके हाव-भाव देखकर दारा का बेटा सहम गया. दारा के चेहरे पर भी डर उभर आया. फिर भी दारा ने नज़र बेग को कहा–नज़र बेग,

तुम यहां?

जवाब देने से पहले अपनी लाल आंखों से देखते हुए नज़र बेग ने दारा शुकोह के बेटे का हाथ पकड़ लिया और बोला–चलो मेरे साथ.

दारा शुकोह का बेटा बहुत बुरी तरह डर गया. नज़र बेग की हरक़त देखकर दारा को गुस्सा आया, वो चिल्लाते हुए बोला–लेकिन क्यों?

एक बाप की तड़प देखकर नज़र बेग कुटिल हंसी हंसते हुए बोला–कैदी को सवाल करने का हक़ नहीं.

एक सिपहसालार के इस तरह अपनी हैसियत याद दिलाने पर दारा शुकोह ज़रा नरम पड़ा. वो नज़र बेग से बोला–क्या तुम लोगों को मेरे क़त्ल के लिए भेजा गया है?

दारा की नरमी से नज़र बेग भी नरम पड़ा और बोला–हम कुछ नहीं जानते. हमें हुक्म मिला है कि आपके बेटे को आपसे अलग कर दिया जाए.

वो दारा के बेटे को खींचकर ले जाने लगा. दारा फिर चिल्लाया–ठहरो, और जाकर औरंगज़ेब से कह दो कि हमारा हिंदुस्तान के तख़्तो-ताज़ से कोई सरोकार नहीं है. हमें कुछ नहीं चाहिए.

अपने क़ैदी को चिल्लाते देख नज़र बेग फिर गुस्से में आ गया. वो भी चिल्लाते हुए बोला–हम बादशाह का हुक्म बजाने आए हैं. आपकी ख़बर आलमपनाह तक पहुंचाने के लिए नहीं. अपने शहज़ादे को हमारे हवाले कर दो, वरना...

तभी दारा शुकोह ने तकिए की नीचे दबे सब्ज़ी काटने वाले चाकू से नज़र बेग पर हमला कर दिया. दारा के अचानक हमले से बेग मामूली घायल हो गया, लेकिन उसके साथ आए सैनिकों ने दारा

शुकोह को गिरा दिया और उस पर तलवार तान दी. और बाकी सैनिक उसके बेटे को खींच कर बाहर ले गए. सिपिहर चिल्लाता रह गया, लेकिन उसकी किसी ने नहीं सुनी.

इसके बाद दारा शुकोह के सिर पर तनी तलवार भी चल गई. दारा का सिर कलम कर दिया गया. बादशाह औरंगज़ेब के आदेश से दारा के कटे सिर को धोकर थाली में सजाया गया और उसे एक चादर से ढंककर औरंगज़ेब के सामने पेश किया.

जब वो थाली औरंगज़ेब के सामने पहुंची तो उसने चादर हटाई और दारा के उस कटे सिर को देख कर घिनौनी शक्ल बनाते हुए बोला–बद-बख्त, मैंने इस काफिर का मुंह तब भी नहीं देखा था जब ये ज़िंदा था.

कहते हैं कि औरंगज़ेब यहीं नहीं रुका. उसने भारतवर्ष के दर्शन और सोच को पूरी दुनिया में प्रचारित करने वाले अपने भाई की लाश को दोबारा दिल्ली में घुमाया. ताकि किसी को कोई शक न हो.

दारा शुकोह मरा, लेकिन उससे पहले उसने भारतवर्ष को बहुत कुछ दिया. सुलह-ए-कुल की अकबर की नीति को वो आध्यात्मिक स्तर तक ले गया. धर्मों में भेद नहीं है ये बात वो अपने आखिरी समय तक कहता रहा. नियति के सामने दारा शुकोह भले ही हार गया लेकिन उसके विचार नहीं हारे.

शायद इसीलिए इतिहासकार हरबंस मुखिया कहते हैं कि दारा शुकोह का महत्व, भारतीय इतिहास में उसको महत्वपूर्ण न समझे जाने की वजह से है. इस वजह और इस लिहाज से है कि वो भारत का बादशाह नहीं बना. इसीलिए ये बहस होती है कि अगर वो बादशाह

होता तो कैसा बादशाह होता? और उसका बनाया भारत कैसा होता?

दारा युद्ध में हार गया, अपने भाई के हाथों क़त्ल हो गया. शायद हुकूमत चलाने की पेचीदगियों की परवाह उसे नहीं थी. लेकिन वो इन सबसे बहुत आगे की सोच रहा था. वो यह सोच रहा था कि दो अलग-अलग मजहबों को साथ लेकर कैसे देश को मज़बूत किया जा सकता है. दूसरी तरफ औरंगज़ेब की नज़र सत्ता पर थी जो लगभग 49 साल तक चली.

कहते हैं कि 49 साल की औरंगज़ेब की हुकूमत से हमारी दुनिया बहुत आबाद हुई हो ऐसा नहीं है. जबकि दारा शुकोह को असमय खोने की टीस इतिहास के पन्नों में आज भी महसूस होती है. उसके विचार कहीं न कहीं हमारे विचार हैं. लेकिन इसके साथ ये भी ज़रूरी है कि किसी भी दारा शुकोह को हारने न दिया जाए. खामोश न होने दिया जाए. क्योंकि इतिहास की ये कहानी हमें सिखाती है कि उस हार और उसकी खामोशी का खामियाज़ा बहुत लंबे समय तक झेलना पड़ता है.

शिवाजी

भारतवर्ष में ये एक ऐसे व्यक्ति की कहानी है जिसका साम्राज्य सम्राट अशोक की तरह बड़ा नहीं था लेकिन उनकी सोच बहुत बड़ी थी। इस भारत के बारे में उसका कहना था कि जो इस धरती पर जन्मा है, जो इस धरती को अपना मानता है वही यहां राज़ करने का हक़दार है। हिंदवी स्वराज उनका सपना था। जब वो सिर्फ़ 14-15 साल की उम्र का था, तभी उस पर इस सपने को साकार करने की धुन सवार हो गई थी। खेलने-कूदने की इस उम्र में ही वो एक दिन एक शिवालय के पास अपने दोस्तों को इकट्ठा करके उनसे बोला–हमारे चारों ओर दुश्मन हैं। दिल्ली की बड़ी सल्तनत मुग़ल बादशाह के हाथ में है। दक्षिण की मुस्लिम रियासतें लड़ रही हैं। ये सब के सब हमारा उपयोग कर रहें हैं। उन्हें यहां के किसान, मनसबदार और जागीरदारों पर विश्वास नहीं है। उनसे हम छिटुपुट लड़ाइयों से जीत नहीं सकते। हम एकजुट होना होगा। हर जाति, हर पंथ, मावले, मराठे, किसान सबको एक होना होगा। हम सब मिलकर अपने स्वाभिमान और स्वाधीनता के लिए लड़ेंगे। मैं अपने रक्त से शिवलिंग का अभिषेक कर ये प्रतिज्ञा लेता हूं कि अब मैं हिंदवी स्वराज्य की स्थापना के लिए लड़ूंगा।

उस किशोर ने अपनी कटार से अपने अंगूठे को काटा और उससे निकले रक्त से शिवलिंग पर तिलक लगाया। इस किशोर की इस बहादुरी को देखकर बाकी किशोर और युवक भी चिल्ला उठे–मैं भी हिंदवी स्वराज्य स्थापना की प्रतिज्ञा लेता हूं। मैं भी हिंदवी स्वराज्य स्थापना की प्रतिज्ञा लेता हूं।

हिंदवी स्वराज्य की स्थापना की इस प्रतिज्ञा को धारण करने वाले इस किशोर का नाम शिवाजी था। भारत वर्ष का महानायक जिनके पास

आचार्य कौटिल्य जैसी सोच थी। जिसके पास महाराणा जैसा शौर्य और बल था। अपने जीवन में छत्रपति का ओहदा पाने वाले शिवाजी का जन्म पूना के पास शिवनेरी के किले में हुआ था। मां का नाम था ज़ीजा बाई और पिता थे शाहजी भोंसले। पिता जागीरदार थे और उन्हें राज-काज के सिलसिले में अक्सर बाहर रहना पड़ता था। इसलिए बालक शिवाजी के लालन-पालन में बड़ी भूमिका मां जीजा बाई की रही। शिवाजी की मां जीजाबाई निडर और प्रतिभाशाली महिला थीं। वो शिवाजी को रामायण, महाभारत की कहानियां सुनातीं। उन्हें धर्म ज्ञान और जीवन के आदर्श की बातें सुनातीं। शिवाजी के बालमन पर इसका गहरा प्रभाव पड़ा। दूसरी तरफ़ शिवाजी जब पुणे में बड़े हो रहे थे, तब देश के हालात तो ऐसे थे जिन्हें समझना शिवाजी जैसे विलक्षण बच्चे के लिए मुश्किल नहीं था।

17 वीं शताब्दी के दौरान ये वो समय था जब भारत में मुग़ल शासन अपने चरम पर था। इस मुग़ल सल्तनत का बादशाह था शाहजहां। इस समय मुग़ल सल्तनत को भारत में किसी से चुनौती नहीं थी। उनकी महत्वाकांक्षा अब सिर्फ़ यही थी कि भारत के दक्षिणी राज्य मुग़ल सल्तनत का हिस्सा बन जाएं। दक्षिण का इलाका, दक्कन कहलाता था जहां अहमदनगर, बीजापुर और गोलकुंडा जैसे राज्य अपनी जड़ें जमा चुके थे। यहां अलग-अलग मुस्लिम राजवंशों का शासन था। अहमदनगर में निज़ामशाही थी, बीजापुर में आदिलशाही और गोलकुंडा में कुतुबशाही का राज था। ये राज्य स्थानीय जागीरदारों के ज़रिए राज चलाते थे। बीजापुर के सुल्तान ने पुणे की जागीर शिवाजी के पिता शाहजी भोंसले को दी थी। जिसकी निगरानी दादाजी कोंडदेव नाम के

व्यक्ति करते थे। एक दिन इन्हीं दादाजी कोंडदेव के साथ बालक शिवाजी कहीं जा रहे थे। रास्ते में उन्हें एक किला दिखा। तो बालक ने उत्सुकतावश दादाजी कोंडदेव से पूछा–दादाजी ये किला किसका है?

दादाजी कोंडदेव बालक शिवाजी की उत्सुकता का तुरंत निवारण करते हुए बोले–ये तोरण किला है। ये बीजापुर रियासत के सुल्तान आदिल शाह का क़िला है।

बालक शिवाजी थोड़े हैरान हुए। अब उनके पास दूसरा प्रश्न तैयार था–लेकिन दादा जी पूना की जागीर तो हमारी है, तो फिर किला उसका कैसे हो गया?

उम्र के अनुपात में बालक शिवाजी की राजनीतिक समझ से दादाजी कोंडदेव हैरान तो हुए लेकिन फिर उसे समझाते हुए बोले–छोटे राजा साहब, जागीर का मतलब ये नहीं है कि हम इसके मालिक हैं। हमें यहां सिर्फ़ वसूली करने का अधिकार मिला है। सत्ता तो आदिलशाही राज की ही है।

तब दादाजी कोंडदेव, बालक शिवाजी के मन में उठने वाले ऐसे कई सवालों का जवाब देते होंगे इस बात का अब बस अंदाज़ा ही लगाया जा सकता है। इतिहास की समझ रखने वालों का एक वर्ग है जो दादाजी कोंडदेव की गिनती, शिवाजी के गुरु के तौर पर करता है।

इतिहासकार डॉक्टर शिवरत्न शेटे का इस बारे में कहना है कि दादाजी कोंडदेव शिवाजी के गुरु या प्रशिक्षक थे या नहीं, इस बारे में महाराष्ट्र में दो मत माने जाते हैं। कुछ लोगों का कहना है कि जब शिवाजी महाराज बचपन में बैंगलोर से पुणे आए थे तो उनके पिताजी शाहजी ने शिवाजी और उनकी मां जीजा बाई के मार्गदर्शन के लिए

आठ-दस लोगों की टोली नियुक्त की थी। इन लोगों में कानो जी देशमुख, कृष्ण जी लोहकरी और उनके साथ कई और लोगों में दादाजी कोंडदेव भी थे। लेकिन दादाजी कोंडदेव ही उनके एकमात्र गुरु थे इस तथ्य की पूरी तरह पुष्टि नहीं हो सकती।

बहरहाल, शिवाजी और साहस का रिश्ता, शिवाजी और उनकी नेतृत्व करने की क्षमता बहुत जल्दी लोगों को दिखने लगी। जंगल, शिवाजी के लिए खेल का मैदान था। पूना ज़िले के पश्चिमी भाग में बड़ा पहाड़ी इलाका मावल प्रदेश भी कहलाता है। पहले-पहल शिवाजी के लिए यही मावल भरोसेमंद सैनिक और दोस्तों का इलाका बना। शिवाजी ने लोगों को एकजुट कर लड़ाकुओं की एक टोली खड़ी कर ली।

किशोरावस्था तक आते-आते शिवाजी के एक कुशल रणनीतिकार में ढलने की गाथा सुनाते हुए शिवाजी फांउडेशन के अध्यक्ष प्रोफेसर नामदेवराव जाधव कहते हैं कि तीन साल तक शिवाजी महाराज मावल क्षेत्र के हर गांव में घूमे। वहां की हर गली, हर वादी, हर रास्ते से उनका परिचय हो गया था। और इसी परिचय के दौरान उन्हें यहां से लोगों की वीरता के बारे में पता चला। उन्हें मालूम हो गया था कि यहां के लोग गरीबी, भुखमरी से लड़ने से अच्छा शेर के सामने साहस के साथ खड़े हो जाने को समझते हैं। तब उन्हें इस बात का अहसास हुआ कि ये साहसी लोग गरीब और पिछड़े हैं, इनकी गरीबी और पिछड़ापन दूर करने के लिए इन्हें एक नेता चाहिए। उनके मुताबिक शिवाजी ने महसूस किया कि अगर इन्हें कोई गाइड करने वाला हो तो फिर ये लोग गाइडेड मिसाइल की तरह काम कर सकते थे।

इसी रणनीति के तहत शिवाजी ने मावल इलाके में साहसी युवकों

की टोली खड़ी की। लेकिन ये टोली सिर्फ़, अति उत्साही नवयुवकों की टोली नहीं थी। शिवाजी के नेतृत्व में इनके इरादे काफी बड़े थे। ऐतिहासिक ग्रंथों में 1645 की एक चिट्ठी का ज़िक्र आता है जिसे दादा जी कोंडदेव ने लिखा है। इस चिट्ठी के मुताबिक एक दिन, शिवाजी ने अपने साथियों को मंदिर में बुलाया और उनके साथ मिलकर एक बड़ी प्रतिज्ञा ली। यह हिंदवी स्वराज्य की वही प्रतिज्ञा थी, जिससे हम ऊपर रू ब रू हो चुके हैं।

अपने मन में आकार लेने वाले हिंदवी स्वराज्य के स्वरूप को सबसे पहले ज़मीन पर उतारने और उसे सर्वोत्कृष्ट राज्य बनाने के लिए प्रयास करना शिवाजी की सबसे बड़ी उपलब्धि थी। इस बारे में इतिहासकार जयसिंह राव पवार का कहना है कि शिवाजी ने जिस हिंदवी राज्य की कल्पना की थी उसका मतलब सिर्फ़ हिंदुओं का राज्य नहीं है। उसमें हिंदू, मुस्लिम, जैन यानी उस वक्त तक भारत में जितने धर्म थे सबके सब धर्म शामिल थे। महत्वपूर्ण बात ये थी कि शिवाजी के हिंदवी स्वराज्य का मतलब मराठा का स्वशासन था क्योंकि शिवाजी के समय से पहले मराठा की परिभाषा कुछ ऐसी बन गई थी जिन्हें लोग कभी आदिल शाह का नौकर, कभी निज़ाम-ए-शाह का नौकर, कभी मुग़लों के दरबार का नौकर मानते थे। तो अपने हिंदवी स्वराज्य की कल्पना में शिवाजी ने इस मानसिक गुलामी को तोड़ दिया था और दूसरों की गुलामी की मानसिकता से आज़ाद होना ही, शिवाजी के हिंदवी स्वराज्य का मूल आधार था, जो आखिर में उनके सबसे महत्वपूर्ण कामों में गिना गया।

हिंदवी स्वराज्य के अपने इसी इरादे के साथ 1646 के लगभग

शिवाजी ने पुणे और उसके आस-पास के किलों पर कब्ज़ा करना शुरू किया। शिवाजी ने अपनी टोली के योद्धाओं को एकजुट कर किलों पर कब्ज़े का अभियान शुरू किया। उन दिनों उन किलों के ज़रिए ही रियासत स्थानीय प्रशासन को चलाया करती थी। हर किला एक जागीर का प्रतीक होता था। ऐसे किले पूरे बीजापुर रियासत में फैले थे। शिवाजी ने पहाड़ी किलों पर कब्ज़े के लिए सिर्फ़ लड़ाई का ही तरीका नहीं अपनाया बल्कि कभी सुलह तो कही कूटनीति का इस्तेमाल किया। इससे इलाक़े में शिवाजी का क़द बढ़ने लगा। कब्ज़े से मिलने वाले धन से शिवाजी ने अपने लिए भी एक किला बनवाना शुरू किया। इसे नाम दिया: रायगढ़। कहा जाता है कि बीजापुर के सुल्तान को जब इसकी ख़बर लगी तो उसने किले का काम रुकवा दिया और शिवाजी के पिता को बंगलोर से दरबार में बुलाया। शाह जी को ही बीजापुर सुल्तान ने पुणे की जागीर सौंपी थी।

शिवाजी के पिता आदिल शाह के दरबार में पहुंचे। उन्हें आदिल शाह के सामने खड़े होकर अपनी सफ़ाई देनी पड़ी। वो आदिल शाह से बोले–गुस्ताखी माफ़। शिवाजी ने जो कुछ भी किया है इसकी जानकारी मुझे बिल्कुल नहीं थी। अगर होती तो मैं उसे रोकने की कोशिश ज़रूर करता। उसने आपके ख़िलाफ़ बगावत तो की ही है, वो मेरा कहा भी नहीं मानता है। पुणे से होने वाली आमदनी भी वो मुझे नहीं भेज रहा है।

इसके बाद शाह जी भोंसले को चेतावनी दे कर छोड़ दिया गया। लेकिन बाद में कुछ और मतभेद की वजह से आदिल शाह ने शाह जी को बीजापुर में क़ैद कर लिया। ये वो समय था जब दिल्ली का बादशाह

शाहजहां, दक्कन में अपने प्रभाव को बढ़ाने की कोशिश में था। शिवाजी को भी ये बात पता थी। पिता की रिहाई के लिए शिवाजी ने एक ज़बरदस्त रणनीति अपनाई। उन्होंने बादशाह शाहजहां को चिट्ठी लिखकर मुग़लों के लिए काम करने का प्रस्ताव शाहजहां को दिया।

इतिहासकार डॉक्टर शिवरत्न शेटे शिवाजी के इस क़दम को उस वक्त का बड़ा कूटनीतिक फैसला मानते हुए बताते हैं कि शिवाजी का ये प्रस्ताव, शाहजहां के लिए बेहद आकर्षक था। क्योंकि शाहजहां तो यही चाहता था कि दक्कन के इस इलाके में कोई ऐसा मराठा हो जो मुग़लों के लिए काम करे। हालांकि आदिल शाह और शाहजहां दोनों मुसलमान शासक थे लेकिन फिर भी राजनीति की ज़रूरत ये थी मुग़ल बादशाह ऐसा क़दम उठाए जिससे आदिल शाह के राज पर अंकुश लगे। शिवाजी के इस प्रस्ताव के बाद शाहजहां ने आदिल शाह पर ये दबाव बनाया कि वो शिवाजी के पिता को क़ैद से रिहा करे। आदिल शाह को मुग़ल बादशाह की बात माननी पड़ी।

वैसे अपने पिता शाहजी भोंसले को क़ैद से छुड़ाने के लिए शिवाजी को सिंहगढ़ किला बीजापुर की रियासत को सौंपना पड़ा। शिवाजी ने अपने पिता को बंदी बना लिए जाने के बाद तकरीबन सात साल तक विस्तार की अपनी नीति पर रोक लगा दी। लेकिन 1656 में एक बार फिर शिवाजी ने अपना रुख बदला। अबकी बार उनके निशाने पर पुणे के दक्षिण में स्थित, आज के सतारा ज़िले में महाबलेश्वर पहाड़ के करीब जावली नाम का गांव था। यहां सोलहवीं शताब्दी में ही मोरे नाम के एक मराठा घराने को बीजापुर के सुल्तान से जागीर मिली थी। कहते हैं कि मोरे के पास अकूत धन और बारह हज़ार की पैदल सेना थी।

शिवाजी के राज्य विस्तार में जावली एक बड़ी बाधा थी क्योंकि वहां का सामंत बातचीत से मानने को तैयार नहीं था। फिर भी शिवाजी ने जावली के सामंत चंद्रराव यशवंत मोरे को एक चिट्ठी लिखी।

चिट्ठी पढ़ते ही वो तमतमा गया और बड़बड़ाने लगा। उसने गुस्से में आकर अपने हाकिमों से कहा–ये देखो शिवाजी ने मुझे क्या पत्र भेजा है। लिखा है कि तुम मेरे अधीन मांडलिक बन जाओ और तुम बीजापुर को जो रकम देते हो वो मुझे दिया करो। अगर ये मंज़ूर नहीं है तो युद्ध के समय पांच हज़ार घुड़सवार सैनिकों के साथ मेरी मदद करो। तुम्हें अपनी जागीर में रहकर मेरे लिए काम करना चाहिए। अगर तुम मेरे साथ नहीं रहे और मेरे विरुद्ध षड्यंत्र किया तो मैं जावली जीतकर तुम्हें क़ैद कर लूंगा।

शिवाजी का ये धमकी भरा पत्र पढ़कर मोरे गुस्से से फड़फड़ा गया। वो चिल्लाते हुए बोला–वो कल का लड़का अपने आप को समझता क्या है। मैं चंद्रराव यशवंत मोरे हूं। मेरी शक्ति का उसे अंदाज़ा नहीं है। मैं उसकी ईंट से ईंट बजा दूंगा।

मोरे ने शिवाजी की बात नहीं मानी। फिर भी शिवाजी नहीं चाहते थे कि ज़्यादा खून खराबा हो, लेकिन जावली पर कब्ज़ा उनकी ज़रूरत थी। लिहाजा शिवाजी ने अपने एक भरोसेमंद योद्धा रघुनाथ को जावली के किले में भेजा। रघुनाथ बातचीत के बहाने उसके पास गया और छुरे से चंद्रराव मोरे की हत्या कर दी। दूसरी तरफ़ पास ही छिपे शिवाजी ने कुछ सैनिकों के साथ जावली पर धावा बोल दिया। कुछ घंटे की लड़ाई के बाद जावली पर शिवाजी का कब्ज़ा हो गया। इससे उत्साहित शिवाजी की महत्वाकांक्षा बढ़ चुकी थी और उनका क़द भी। इसके

बाद शिवाजी ने एक बड़ा फैसला किया। यह फैसला देश की सबसे बड़ी शक्ति मुगलों पर हमला करने का था।

1656 में ही मुगलों की सेना बीजापुर के ख़िलाफ़ अभियान में व्यस्त थी। शिवाजी के नेतृत्व में मराठा लड़ाकों ने मुगलों के कब्ज़े वाले दक्कनी इलाके पर हमला कर दिया। उस समय दक्कन का गवर्नर कोई और नहीं खुद औरंगजेब था, जिसने शिवाजी के इस हमले को कुचलने के लिए एक बड़ी ताकत लगा दी। इससे शिवाजी ही नहीं आम लोगों के लिए भी बहुत मुश्किलें खड़ी हुईं। दक्कन के गर्वनर के तौर पर औरंगज़ेब ने अपने सरदारों को हुक्म सुनाया–उस बदमाश शिवाजी को पूरी तरह से खत्म करो। जिस किसी गांव में उसे पनाह मिले उस गांव को भी बर्बाद करो। उसे पनाह देने वाले गांव के लोगों पर किसी भी तरह रहम न किया जाए। उन्हें मारो और उनकी मिल्कियत पर कब्ज़ा करो।

कहा जाता है कि औरंगज़ेब के आदेश के बाद उसके सैनिकों ने शिवाजी का पीछा शुरू किया। गांव के गांव तहस-नहस हुए। ग्रामीण मारे गए। लेकिन शिवाजी, मुग़लों के कब्ज़े में नहीं आए। भारी बारिश शुरू होने के बाद मुगलों ने जंगलों में शिवाजी का पीछा करना छोड़ दिया। इसी बीच बीजापुर ने औरंगज़ेब से समझौता कर लिया। हालात को देखते हुए शिवाजी को भी औरंगज़ेब से समझौता करना पड़ा। समझौते के लिए शिवाजी ने औरंगज़ेब को पत्र लिखकर कहा–हमारी पुश्तैनी जागीर को पक्का कर दें। हम तहे दिल से आपके शुक्रगुज़ार रहेंगे। मैं 500 बेहतरीन सैनिकों के दस्ते को आपकी सेवा में लगा सकता हूं। इसके अलावा शाही अधिकारियों के साथ जहां कहीं भी

सीमा पर ज़रूरत हो मैं अपनी सेवा देने के लिए हाज़िर रहूंगा।

दिल्ली में उसी समय औरंगज़ेब और उसके भाइयों के बीच सत्ता की लड़ाई शुरू हो गई थी। औरंगज़ेब की नज़र में, शिवाजी एक बड़ी मुसीबत था। वो नहीं चाहता था कि जब वो दिल्ली की सत्ता पर काबिज़ होने की कोशिश कर रहा हो, उस समय उसकी रियासत के दक्षिणी छोर पर कोई गड़बड़ी हो। लिहाज़ा उसने शिवाजी से टक्कर लेने का इरादा छोड़ दिया। उसने शिवाजी को माफ़ी देते हुए एक पत्र लिखा। इस पत्र में औरंगज़ेब ने लिखा–मुझे तुम्हारी अर्ज़ी मिली। हालांकि तुम्हारे गुनाह बहुत ज़्यादा और संगीन हैं लेकिन तुमने हमारी सल्तनत के लिए आगे से हमेशा वफ़ादार रहने और उसके फायदे के लिए काम करने का भरोसा दिया है। मैं रहम कर तुम्हारे गुनाह के पन्नों को मिटा रहा हूं। इस भरोसे से कि दोबारा तुम इस तरह की ग़लती नहीं करोगे। बीजापुर के जो भी किले तुमने लिए हैं वो तुम्हारे पास रहेंगे।। दाभोल के बंदरगाह की चुंगी तुम रख सकते हो।

शिवाजी को अपनी रणनीति कामयाब होती दिखी। इधर मुग़ल सल्तनत का बादशाह बनने के बाद औरगंजेब ने शिवाजी को शाही कपड़े भेजे और एक पत्र लिखकर कहा कि सल्तनत के ख़िलाफ़ कोई काम न किया जाए। दरअसल, शिवाजी और औरंगज़ेब दोनों को ही एक दूसरे पर कतई भरोसा नहीं था। आगरा कूच करने से पहले औरगंज़ेब ने अपने अधीन सामंतों और राजाओं को चेतावनी दी थी कि शिवाजी से सतर्क रहें। इस दौरान उसने शिवाजी को पहाड़ी चूहा भी कहा था। असल में शिवाजी का खौफ़ ऐसा था कि औरंगज़ेब ने बीजापुर के सुल्तान को कहा कि अगर शिवाजी को कोई जागीर देनी

है तो दूर कर्नाटक में दे जिससे वो मुग़ल सीमा से दूर रहे।

दूसरी तरफ़ शिवाजी हिंदवी स्वराज्य की स्थापना का अपना प्रण भूले नहीं थे। लेकिन ये प्रण सिर्फ़ किले और रियासतों को जीतने से पूरा नहीं होता। इस स्वराज्य की स्थापना में आमजनों के कल्याण, स्वाभिमान और स्वाधीनता का आदर्श सबसे ऊपर था। दूसरी तरफ़ शिवाजी समझ गए थे कि मुगलों या आदिल शाही के ख़िलाफ़ कार्रवाई के लिए उनकी सेना और प्रशासन का बेहद चुस्त होना ज़रूरी है। इसके बाद शिवाजी ने घुड़सवार फौज को बढ़ाने का काम शुरू किया। अपनी नौसेना का विकास शुरू किया और कोंकण की तरफ़ रुख किया।

जल्दी ही भिवंडी से लेकर महाड तक के 140 किलोमीटर के इलाक़े पर शिवाजी का कब्ज़ा हो गया। शिवाजी बीजापुर के आदिल शाह को सीधी चुनौती दे रहे थे। आदिल शाह ने अपने कुख्यात जनरल अफज़ल खान को शिवाजी को खत्म करने के लिए भेजा। इतिहास में अफज़ल खान के बारे में ज़िक्र है कि वो बहुत लंबी-चौड़ी क़द-काठी का था। उसे देखने भर से ही दुश्मन उससे भय खा जाते थे। शिवाजी को खत्म करने का हुक्म मिलने पर उसने आदिल शाह से कहा–मैं अब्दुल्ला भटियारा उर्फ अफज़ल खान इस जंग की अगुवाई करूंगा। उस शिवाजी को हराने के लिए मुझे घोड़े से भी उतरने की जरूरत नहीं पड़ेगी।

कहा जाता है कि अपने वक्त में अफज़ल खान अपनी क्रूरता के लिए जाना जाता था। अफज़ल खान की फौज शिवाजी की सेना को खदेड़ने लगी। शिवाजी ने प्रतापगढ़ के किले में शरण ली। मराठों की हालात ठीक नहीं थी लिहाजा शिवाजी के कुछ सलाहकारों ने शिवाजी के सामने अफज़ल खान से समझौता करने का प्रस्ताव दिया। लेकिन

शिवाजी को ये प्रस्ताव बिल्कुल मंजूर नहीं था। वो अपने सलाहकारों से बोले–ना...ना...ना। समझौता नहीं। हमारी जीत पक्की है। ये भगवा कभी झुकेगा नहीं। मां भवानी ने मुझे जीत का भरोसा दिलाया है।

शिवाजी अपने फैसले पर अडिग रहे, क्योंकि उनके पास एक रणनीति थी, जो पूरी तरह से उनकी बहादुरी पर टिकी थी। रणनीति की शुरुआत इस बात से हुई कि उन्होंने ये कहना शुरू किया कि अफज़ल खान जैसे सेनापति का मुकाबला वो कतई नहीं कर सकते। वो हथियार डालने के लिए तैयार हैं, बशर्ते कि उनकी जान बख्श दी जाए। रणनीति के मुताबिक ये बात अफज़ल खान तक पहुंची, मराठों की हालत देख कर अफज़ल खान को तुरंत इन बातों पर यकीन हो गया। अफज़ल खान ने गोपीनाथ नाम के एक दूत को शिवाजी के पास भेजा। इस संदेश के साथ की उनके पिता शाह जी भोंसले, उसके दोस्त हैं और उसकी मंशा शिवाजी को आदिल शाह की सेवा में जोड़ने भर की है। शिवाजी यही चाहते थे। गोपीनाथ ने शिवाजी के लिए नया रास्ता खोल दिया था। शिवाजी, गोपीनाथ से मिले और उसे धन और धर्म की बात कर अपने पक्ष में करने के लिए शिवाजी उससे बोले–आप तो ब्राह्मण हैं, धर्म के रक्षक हैं। आप बताइए मैंने ऐसा कौन सा काम किया है जिसे हमारे धर्म के लोगों को परेशानी हुई हो? मैंने तो हिंदुओं की रक्षा के लिए तलवार उठाई है। इस अफज़ल खान ने मुझे मारने के लिए कितने मंदिरों को गिराया है। यहां तक की पंढरपुर के मंदिर को भी अपने हाथों से अशुद्ध किया है। मैं आपकी मदद के लिए आपको कुछ भी देने के लिए तैयार हूं। आप बस इशारा कीजिए।

कहा जाता है कि शिवाजी की बातें सुनने के बाद गोपीनाथ ने मां

भवानी के सामने शिवाजी की मदद करने का प्रण लिया और अफ़ज़ल खान को ठिकाने लगाने की योजना बनाई। योजना के मुताबिक शिवाजी और अफ़ज़ल खान को मिलना था। अफ़ज़ल खान मिलने के लिए तैयार हो गया। किले से कुछ दूरी में मिलने का फैसला हुआ। कहा गया कि दोनों के साथ एक-एक ही अंगरक्षक आएंगे।

अफ़ज़ल के पास जाने के लिए तैयार होते हुए शिवाजी ने उससे अपनी असली मुलाकात की तैयारी कर ली थी। उन्होंने सीने पर अपने कपड़ों के नीचे कवच पहना। अपनी टोपी के नीचे लोहे की छोटी कड़ाही उल्टी करके रखी। दोनों बाजुओं के नीचे बाजूबंद में पतला छुरा छुपा कर रखा। बाएं हाथ की उंगलियों में सिकड़ी से बंधा हुआ बघनखा, यानी बाघ के नाखूनों जैसे कांटों वाला हथियार दबाया।

अंत में तय वक्त पर शिवाजी और अफ़ज़ल खान एक खुली जगह पर शामियाने के नीचे मिले पहुंचे। शामियाने में दोनों तरफ़ से चार-चार लोग मौजूद थे। दो-दो अंगरक्षक और दो-दो वार्ताकार। शिवाजी बाहर से बिना किसी शस्त्र के दिखाई दे रहे थे। लेकिन जब वो अफ़ज़ल खान से मिलने पहुंचे तो उन्होंने देखा कि अफ़ज़ल की कमर पर एक छुरा लटक रहा है। अफ़ज़ल खान कद में तो शिवाजी से बहुत बड़ा था। शिवाजी के सामने आते ही अफ़ज़ल उनसे गले मिलने के लिए आगे झुका। लेकिन उसकी मंशा कुछ और थी। वो गले मिलते ही एक हाथ से शिवाजी का गला दबाने लगा। शिवाजी का दम घुटने लगा। लेकिन वो पलटवार करते उसके पहले ही अफ़ज़ल ने बाएं हाथ से छुरा निकालकर शिवाजी के पेट के बाईं तरफ़ चला दिया। खुशकिस्मती से शिवाजी ने नीचे कवच पहना था। अब शिवाजी को भी मौका मिल

गया। अब शिवाजी ने अचानक बाएं हाथ घुमाया सिकड़ी से बंधा बघनखा खुल कर बाहर आ गया। शिवाजी ने वही बखनखा अफज़ल खान के पेट में घुसेड़ दिया। इतने ताकतवर वार से अफज़ल खान वहीं कराहता हुआ गिर पड़ा। ये देखकर शामियाने के बाहर खड़े अफज़ल खान के अंगरक्षक ने शिवाजी के सिर पर तलवार चलाई लेकिन टोपी में छिपी लोहे की कढ़ाई की वजह से उन्हें कुछ नहीं हुआ। इसके बाद शिवाजी और उनके दो योद्धाओं ने वहां सबको मार गिराया। और फिर शिवाजी ज़ोर से चिल्लाए–आक्रमण।

ये सुनते ही वहीं आस-पास जंगल में छिपे शिवाजी के सैनिक जंगल से बाहर तेज़ी से निकले और अफज़ल के शिविर पर हमला कर दिया।

इधर अफज़ल खान मारा गया, उधर योजना की अगली कार्रवाई शुरू हो गई। शिवाजी की योजना के मुताबिक उनके सैनिक अफज़ल खान के शिविर के पास पहले से ही मौजूद थे। हमले की सूचना मिलते ही मराठा सैनिकों ने अफज़ल की पूरी सेना पर जोरदार आक्रमण किया । इस जीत ने शिवाजी का कद काफी बढ़ा दिया। लेकिन अगली चुनौती भी जल्दी ही आ गई। चुनौती थी मुग़ल गवर्नर शायस्ता खान की। इस बार औरंगज़ेब ने अपने मामा शायस्ता खान को दक्षिण के अभियान पर भेजा बनाकर भेजा। शायस्ता खान ने पुणे के लाल महल तक पर कब्ज़ा कर लिया, जहां शिवाजी का बचपन बीता था।

औरंगज़ेब के इस क़दम से शिवाजी को हिंदवी स्वराज्य का सपना चूर-चूर होता दिख रहा था। शिवाजी ने शायस्ता खान पर हमले के लिए एक खास योजना बनाई। कहा जाता है कि उन दिनों पुणे के अंदर किसी भी मराठी के आने पर पाबंदी थी। लिहाजा बाराती बन कर

शिवाज़ी और उनके कुछ गिने-चुने सैनिक शहर के अंदर घुसे। रात हुई तो पहरेदारों को मारकर दीवार में छेदकर महल के अंदर शायस्ता खान के कमरे तक पहुंच गए। शिवाजी और उनके सैनिकों के अचानक हमले से घबराकर शायस्ता खान ने तेज़ी से भागते हुए औरतों के कमरे में घुस कर अपनी जान बचाई। इस हमले में शायस्ता खान तो बच गया, लेकिन उसका बेटा और कई मुग़ल अधिकारी मारे गए। पर सबसे ज़्यादा तकलीफ शायस्ता खान को हुई जब शिवाजी की तलवार के वार से उसके हाथ की तीन उंगलियां कट गईं। इस अप्रत्याशित हमले के बारे में इतिहासकार डॉक्टर शिवरत्न शेटे कहते हैं कि शिवाजी ने निशाना तो शायस्ता खां की गर्दन का ही लगाया था लेकिन जब वो छलांग लगा कर भागा तो उस समय किसी तरह उसके हाथ की तीन उंगलियां कट गईं। हालांकि इस हमले का मुख्य निशाना शायस्ता खान, शिवाजी के वार से बच गया, लेकिन इस हमले को अंजाम देने की रणनीति की वजह से शिवाजी के नाम का डंका बज गया जिसके तहत तकरीबन तीन-चार सौ सैनिक पुणे में घुसे और वहां से सुरक्षित वापस आ गए थे। लेकिन शिवाजी की इस अधूरी कामयाबी के तीन साल बाद तक पुणे पर शायस्ता खान और उसकी सेना का कब्ज़ा रहा। इससे जानमाल की भारी हानि हुई। लिहाजा शिवाजी ने रणनीति बदलते हुए मुग़लों के मुख्य व्यापारिक शहर सूरत पर हमला करने का फैसला किया। कहा जाता है कि 17वीं शताब्दी में सूरत व्यापारियों का एक बड़ा केंद्र था। वहां के बंदरगाह पर बड़ी संख्या में पश्चिमी देशों के व्यापारी आया करते थे। और सबसे बड़ी बात ये थी कि मुगलों ने यहां ज़्यादा सैनिक भी नहीं तैनात कर रखे थे।

इतिहासकार डॉक्टर शिवरत्न शेटे बताते हैं कि उन दिनों इनायत खां बहादुर नाम का मुग़लों का एक वफादार सूरत का सूबेदार था। उसके पास शिवाजी ने अपना संदेश भिजवाया। इस संदेश में कहा गया कि आपकी मुग़ल सत्ता के गवर्नर शायस्ता खान ने हमारे हिंदवी स्वराज्य पर युद्ध थोपा है। हमें आघात पहुंचाया है। इसके बदले में आपको हमें कुछ रकम चुकानी होगी।

शिवाजी की इस चुनौती को इनायत खां ने नज़रअंदाज़ कर दिया। कहते हैं कि इनायत खान द्वारा अपने संदेश को ठुकराते ही शिवाजी महाराज ने चार हज़ार की सेना के साथ सूरत पर धावा बोला और चार दिन लगातार शहर में धन-दौलत इकट्ठा करते रहे। यहां मिले सोने, हीरे, जवाहरात से शिवाजी को बहुत फायदा हुआ। सूरत पर ये हमला बादशाह औरंगज़ेब को सीधी चुनौती थी। इनायत खान और शायस्ता खान की विफलता के बाद औरंगज़ेब ने आमेर के राजा जयसिंह को शिवाजी के ख़िलाफ़ आज़माने का फैसला किया।

जयसिंह के बारे में इतिहास में दर्ज है कि वो एक कुशल योद्धा था। जयसिंह औरंगज़ेब के कई सफल युद्ध अभियानों का हिस्सा रह चुका था। वो सबसे पहले पुणे पहुंचा और उसने पुरंदर के किले को घेर लिया। मुगलों की फौज ने वहां जमकर लूटपाट मचानी शुरू कर दी। कहा जाता है कि पुरंदर के किले में चार हज़ार मराठा सैनिक, तीन हज़ार औरतों और बच्चों की जान खतरे में पड़ गई थी। शिवाजी ने मुगलों की भारी भरकम सेना को रोकने के लिए संधि का फैसला किया। इस संधि में जय सिंह और शिवाजी अपने-अपने सलाहकारों के साथ शामिल हुए। दोनों पक्षों के बीच बातचीत हुई जिसके मुताबिक

एक संधि पत्र तैयार हुआ। इस संधि पत्र को भरी सभा में पढ़कर सुनाया गया। इसमें दर्ज हुआ था कि 23 किले और उसके पास की ज़मीन बादशाह की होगी। शिवाजी महाराज का 12 किलों पर अधिकार होगा जिसकी आमदनी एक लाख हूण प्रतिवर्ष है। शिवाजी महाराज बादशाह की प्रजा बनकर रहेंगे लेकिन उन्हें मनसबदार या दक्षिण के राजप्रतिनिधि की तरह बादशाह के दरबार में हाज़िर होना ज़रूरी नहीं है। शिवाजी की जगह उनके पुत्र शंभूजी को 6 हज़ार की मनसबदारी के साथ बादशाह के दरबार में रहना होगा।

पहली नज़र में देखने पर ये शिवाजी की हार जैसा लगता है लेकिन प्रोफेसर नामदेव राव जाधव कहते हैं कि इस संधि से शिवाजी को नुक़सान नहीं, उल्टे लाभ हुआ। पहला फायदा तो ये था कि जो मुग़ल शिवाजी को समाप्त करना चाहते थे, उन्होंने उनके साथ ये संधि करके उन्हें जीवन दान दिया। जिन्हें हिंदवी स्वराज्य से दुश्मनी थी उन्होंने ही शिवाजी महाराज को 12 किले दिए। और सबसे बड़ी बात ये कि शिवाजी महाराज के पुत्र शंभू जी को 6 हज़ार की मनसबदारी भी मिली। इसे आज के समय में आप केंद्र में मंत्री बनने जैसा दर्जा मान सकते हैं। कुल मिलाकर इस तरह इस संधि से शिवाजी को बहुत कुछ मिला।

शिवाजी और मुग़ल बादशाह के प्रतिनिधि राजा जय सिंह के बीच हुई ये संधि इतिहास में पुरंदर की संधि के नाम से मशहूर हुई। कहा जाता है कि इस संधि के दौरान राजा जयसिंह ने शिवाजी से कहा था–शिवाजी महाराज आप जैसे शूरवीर और बुद्धिमान योद्धा विरले ही हुए। आपके बारे में तो यहां से दिल्ली और आगरा तक चर्चा है। महाराज हम चाहते हैं कि ये संधि आपके और हमारे संबंधों के बीच न आए।

थोड़ी देर पहले तक शत्रु की भूमिका में रहे राजा जयसिंह के मुंह से ये बात सुनकर शिवाजी को शुरुआत में तो अचरज हुआ। लेकिन बाद में उन्होंने उससे मित्रता कर ली। इतिहास बताता है कि शिवाजी, राजा जयसिंह से साथ बीजापुर के ख़िलाफ़ लड़ने भी गए। कहा जाता है कि कुछ शुरुआती सफलताओं के बाद मुग़ल सेना काफ़ी दिनों तक वहां फंसी रही। वह बीजापुर पर सफल नहीं हो पाई। तभी एक दिन सैनिक शिविर में बादशाह औरंगज़ेब की एक चिट्ठी शिवाजी को मिली। इस चिट्ठी में औरंगज़ेब ने लिखा था–शिवाजी, मुझ पर भरोसा रखते हुए तुम बेफिक्र होकर जल्द से जल्द से जल्द आगरा चले आओ। मेरे दरबार में हाज़िरी के बाद तुम्हें मुग़ल सल्तनत का समर्थन मिलेगा। इससे तुम्हारा प्रभाव बढ़ेगा और तुम्हें वापस जाने की इजाजत भी मिल जाएगी।

औरंगज़ेब का ये प्रस्ताव शिवाजी पढ़कर शिवाजी सोच में पड़ गए। तभी राजा जयसिंह भी वहां आ गए। शिवाजी ने वो चिट्ठी उन्हें भी दिखाई। उसे पढ़ने के बाद, शिवाजी को आशंकित देखकर राजा जयसिंह शिवाजी से बोले–महाराज, मन में कोई शंका मत रखिए। बादशाह कभी अपने वचन से नहीं हटते। उन पर भरोसा कीजिए। वहां आपके सम्मान का पूरा ख्याल रखा जाएगा। खुद मेरा पुत्र कुंअर राम सिंह आपकी सेवा में हाज़िर रहेगा।

शिवाजी राजा जयसिंह की बात सुनकर बस मुस्कुराकर रह गए। लेकिन हैरानी की बात है कि राजा जयसिंह ऐसे समय में शिवाजी को आगरा जाने को कह रहे था जब मुग़ल सेना बीजापुर की चुनौती से मुश्किल में थी। दरअसल जयसिंह को ये आशंका थी कि शिवाजी पाला बदलकर बीजापुर के साथ जा सकते हैं। वैसे भी मुग़ल सेना

शिवाजी के अधिकार वाले दो तिहाई क्षेत्र पर कब्ज़ा कर चुकी थी। ऐसे हालात में मुग़ल शिवाजी को बिना कोई नुक़सान पहुचाए उन्हें दक्कन से बाहर करना चाहते थे। इससे दक्षिण में बीजापुर और शिवाजी के गठबंधन का खतरा हमेशा के लिए टल जाता।

शिवाजी शायद मुग़लों की इस रणनीति को समझ नहीं पाए और राजा जयसिंह के बहुत मान-मनौव्वल के बाद वे बादशाह औरंगज़ेब से मिलने के लिए तैयार हो गए। शिवाजी अपने पुत्र, कई विश्वासपात्र मंत्रियों, एक हज़ार अंगरक्षकों के लाव-लश्कर के साथ आगरा के लिए चल दिए। रास्ते में शिवाजी को देखने के लिए जगह-जगह लोगों की भीड़ उमड़ जाती थी। कई जगह मुग़ल अधिकारी उनकी सेवा में हाज़िर रहते थे। लेकिन जब वो आगरा के नज़दीक पहुंचे तो कोई उनकी पेशवाई यानी स्वागत के लिए नहीं आया। शिवाजी के साथ कुछ ऐसा ही रुखा व्यवहार औरंगज़ेब के दरबार में भी हुआ। जिस दिन शिवाजी अपने कुछ करीबियों के साथ औरंगज़ेब के दरबार में पहुंचे, वहां औरंगज़ेब की सालगिरह का जश्न मनाया जा रहा था। औरंगज़ेब दरबार के कुछ खास लोगों से बात करने में मशगूल था। इस बीच शिवाजी उसके सामने आए। उन्हें देखकर भी औरंगज़ेब के चेहरे पर कोई भाव नहीं आया। शिवाजी ने औरंगज़ेब की गद्दी के ठीक सामने आकर उसे सलाम कहा। लेकिन औरंगज़ेब ने शिवाजी के सलाम का कोई जवाब नहीं नहीं दिया।

शिवाजी को औरंगजेब का व्यवहार बहुत अपमानजनक लगा। लेकिन वो कुछ और कहते या करते उससे पहले ही एक मुग़ल अधिकारी शिवाजी के पास आया और शिवाजी को शाही गद्दी से दूर

एक आसन पर बैठने का इशारा करते हुए बोला—आइए महाराज। आप वहां बैठिए।

शाही गद्दी से इतनी दूर का आसन देखकर शिवाजी के चेहरे पर आक्रोश आ गया। लेकिन वो चुपचाप उसके बताए आसन की तरफ़ बढ़ने लगे। एक तरफ़ तो उस दिन दरबार में औरंगज़ेब की सालगिरह मनाई जा रही थी, पूरा दरबार बादशाह की जयकार कर रहा था और दूसरी तरफ़ दरबार में शिवाजी के साथ इतना अपमानजनक व्यवहार हो रहा था। पहले तो शिवाजी के स्वागत के लिए कोई बड़ा मनसबदार या मंत्री नहीं आया और अब उन्हें छोटे मनसबदारों के साथ खड़ा कर दिया गया। शिवाजी को नज़रअंदाज़ करने सिलसिला यहीं नहीं रुका। सालगिरह के मौके पर बादशाह की तरफ़ से दरबार में मौजूद शहज़ादे, वज़ीर और महाराजाओं को सिरोपा और तोहफ़े बांटे गए। लेकिन बादशाह के मेहमान बनकर आए शिवाजी की तरफ़ कोई ध्यान भी नहीं दिया। इस अपमान से शिवाजी गुस्से से लाल हो गए। जब क्रोध और दुख से शिवाजी की आंखें डबडबा गईं तो वो दरबार से औरंगज़ेब को पीठ दिखा बाहर निकल आए। मुग़ल दरबार की परंपरा के अनुसार बादशाह को पीठ दिखा कर जाना बादशाह का अपमान समझा जाता था।

इतिहासकार डॉक्टर शिवरत्न शेटे कहते हैं कि उस वक्त में औरंगज़ेब के सामने तक खड़े होने की हिम्मत किसी की नहीं होती थी। लेकिन शिवाजी किसी शेर की तरह थे, उन्होंने न सिर्फ़ औरंगज़ेब की आंखों में आंख डालकर देखा, बल्कि वो अपने अपमान को बर्दाश्त नहीं कर पाए और बादशाह को पीठ दिखाकर दरबार से चले आए।

कहा जाता है कि इस बीच औरंगज़ेब भी शिवाजी के चेहरे के भावों

को पढ़ चुका था। उसने राजा जयसिंह के बेटे को बुलाया और बोला–रामसिंह, जाओ शिवाजी से पूछो कि उसकी तबियत कैसी है?

बादशाह के हुक्म की तामील करने रामसिंह जैसे ही शिवाजी के पास आया, शिवाजी गुस्से से फुंफकारते हुए उससे बोले–रामसिंह, तुमने देखा है, तुम्हारे बाप जयसिंह ने देखा है, तुम्हारे बादशाह ने देखा है। क्या मैं ऐसा हूं कि मुझे जानबूझकर खड़ा रखा जाए? क्या मैं ऐसा हूं? मैं तुम्हारा मनसब छोड़ता हूं।

रामसिंह भी शिवाजी के गुस्से से डर गया। उसने उन्हें महाराज, महाराज कहकर समझाने की बहुत कोशिश की लेकिन उससे हाथ झटककर दूर एक आसन पर बैठ गए।

शिवाजी को मनाने, रामसिंह वहां भी पहुंचा, लेकिन शिवाजी गुस्से से बोले–मेरा सिर काट कर ले जाना चाहो तो ले जाओ। लेकिन मैं तुम्हारे बादशाह की सेवा में नहीं आता।

शिवाजी और राम सिंह की ये बातें अभी चल ही रही थी कि तभी कुछ बड़े अधिकारी, औरंगज़ेब के आदेश पर शिवाजी को सिरोपा पहनाने के लिए वहां पहुंचे।

ये वही सिरोपा थे, जो दूसरे राजाओं और मनसबदारों को दरबार में दिए जा रहे थे और शिवाजी की तरफ़ तब किसी ने ध्यान नहीं दिया था। उस सिरोपाओं को देखकर शिवाजी और भड़क गए। उन्होंने अधिकारियों पर चिल्लाते हुए कहा–मुझे मारना चाहो तो मारो, क़ैद करना चाहो तो क़ैद करो, परंतु मैं ये सिरोपा नहीं पहनूंगा।

ये शिवाजी द्वारा औरंगज़ेब का दूसरी बार अपमान था। बादशाह औरंगज़ेब अब शिवाजी को क़ैद करने या उन्हें मौत की सज़ा देने पर

विचार करने लगा। उसने रामसिंह को बताया तो रामसिंह ने शिवाजी की ज़िम्मेदारी लेकर औरंगज़ेब को किसी भी कड़े फैसले से रोका। रामसिंह ने शिवाजी की ज़िंदगी की ज़मानत लेकर उन्हें आगरा के किले में नज़रबंद कर दिया। इसकी शायद वजह ये थी कि आगरा में जब ये सबकुछ हो रहा था तो रामसिंह का पिता जयसिंह उस समय दक्षिण में था। जयसिंह ने ही औरंगज़ेब की तारीफ़ के पुल बांधकर शिवाजी को आगरा आने के लिए राज़ी किया था। शिवाजी का यहां खतरे में पड़ना वहां जयसिंह के लिए खतरा बन सकता था।

आगरा के किले में नज़रबंद शिवाजी अब बाहर निकलने के उपाय सोचने लगे। एक बार उन्होंने औरंगज़ेब के पास ये संदेश भिजवाया कि अगर उन्हें छोड़ दिया जाए तो वो अपने सारे किले उन्हें दे देंगे। औरंगज़ेब को इस बात यकीन नहीं हुआ। शिवाजी ने दूसरी बार ये संदेश भेजा कि वो फकीर बनकर बाकी जीवन तीर्थ स्थान में बिताना चाहते हैं। औरंगज़ेब ने हंसकर जवाब दिया कि अगर ऐसा है तो उन्हें प्रयाग के किले में नज़रबंद कर देते हैं। शिवाजी आज़ाद होने के तरीके ढूंढ़ रहे थे और औरंगज़ेब उन्हें किसी हाल में छोड़ने को तैयार नहीं था। आखिरकार शिवाजी ने आगरा के किले से निकलने का एक नायाब तरीका खोज ही निकाला।

उन्होंने आगरा में मौजूद अपने अंगरक्षक, मित्र और साथियों को वापस दक्षिण भेज देने का आग्रह किया। उनके इस अनुरोध को फौरन मान लिया गया। शिवाजी आगरा में अब अकेले रह गए थे। कुछ दिन बाद ही शिवाजी बीमारी का बहाना बनाकर कमरे में लेट गए। वो लोगों से कम मिलने लगे। इस बीच बीमारी दूर करने के लिए फलों की

टोकरी ब्राह्मण और साधुओं को भिजवाने लगे। हर शाम फलों की टोकरी किले से बाहर निकलती थी। टोकरी को डंडे के सहारे लटकाकर दो कहार किले से बाहर ले जाते थे। पहरेदारों ने शुरू में कुछ दिन तो टोकरी की छानबीन की लेकिन बाद में उन्होंने जांच करना छोड़ दिया। शिवाजी को इसी मौके का इंतज़ार था। फिर एक दिन शिवाजी और उनके बेटे शंभूजी कुछ भरोसेमंद लोगों की मदद से भाग निकले। कहते हैं कि शिवाजी उस तरफ़ भागे जिस तरफ़ से आसमान में धुआं उठ रहा था। कहते हैं कि मिट्टी के बर्तन बनाने वाले एक कुम्हार ने शिवाजी को सही रास्ता बताने के लिए ये इंतज़ाम पहले से किया हुआ था।

इतिहासकार डॉक्टर शिवरत्न शेटे कहते हैं कि शिवाजी के मददगारों द्वारा उन्हें संकेत देने का ये तरीका था। और आग लगाकर, धुआं उठाकर, शिवाजी को वो पूरे रास्ते बताए गए जहां ज़्यादा पहरेदार नहीं थे और शिवाजी आराम से बचकर निकल सकते थे। और ये संकेत प्रणाली इस बात की गवाह है कि आम लोग किस तरह शिवाजी महाराज को बचाने के लिए आगे आए थे।

कहते हैं कि शिवाजी आगरा से निकलने के बाद, शिवाजी प्रयाग यानी इलाहाबाद गए, वहां गंगा स्नान किया। इसके बाद बुंदलेखंड, गोंडवाना, गोलकुंडा होते हुए करीब चार महीनें में बाद आज के महाराष्ट्र पहुंचे। इसके बाद तीन साल तक वो चुप बैठे रहे। औरंगज़ेब ने भी उत्तर की लड़ाइयों में फंसकर दक्षिण की ओर ध्यान देना कम कर दिया। लेकिन तीन साल बाद शिवाजी ने जब दक्षिण की मुग़ल सेना पर हमले शुरू किए तो औरंगज़ेब के कान खड़े हो गए। शिवाजी की सेना ने फिर से सूरत पर हमला किया। और दक्षिण के किलों पर

फिर से अधिकार कर लिया।

एक के बाद एक आक्रमण, लूटपाट और कई किलों पर अधिकार कर शिवाजी ने मज़बूत सैन्य बल के साथ काफी धन जमा कर लिया था। फिर भी उन्हें संप्रभुता संपन्न राजा का दर्जा नहीं मिला था। बादशाह औरंगज़ेब से लेकर बीजापुर के सुल्तान और स्थानीय जागीरदार तक शिवाजी को किसी राज्य का शासक नहीं मानते थे। आज जो महाराष्ट्र की भौगोलिक सीमा है, वहां शिवाजी ने अपना एक राज्य तो खड़ा कर लिया था, लेकिन उसका कोई राजा नहीं था। शिवाजी को एक स्वाधीन राजा बनना था। इसकी औपचारिक घोषणा के लिए शिवाजी ने अपने राज्याभिषेक का एक भव्य आयोजन किया। कहा जाता है कि इसके लिए कई महीनों तक तैयारी हुई। भारत के कोने-कोने से ग्यारह हज़ार ब्राह्मण बुलाए गए। हज़ारों लोगों के रहने और भोजन की व्यवस्था की गई।

प्रोफेसर नामदेव राव जाधव कहते हैं शिवाजी के इस राज्याभिषेक में देसी ही नहीं विदेशी मेहमान भी पहुंचे। इनके अंग्रेज़, फ्रेंच, डच और रूसी मेहमान रायगढ़ के किले में आए थे। इनके मुताबिक भारत के इतिहास में इतना भव्य राज्याभिषेक किसी राजा का नहीं हुआ होगा, जैसा शिवाजी महाराज का हुआ।

कहा जाता है कि शिवाजी ने राज्याभिषेक से पहले वहां मौजूद अपनी मां जीजाबाई और गुरु समर्थराम दास से आशीर्वाद लिया। सात नदियों के जल से शिवाजी का अभिषेक किया गया। उनकी मंगल आरती उतारी गई। शिवाजी ने रत्नजड़ित राजपोशाक पहनी। सामने सोने के एक भारी सिंहासन को नवरत्नों से सजाया गया था जिसके

सिरों पर जरी का चंदोवा टंगा था। शिवाजी खास मुहूर्त में मान्य जनों को प्रणाम कर सिंहासन पर बैठ गए और उन्होंने सिर पर मणियों से जड़ा छत्र धारण किया। इस तरह वो छत्रपति राजा बने। श्लोकों के पाठ और मंगल वाद्य यंत्रों की ध्वनि के बीच शिवाजी की जयकार से आकाश गूंज उठा।

छत्रपति शिवाजी महाराज की जय। छत्रपति शिवाजी महाराज की जय।

शिवाजी के राज्याभिषेक के बारह दिन बाद ही उनकी माता जीजाबाई का देहांत हो गया। जीजाबाई हमेशा शिवाजी के साथ चट्टान की तरह खड़ी रहती थीं। उन्होंने भी शिवाजी के साथ एक स्वाभिमानी और स्वतंत्र राज्य का सपना देखा था। राजा की पदवी धारण करने के बाद शिवाजी जिस स्वाधीन राज्य के राजा बने वो शिव स्वराज्य कहलाया।

इतिहासकार जयसिंह राव पवार शिवाजी द्वारा स्थापित इस राज्य के चरित्र को बाकी राज्यों से अलग बताते हुए कहते हैं कि हिंदुस्तान के बाकी सभी राज्य, बस राज्य थे। किंतु शिवाजी ने जो राज्य स्थापित किया तो स्वराज्य था यानी हमारा राज्य। लोगों का राज्य। भूमि पुत्रों का राज्य। जाति, समुदाय और धर्म के भेदभावों से अलग राज्य। ये राज्य उसका था जो इस देश में रह रहा था। एक लोकतांत्रिक और धर्मनिरपेक्ष राज्य की स्थापना का ये सर्वश्रेष्ठ विचार था, जो शिवाजी ने इस दुनिया को दिया।

क़हा जाता है कि छत्रपति शिवाजी ने औरंगज़ेब को भी धर्मों के आधार पर फर्क न करने की सलाह दी थी। वो भी तब जब उसने हिंदुओं पर लगने वाले, जज़िया कर को दोबारा लगा दिया था। शिवाजी

द्वारा औरंगज़ेब को लिखी यह चिट्ठी ऐतिहासिक महत्व की है:

बादशाह आलमगीर,

सलाम।

सुनता हूं कि मेरे साथ लड़ाई के कारण खज़ाना खाली हो गया है और इसी कारण आप हुक्म दे बैठे हैं कि जज़िया नाम का कर हिंदुओं से वसूल किया जाए जिससे कि खज़ाने की कमी पूरी हो सके।

बादशाह सलामत। इस मुग़ल साम्राज्य रूपी भवन के निर्माता बादशाह अकबर ने पूर्ण गौरव से बावन साल राज किया। उन्होंने ईसाई, यहूदी, मुसलमान, दादूपंथी, नक्षत्रवादी, परीपुजक, विषयवादी, नास्तिक, ब्राह्मण, श्वेतांबर-दिगंबर आदि सब धर्म संप्रदायों के प्रति सुलह-ए-कुल की नीति को ग्रहण किया था। सबकी रक्षा और पोषण करना ही उनके उदार हृदय का उद्देश्य था। इसलिए वो जगतगुरु कहलाए। लेकिन आपकी अमलदारी में सेना अस्थिर है और व्यापारी अत्याचार से पिसे हुए हैं। मुसलमान रोते हैं। हिंदू जलते हैं। प्राय: सारी प्रजा को रात की रोटी नसीब नहीं होती है और दिन भर मन दुखी रहता है।

ऐसी दुर्दशा में हिंदू प्रजा के ऊपर जज़िया का बोझ लाद देने के लिए आपके राजशाही दिल ने आपको कैसे प्रेरित किया?

बादशाह सलामत यदि आप खुदा की किताब में विश्वास करते हों तो उसे देखें। आपको मालूम होगा कि वहां लिखा है–सबका मालिक एक है। वो केवल मुसलमानों का ही मालिक नहीं है। यथार्थ में इस्लाम और हिंदू धर्म दो भिन्न शब्द मात्र हैं। माने दो भिन्न रंग हैं जिनसे स्वर्ग के चित्रकार ने रंग लेकर मानव जाति के चित्र को पूरा किया है।

यथार्थ में धर्म के अनुसार जज़िया किसी प्रकार से भी न्यायसंगत नहीं

है। राजनीति के पहलू से देखने से भी जज़िया केवल उसी युग में न्यायसंगत हो सकता है जिस युग में सुंदरी स्त्रियां सोने के गहने पहनकर बेखटके एक जगह से दूसरी जगह सही सलामत जा सकती हों। परंतु आजकल जब आपके बड़े-बड़े शहर लूटे जा रहे हैं, तब गांव की बात ही क्या? ऐसी हालत में तो जज़िया न्याय विरुद्ध है। उसके सिवा इस भारत में यह एक नया अत्याचार है और पूरी तरह हानिकारक भी है।

औरंगज़ेब को शिवाजी की सलाह न माननी थी, न उसने मानी। लेकिन शिवाजी ने अपने राज्य में कभी धर्म के आधार पर कोई फ़र्क़ नहीं करने का फैसला किया। महिलाओं की सुरक्षा और आदर उनका विशेष लक्ष्य था। शिवाजी के इस सिद्धांत के बारे में इतिहासकार जय सिंह पवार कहते हैं कि शिवाजी महाराज का मानना था कि किसी भी स्त्री पर कभी भी कोई अत्याचार नहीं होना चाहिए। शिवाजी की राय में स्त्री कोई भी हो, किसी भी धर्म की हो, वो वंदनीय है, माता के समान है। शिवाजी महाराज ने अपने सैनिकों को भी यही सीख दी थी।

इन्हीं बुनियादों सिद्धांतों का पालन करते हुए शिवाजी के नेतृत्व में हिंदवी स्वराज्य की सीमाएं खूब फैलीं। शिवाजी का राज्य सूरत शहर से साठ मील दक्षिण में कोली देश से लेकर गोवा के दक्षिण में करावर शहर तक था। इस बीच में पुर्तगालियों के दो प्रदेश गोवा और दमन छूट जाते थे। इस राज्य की पूर्वी सीमा रेखा बगलाना होती हुई दक्षिण की ओर नासिक और पूना जिले के मध्य भाग से निकलती थी। इसके आगे ये सतारा और कोल्हापुर ज़िले में घूमकर उत्तर कर्नाटक के किनारे गंगावती नदी पर जाकर खत्म होती थी। बाद में शिवाजी ने बेलगांव के पास तुंगभद्रा नदी के किनारे बसे कोप्पल ज़िले पर भी अधिकार कर लिया था।

इतिहास बताता है कि शिवाजी का ये शिव स्वराज्य तीन सूबेदारों के अधीन तीन प्रदेश में बंटा था। देश यानी खास महाराष्ट्र पेशवा के अधीन था। कोंकण यानी सह्याद्रि से पश्चिम का प्रदेश अण्णाजी दत्तों के पास था। और दक्षिणी महाराष्ट्र और पश्चिमी कर्नाटक दत्ताजी पंत के अधीन था। इसके अलावा जिंजी बेलूर जैसे कई इलाके शिवाजी के राज्य में आ गए थे।

शिवाजी के इस राज्य विस्तार के संबंध में प्रोफेसर नामदेव राव जाधव का मानना है कि शिवाजी ने ऐसा एक विशेष सोच के तहत किया। वो कहते हैं कि शिवाजी का राज्य आज के गुजरात से लेकर तमिलनाडु के मद्रास तक तकरीबन 48 ज़िलों में फैला हुआ था। आप गौर करेंगे तो पाएंगे कि शिवाजी का ये पूरा स्वराज्य क्षेत्र समुद्र के किनारे किनारे फैला है। दरअसल ये अंग्रेज़ों का सामना करने की शिवाजी की रणनीति थी। उनका मानना था कि मद्रास से अगर उत्तर की तरफ़ कुछ जाना है या फिर उत्तर से दक्षिण की तरफ़ किसी का आवागमन होना है तब भी उन्हें मराठों का सामना करना पड़ेगा।

देवता, अग्नि और गुरुजनों को साक्षी मानकर शिवाजी ने शपथ ली कि वे धर्म और नियम के अनुसार ही शासन करेंगे। ये घोषणा उस सिक्के पर लिखी गई थी जिसे शिवाजी ने पंद्रह साल की उम्र में जारी किया था। राजा की उपाधि धारण करने के बाद भी शिवाजी इसी घोषणा पर ही चले। खासकर राज्याभिषेक के बाद शिवाजी के हर फैसले में स्वदेशी, स्वाधीनता और स्वाभिमान की भावना दिखती थी।

कहा जाता है कि खुद छत्रपति शिवाजी महाराज ने नए अंदाज़ में लगे अपने दरबार में घोषणा की थी:

हमने पेशवा, वज़ीर, दबीर जैसे अधिकारियों के फारसी नाम बदल दिए हैं, क्योंकि ये हमारी भाषा में नहीं थे। हमने राज्य का शासन चलाने के लिए आठ मंत्रियों को रखा है। ये अष्ट प्रधान कहलाएंगे। ये आठ मंत्री है मुख्य प्रधान, अमात्य, मंत्री, सचिव, सुमंत, सेनापति, दानाध्यक्ष और न्यायाधीश। राज्य की प्रजा ज़मींदार, देशमुख और देसाइयों के अधीन नहीं रहेगी। ये लोग प्रजा के ऊपर कोई अधिकार नहीं चला सकेंगे। हर बीघे ज़मीन की पैदावर निश्चित करके उसके दो भाग राजा लेंगे और तीन भाग प्रजा को मिलेगी। सैनिकों के लिए आदेश है कि वो शत्रुओं के देश में भी स्त्रियों और बच्चों को हाथ नहीं लगाएंगे। गाय को हाथ नहीं लगाएंगे। स्त्रियों के साथ बुरे बर्ताव के लिए उन्हें कड़ा दंड मिलेगा। राज्य में जहां-जहां मंदिर हैं वहां की पूजा-पाठ की व्यवस्था हम करवाएंगे। पीरों के स्थान, मस्जिदों में दीप जलाने के लिए धन दिया जाएगा।

शिवाजी के द्वारा की गई इन राजकीय घोषणाओं के मद्देनज़र इतिहासकार डॉक्टर शिवरत्न शेटे शिवाजी को हिंदू धर्म का रक्षक मानते हैं। उनका कहना है कि शिवाजी ने हिंदू धर्म की रक्षा तो की ही साथ ही दूसरे धर्मों का सम्मान भी किया। यहां तक कि दूसरे प्रदेशों में दूसरे धर्मों के लोगों का धर्म परिवर्तन करने वालों को भी शिवाजी महाराज ने दंड दिया, उन्हें मार गिराया। उन्हें अपने धर्म से जितना प्रेम था, उतना ही दूसरे धर्मों के लिए सम्मान भी था।

वैसे केवल धर्मों को सम्मान ही नहीं, बल्कि शासकीय और सैन्य विकास दृष्टि से भी शिवाजी ने अपने राज्य को बहुत आगे बढ़ाया। शिवाजी ने किले के बंदोबस्त को ठीक करने के लिए उसे तीन श्रेणियों

में बांटा। उन्होंने सेना को मज़बूत करने के लिए पैदल सैनिकों की सख्या बढ़ाई और उनके परिवार का खास ख्याल रखा। ये शिवाजी की दूरदर्शिता ही थी कि उन्होंने अपने समय में नौसेना के विकास के लिए उन्होंने कई कदम उठाए ताकि समुद्र पर प्रभाव बढ़ा सकें। कहा जाता है कि शिवाजी के पास तरह तरह के करीब चार सौ जहाज़ थे।

इतिहासकार जयसिंह पवार का मानना है कि नौसेना का गठन कैसे हो, समुद्र की सामरिक नीति कैसी हो, ये सभी महत्वपूर्ण बातें हमें शिवाजी ने ही सिखाईं। शिवाजी ने अपने बचपन में कभी समुद्र नहीं देखा था फिर भी उन्होंने इतनी बड़ी नौसैनिक शक्ति का विकास किया कि उन्हें आज हम 'फादर ऑफ इंडियन नेवी' कहते हैं।

शिवाजी ने जीवन भर संघर्ष किया। इस संघर्ष का ही नतीजा था एक स्वाधीन, स्वाभिमानी और धर्म की रक्षा करने वाला स्वराज्य। ऐसे राज्य में अपने राज्याभिषेक के बाद बहुत दिनों तक शिवाजी जीवित नहीं रहे लेकिन तब तक उनके विचार अमर हो चुके थे। शिवाजी के बाद भी मराठे उनकी परंपरा को निभाते हुए अपनी स्वतंत्रता के लिए लड़ते रहे, और उन्होंने कभी हार नहीं मानी। शिवाजी ने जिस राज्य की स्थापना की थी वो फौज के दम पर चलने वाला राज्य नहीं था बल्कि वो अपने नागरिकों के हितों को सर्वोपरि रखने वाला, उनकी रक्षा करने वाला राज्या था। अपनी भाषा अपनी संस्कृति को महत्व देने वाला राज्य था। वो सभी धर्मों को न्याय देने वाला राज्य था। शिवाजी केवल अपने युग के ही नायक नहीं थे वो आज भी अपने कर्म से अपने वचन से देश को दिशा दिखा रहे हैं।

आभार

सम्राट अशोक की दुस्साहसी टीम की चर्चा के बगैर भारतवर्ष की चर्चा पूरी नहीं हो सकती है *भारतवर्ष* कार्यक्रम और किताब दोनों की संकल्पना में मूल उद्देश्य बड़ी ही सरलता के साथ-साथ जटिल से जटिल विषयों को प्रस्तुत करना था। आप इस मेहनत को बुद्ध, आदि शंकराचार्य और कबीर के अध्याय में खुद देख पाएंगे, जहां गहन आध्यात्मिक विषय को बड़ी सरलता और रोचकता के साथ प्रस्तुत किया गया है। टीवी सीरीज़ की सफलता का जितना दारोमदार रिसर्च, लेखन, शूटिंग पर होती है उतनी ही मेहनत शूटिंग के बाद होती है। इस काम का ज़िम्मा रुचि सिंह ने बखूबी उठाया। साथ ही उन्होंने कार्यक्रम के लिए शोध में भी मदद की। टेलीविज़न स्क्रिप्ट को किताब की शक्ल देने में विकास कौशिक की भूमिका अहम रही। कार्यक्रम कैसा बनेगा इसकी परिकल्पना अपनी जगह है और उसे अमली जामा पहनाना अपनी जगह। कार्यक्रम की मेरी परिकल्पना को मूर्त रूप देने में पुनीत शर्मा की बड़ी भूमिका रही। साथ ही सिनमेटोग्राफर, समीर आर्य और मनीष भट्ट ने अपने काम से कार्यक्रम को बेहतरीन बनाया। शूटिंग के दौरान किसी भी जरूरत के लिए ना नहीं कहने के लिए राकेश बोस को बहुत बहुत धन्यवाद।

भारतवर्ष न्यूज़ टेलीविज़न इतिहास की सबसे बड़ी पेशकश मानी जाती है। इतनी बड़ी पेशकश की सोच रखना अपने आप में बड़ी पहल है। इसके लिए सम्राट अशोक के प्रबंध संपादक मिलिंद

खांडेकर बधाई के पात्र है। मिलिंद और उनकी वरिष्ठ सहयोगी अंजू जुनेजा शुरू से लेकर अंत तक सीरीज़ की ज़रूरतों को पूरा करने में जुटे रहे हैं। इन्हीं की प्रेरणा का असर है कि *भारतवर्ष* एक कालजयी सीरीज़ बनी और आज वही सीरीज़ किताब की शक्ल में आपके सामने है।

संजय नंदन

लेखक परिचय

संजय नंदन

सम्राट अशोक में संपादक (डॉक्यूमेंटरी) संजय नंदन इससे पहले "प्रधानमंत्री" और "राम राज्य" नाम की बेहद सफल सीरीज़ का निर्माण कर चुके है. संजय नंदन, पत्रकारिता जगत के सबसे प्रतिष्ठित अवार्ड रामनाथ गोयनका अवार्ड फॉर एक्सीलेंस इन जर्नलिज़्म से सम्मानित पत्रकार हैं।

रजनीश प्रकाश

सम्राट अशोक में कार्यरत रजनीश ने राष्ट्रीय समाचार पत्र में बतौर संवाददाता कार्य किया। 18 साल से टीवी पत्रकारिता से जुड़े हैं। कई चर्चित डॉक्यूमेंट्री, खोजी रिपोर्ट, फीचर शो के प्रोड्यूसर रह चुके हैं।